杭州市社科优秀青年人才培育计划资助

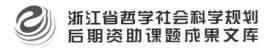

浙江省哲学社会科学规划
后期资助课题成果文库

知识—力量的反讽

从"德性"到"功利"之路

张鑫焱　著

中国社会科学出版社

图书在版编目（CIP）数据

知识—力量的反讽：从"德性"到"功利"之路／张鑫焱著 .—北京：
中国社会科学出版社，2019.4（2020.4 重印）
（浙江省哲学社会科学规划后期资助课题成果文库）
ISBN 978-7-5203-4337-4

Ⅰ.①知… Ⅱ.①张… Ⅲ.①西方哲学—研究 Ⅳ.①B5

中国版本图书馆 CIP 数据核字（2019）第 074588 号

出 版 人	赵剑英
责任编辑	宫京蕾
责任校对	秦 婵
责任印制	李寡寡

出　　版	中国社会科学出版社
社　　址	北京鼓楼西大街甲 158 号
邮　　编	100720
网　　址	http：//www.csspw.cn
发 行 部	010-84083685
门 市 部	010-84029450
经　　销	新华书店及其他书店

印刷装订	北京君升印刷有限公司
版　　次	2019 年 4 月第 1 版
印　　次	2020 年 4 月第 2 次印刷

开　　本	710×1000　1/16
印　　张	13
插　　页	2
字　　数	215 千字
定　　价	65.00 元

"让死人抬走他们的死人吧!"

——"智能知识"带给人类"新悲剧的诞生"

张鑫焱先生的著作《知识—力量的反讽——从"德性"到"功利"之路》即将出版。我曾允诺作序,出于一个简单的理由:检讨西方知识学意义上的"知识"现在仍是一个不合时宜的论域,宁愿给予不合时宜的同情理解。

之所以"不合时宜",并不是在尼采的矫情上,而是在事实的冷酷上,即不管你拿出多少证据论证"知识即力量"的"无德性",甚至从古说到今,如:

> 古希腊开始的带"宇宙论"倾向的智能性哲学和功能性善,走着"知识即德性—知识即力量—知识即功利"的技术理性路线,一直走到今天"非人属""无德性""唯功利"的宇宙论物义论地步;"资本"更使其"物化"到"机器人时代",以致一切与"力量""利益"无关的东西都虚无掉了,如德性人性、德性社会、德性知识,等等。

——那又怎样?

揭开民主自由人权的"高贵谎言"——那又怎样?

你看见的是赤裸裸的行为主义,"政治成熟就是分清敌友、准备战争","战争是政治的继续","战争是政治的最高形式","力量是人类一切冠冕堂皇词语的试金石!"——"斯芬克斯之谜"要的就是这样的"谜底":靠自己的两脚站立起来的"巨人"才是"强力意志的超人",只有他们能成就决定历史价值的"主人"及其"主人道德"。其他一切都是废话。

——不就是这样吗！

不错，强力将被更强力打败，剥夺者被剥夺，这无非是强力意志的永恒轮回。人免不了终有一死的虚无，既然如此，瞬息即逝的玫瑰岂能逊色于万古长存的高山？伯罗奔尼撒战争中，你听见吗？雅典人这样回答弥罗斯人——

　　弥罗斯人："如果你们倾覆时，你们不仅会遭到最大的报复，还会成为警示别人的例证。"

　　雅典人的回答整个就是这样的口气："对的，我们将来是要死的，谁都难免一死，但我们肯定比你们活得长些，因为眼前死的是你们。我们不沮丧，我们为帝国荣誉满心欢喜，我们征服过，我们懂得，征服者所恐惧的不是被征服，而是被自己的臣民的攻击所打败而感到羞耻。所以，你们尽管让我们去冒险吧。"

面对西方带给世界的如此霸道，《知识—力量的反讽——从"德性"到"功利"之路》其"反讽"之论述还有什么意义？

毫无意义——"谁在说"的话语权不改变——毫无出路。

除非你首先能对西方"大"到遇强制强、逢凶化吉，再改弦更张，归根复命，即将西方的"大而霸之"改弦到"大而化之"：立德性知识于技术知识之上，使世界多元互补以致中和。没有这种超强的立此存照，空说无凭，谁能信你？

如何可能？

至少具备以下三大条件。

第一，西方道路必须走到人类灾难的绝境，即让它自己造成的毁灭性灾难让人类承担风险。用中国的话说："置之死地而后生。"为此，首先得破除"西方中心论"，将"凡西方皆真理"的"西方意识形态"还原为不过"地中海区域文化特性"。因而，重写西方哲学史揭示其自然理性的"双重遮蔽"而"启'启蒙'之蒙"，成为当务之急。

第二，必须有不同于西方道路的东方道路（德性智慧："和而不同、大而化之"地"仁义"节制"功利"——当然以反省东方"五百年沉疴"为前提）能强大到成为中流砥柱而别开生面。

第三，联合其他"原生民族"如埃及、西亚、印度，特别是"神性民族",如犹太民族、阿拉伯民族、印度民族,既打通"神—人—物"的关节,又使"人"执其中而扣两端("神"—"物")地呈"中和"之势。当然须兼顾其他。

倘能如此,世界之幸焉!

张志扬谨识

2014 年 7 月 27 日　海甸岛

【补白】

三年前写的。

除了"更有甚者"的感叹,一字不改。

张志扬

2017 年 9 月 18 日

致　　谢

　　在这本书即将出版之际,我最想感谢遇到的老师们。大学学自动化时,我在寻找自己兴趣的过程中遇到了包利民老师,请教辩证法问题,素未谋面的他在邮件中耐心作答引导。虽然硕士未能如愿前往金庸描画的"春岸折柳、秋湖采莲"的江南,没成想却在海甸岛遇到了启蒙我哲学思考的"三剑客"之张志扬、萌萌老师,读书和思想的热情如海南清晨6点钟的太阳一样。三年后,重回杭州。博士导师张国清临去哈佛访学之前找我谈话,一起坐在西溪图书馆前的石凳上谈论什么是真理。如果没有这些老师的帮助,就不会有这本书,他们对我的启迪绝不只是在学问上。龚晔师兄一直如兄长般关注着、激励着我。亦师亦友的郑文龙老师不但陪我打篮球,更让我感受到有志于学问之人的纯粹与热心,他提出了许多非常宝贵的修改意见,于细微之处见功力。此外,我还要感谢我的家人杨丽筠和暖暖,她们让生活充满快乐。最后,感谢中国社会科学出版社的编辑们,正是你们的细致阅读和认真修订让这本书更加完整。

All the power on earth can't change destiny.

前　言

　　作为现代性本位原则的"个人"，究竟应该无限"单子化"，还是必须成为共同体中"自律的个体?"构成世界格局的"正义"原则，究竟是秉承强力功利的自然法，还是应该受到出自德性"至善"的约束? 在一个存在多种不同文化类型的世界中，究竟是接受西方意识形态即"西方皆普遍"而其他非西方文化必须唯西方马首是瞻呢，抑或西方文化其实不过是诸神形态之一、不过是民族文化的一个特例，与其他类型的民族文化一样应当遵循独立互补的对话原则?

　　上面是讨论现代政治哲学的学者经常会遇到的一些基本问题。本书并非试图为这些问题提供解法，而是从一个角度切入，呈现问题症状的特质并诊断其病因的性质。本文提出的问题是：德性至善原则怎么走向了功利主义原则? 希腊理性（至善）为什么一路工具化直到今天的工具理性（技术），以功利原则为目的，走向权力意志和功利主义的技术王国?

　　这一转变的轨迹在历史上展开为："知识即德性—知识即力量（权力）—知识即功利"，知识从古代指向"德性"经过近代的"知识即力量"（"知识即权力"）的中介化过程，最终转向现代的"功利"原则。经历了这一转变过程，知识从以德性为目的转变为以功利为目的，工具主义理性使得一切都成为可计算的、可比较强弱的力量原则。

　　在这一转变轨迹中，有两点至关重要。（1）人与神的关系。在古希腊，人受到神的限制而能够知界限（"自知无知"）。可是，在人义论取代神义论之后，人替代神的位置成为神。当技术理性原则彰显力量横行世界之后，人沦为物（"机器人"）。这一过程凸显了强力—功利的一面而牺牲了节制与人文关怀，形成了一个"剥夺剥夺者"的权力意志的轮回：神被人剥夺，人被人剥夺，人被物剥夺。（2）智慧与智力的关系。从德性所规定的人面向其神性（智慧），转变为人面向自身的欲望本能（彰显力量满足欲望），直至人最终被"物化"为机器（人工智能—智力）。此一"希腊理性—启蒙理性—技术理性"之路是理性之光的路，形而上学的真理所追溯的本体虽不停变换，而此路线的轴心轨迹却从未偏离权力意志的轮回。

西方启蒙以来"技术理性"无限膨胀，人成为世界的征服者和主人。对于德性善的追求被对于技术力量的顶礼膜拜取代。知识作为技术而实用工具化，成为获得力量的工具，人则作为工具的创造者和使用者而无所不能，基因克隆技术甚至能够把人自身作为产品进行"优化"生产，只有想不到，没有做不到。它背后支撑的"法则"表现在两个方向上：（1）宇宙没有人不能认识的；（2）自然是人取之不尽的源泉。人的自身和外部世界都在人的僭越中失去了应有的界限。

利奥塔在《后现代状态：关于知识的报告》中对当今"知识"的状况做了如下分析：知识受到文化政策（意识形态）与市场需求的双重挤压和剥夺转变成为一场"技术效能"的力量角逐游戏，国家和企业按照体制内要求和投入产出的实用性要求购买学者、技术工人和机器，开展指令性的课题研究，提供研究经费，以获得力量的增强。这种将知识技术化与特殊的社会地位和物质福利捆绑的方式已经成为当今知识生产的主体，而那些没有"技术效能"的研究机构"将被经费的洪流所遗弃，并且注定要衰落下去"，"在今天的出资者话语中，唯一可信的赌注是力量"。[①]高等教育随之变化，大学成为权力机构，成为复制知识的工厂，高速生产复制技术工人的流水线。大学的教育更加注重技术实用性、现实可操作性以便毕业学生马上可以投入工作。知识成为商品，学生出钱购买然后出卖。而处身在这个"教育产业"中作为"人类灵魂工程师"的教师也不得不接受量化研究成果将知识商品化以便出售的评价体系，大学作为"教育产业"生产出一批批"全无精神或睿识的专家和毫无心肝的纵欲之徒"对于"愉悦"进行着"毫无愉悦"的追求。[②]哈贝马斯在《合法化危机》中说，"文化传统具有自己脆弱的再生产条件"，如果文化的再生产是

---

① ［法］利奥塔：《后现代状态：关于知识的报告》，车槿山译，生活·读书·新知三联书店1997年版，第95、97页。

② 参考施特劳斯对马克思·韦伯的论述。载于［美］施特劳斯《自然权利与历史》，彭刚译，生活·读书·新知三联书店2003年版，第42、256页。

"自发的"，知识分子能够摆脱"行政计划和商业生产"以自由的方式自发地进行再生产，即"带有解释学意识"既承担"能够打破传统的自发性"，又能"将其保持在一种反思水平上"，那么这种文化再生产就仍然具有生命"活力"。可是，如果"政治系统承担起规划意识形态的任务"，文化系统活动的余地就会变得"十分有限"，因为"意义从来都不是用行政手段创造出来的"。同样，如果以市场目的为导向也会"剥夺文化内容"产生破坏效果。来自政治目的和市场目的双重挤压和剥夺，扼杀了文化自发的生长能力，对传统产生破坏的效果并导致"意义危机"，即哈贝马斯所说的社会"合法化危机"。① 诚然，没有技术，没有实用性，就没有力量，就落后挨打；可一味以市场为导向，仅仅注重实用功利，把大学作为权力机器和职业技术培训学校就丧失了大学独立之精神，放弃了教育之使命——培养自由而有承担的自律个体。②

对于这一工具主义技术理性造成的意义危机，不正需要我们去寻找一种反思的视角——对希腊理性传统的反思维度？

由此，本书的基本想法是：希腊理性之光在"解蔽"的意义上让一切隐藏的东西确定地呈现，但此种光之"解蔽"本身即是遮蔽，自以为黑暗已被光明穿透，一切都呈现在光之中了（德里达称之为"白色神话"）。这理性之光也暗含着危险："纯粹的光明如同纯粹的黑暗一样，什么也看不清。"但，哪里有危险哪里就有救渡，我们需要具有一种界限的思考方式：在思想的逻辑上，希腊理性之光需要意识到自身的限制；在行为的技艺上，人之力量必须意识到自身的有限性。只有这样才能为"黑暗"、为"他者"留下余地，黑暗标志着"光"的界限——不同于"光"的"他者"，黑暗拒绝光的穿透。本书旨在反省希腊理性建立的强力原则，理性主义形而上学所建立的强力原则引导着西方走向了"知识即力量"的强力之路。尼采那拥有强力意志的超人确定了主人道德，"用善神（Agathos）表示自己而用恶神（Deilos）来表示他人"，③ 强力即道德。希腊理性原则最终走向将知识等同于功利效用的现实主义原则上，彻底遗忘

① ［德］哈贝马斯：《合法化危机》，刘北成、曹卫东译，上海人民出版社 2000 年版，第93—94 页。

② 可参考［法］利奥塔《后现代状态：关于知识的报告》，第九章"知识合法化的叙事"，阐述了政治与哲学两大合法化叙事版本，重点论述了大学教育的合法性来源。

③ ［德］尼采：《道德的谱系》，周红译，生活·读书·新知三联书店 1992 年版，第 14 页。

了苏格拉底"自知无知"的德性智慧。强力者被强力者打败这强力意志的永恒轮回构成了对强力者自身的反讽。可是,真正令人震惊的是,这一反讽对于所有的强力者毫无作用。现实的力量原则具有如此强大的力量足够让所有的批评苍白无力,现实的冷酷让人们反复看到雅典人在弥罗斯岛上宣言的重复兑现:"强者能够做他们有权力做的一切,弱者只能接受他们必须接受的一切。"① 问题不是要不要启蒙,而是要按照什么原则启蒙。是启蒙到"知识即力量",跟随西方走力量—权力之路;还是启蒙到"知识即德性",反省西方现代性中出现的问题,找到与"力量—权力原则"和而不同的他者,走自己的路?

---

① [古希腊] 修昔底德:《伯罗奔尼撒战争史》,谢德风译,商务印书馆 1985 年版,第 414 页。

目　　录

第一章

"知识即德性"

通常的说法是"德性即知识"，在这里写成"知识即德性"并非追求标题上的一致性，而是有着对于希腊传统的另一种解释思路。德性是知识，如此表达的是逻辑归属关系，德性成为一种知识理论，没有德性的人是欠缺知识的人；德性存在于知识，如此表达的是一种生成性的关系，"力量或技艺的知识生成着（归属于）善，生成着（归属于）美德"。① 这样看似颠倒的写法更是为了避免这样一种可能性：以现代人的词语用法限定的理解思路去箍定古人，这样做不但造成了解释的暴力，更失去了对古代人精神的虔敬。用贴近古代人自身的思考去理解古代人才是一种负责任的态度。所以，首先亟须做的事情就是澄清"知识即德性"的含义，将"德性""知识"与两者关联转化方向的关键指向词"即"的含义一一解释清楚。这样才能以在希腊原初的视野上理解"知识即德性"。

接下来，将"知识即德性"的含义展开。作为"知识即德性"践行者的苏格拉底在哲学上的实践就是"自知无知"命题：处于智慧与无知之间，指向善却并不占有得到，知"向"而不知"得"——这也是作为爱智慧者即哲人的身位。这一悖论式命题因其负面的形式而闻名于世，可是也正是因为这种负面形式而引起人们的疑虑：如果不知道善是什么，如何引导人们灵魂向善？在阿伦特对于"无思"的解读中我们可以看到这种负面性"自知无知"的"思"是如何起作用的。在对纳粹军官艾希曼的审判中，引起阿伦特深深思量的并非艾希曼的穷凶极恶，而是他的平庸——平庸之人能行无尽之恶。"无思"并不是一种盲目的无知状态，而是一种深深的固执：固执于陈词滥调、固执于权威和大众意

---

① 张志扬：《偶在论谱系》，复旦大学出版社 2010 年版，第 333 页。

见而"不自知"、固执于某种自以为是的意见而充耳不闻苏格拉底在市场上"自知无知"的训诫。这样一来,"无思"让恶得以生产。而最有可能阻止生产"恶"的就是苏格拉底的"自知无知",这种负面的智慧能够破除那根深蒂固的固执、能够节制行动的急迫,引导自以为是的权威和众口铄金的大众意见突破自身的固执迈向"善"。《申辩》中的苏格拉底也讲述了自己对于三十僭主的权威命令与要求集体审判海军将领的民众意见的违抗。这些都是哲人苏格拉底以哲学式的"自知无知"积极参与城邦政治生活的例子。可也正是这样的检审与省察,让苏格拉底面临了死亡的审判。

苏格拉底的死亡让学生柏拉图不再使用老师的提问方式,不再使用苏格拉底"自知无知"悖论式的方式恪守处在"智慧—无知"之间的人之智慧,而是直接给出建立好的"善"理式来进行教化:柏拉图创造了神"德木格"(Demiurge)——神与人的位置得到了彻底的改变,能造神的人无疑在神之上,从此,"人义论"取代了"神义论"。学生亚里士多德认为老师柏拉图的"相"不过是无端增加了本体数量而已,改自上而下的演绎为自下而上的归纳:从个体出发到种、属,个体是第一实体,而种、属是第二实体。可两人并不是那么截然不同,第一实体是个体,个体也有着质料与形式的区分。只有当石头遇到形式时才能成为雕塑,成为现实,形式是实体成为现实的原因(形式是本质),没有形式的质料只不过是潜能而已。"形式"之于亚里士多德如同"理式"之于柏拉图,本身就是一种规定着个别事物存在的形而上学的存在。可以说,亚里士多德从没有放弃过老师柏拉图的共相,将柏拉图的共相作为实现个体的现实存在的一个环节,亚里士多德终究还是柏拉图的学生。亚里士多德将柏拉图的"外观在场"模式推进到不可再分的个体在场之中,从此,涌动生成的逻各斯(logos)固化转变为逻辑学,用"是什么"的语词谓述结构构造出了整个世界,亚里士多德完成了形而上学的开端。

可是,人类用理性逻辑建立的开端与经验归纳一样,两者都不稳固——"裂隙无法弥合"(海德格尔)。作为演绎推理正确性保证的大前提不过是经验归纳的直观罢了(参考本章第二部分罗素对亚里士多德三段论的分析)。人使用强力弥合裂隙努力建造的地基只是建立在不稳固的沙粒之上,就仿佛"通天塔"的建造必然倒塌一样,看清楚了这一强力轮回的尼采直接指明真正的存在是强力意志，真理不过是解释而已。在西方哲学史上创造出了一个又一个本体，黑格尔将之戏称为"堆满头盖骨的战场"——你建立的本体被下一个本体取代。但反复地建造、反复地推倒再建、再推到的过程并非毫无所获，至少能够获得建造一定程度"实用塔"的目的，"通天塔"被"实用塔"取代（本来的目的转换成为实用的目的），"终极目的是微不足道的，赢得过程目的才是一切"——人的强力意志愈来愈成为获得效用和功利的手段。①

人之强力让俄狄浦斯在人世间称王获得权柄，他看似猜破斯芬克斯的谜面，却无法真正解开"人是谁"的最终谜题，俄狄浦斯连自己是谁都不知道，又怎么可能解开斯芬克斯神的谜题呢？俄狄浦斯对于斯芬克斯谜题的真正解答是让自己卷入一场自我认识的过程——"认识你自己"的过程，这一认识并不是要认识到人之力量的强大，而是要认识到自身的脆弱本质。斯芬克斯关于"人"的谜题的答案就是苏格拉底那悖论式的"自知无知"：对自身残缺的自我认识。戳瞎双眼的俄狄浦斯得到了启蒙，不是力量的启蒙，而是"自知无知"的知界限的启蒙。苏格拉底用德性"善"启蒙雅典城邦的主流价值观对于力量的崇拜，让人们通过"自知无知"的检审与省察让灵魂转向"善"。索福克勒斯的《俄狄浦斯王》是在用悲剧的肃穆和庄严启蒙希腊民众，用美好强者的陨落让希腊人"认识你自己"，认识到人之力量的限度。

《安提戈涅》帮助我们认清楚人是什么。伯纳德特将安提戈涅与城邦的冲突转换成城邦法与神法之间的冲突，是人之技艺的顶峰（作为人之正义的城邦法）对于神法（大地之下的冥府）的侵犯。就如同伯纳德特表达的，"冥府是人用任何办法都无法冲破或越过的唯一界限：而不死并不是冲破这种界限的办法"。也就是说，人的种族繁衍无疑延续了生命，人的技艺和知识的传递也绵延了人的火种，可是这些都无法穿破真正的界限：冥府，埋葬的律法和习俗归属于冥府这神法的统治领域。伯纳德特试图将神法与城邦法编织在一起来解决安提戈涅这不可解决的问题，这一解决方案深得熟谙启示与理性争执的施特劳斯派精髓，他是站在城邦的角度将作为技艺强力冲破地表建立的城邦视为有"罪业"——对大地女神的冒犯，可是这一"罪业"是"神圣的"，也就是说，技艺的强力行使有罪

① 张志扬：《偶在论谱系》，复旦大学出版社2010年版，第121—122页。

却是"神圣的罪业"。如果说伯纳德特的解读偏重于技艺的强力行使的必然,那么海德格尔对《安提戈涅》的解读则偏重于强力行使也无法弥合裂隙。人为了克服"畏"这一基本生存论情绪,向外进行征服和控制,人依靠自身的"强力"生产"技艺",试图征服自然以达到最终对死亡的征服。内在对于死亡的恐惧让人走出自然存在,成为技术存在。即使强力的行使能建造虚幻的巴别塔,人也无法弥合自身的裂隙,塔必然会倒,因为地基是建立在不稳的裂隙之上。丹纳·维拉则是从政治哲学的角度对这出悲剧做出解读,将安提戈涅之勇敢的"无思"面向揭示出来,她对于习俗奋不顾身地无思接受更近似于鲁莽。相比之下,苏格拉底对城邦习俗的破坏,以及对城邦死亡判决的承受更显示出来一位哲人对时代的反思与担当。

第一节　苏格拉底"自知无知"的智慧

《哲学——知识化?》① 从讲述"哲学"一词的源初意义开始,哲学的希腊语原意为爱智慧,爱智慧有两种爱法。一种是爱生活,即"审理什么样的生活才是真正值得过的生活",与政治哲学相关——柏拉图的"理想国"与色诺芬的"僭政论"。还有一种是爱推理(爱真理=爱知识),即"从个别现象推出一般本质,又从一般本质推出个别现象"的认识能力,与形而上学相关——柏拉图的"理式论"与亚里士多德的"范畴学"。与爱知识相比,爱生活更能体现哲学爱智慧的意指,"守护在本源生活的近旁"而真正具有"保真性"。而爱知识则一路技术工具化,以欲望满足为目的,征服自然改造世界,使得人们不再询问"什么样的生活值得过"而让技术与欲望互为对象化"只能满足于还有什么没有满足"。可是,并不能因为爱知识一路的下行而成为只能走"真理之路"所必须放弃的"意见之路",政治生活也必须保证自身的生长活力避免固置意识形态化,"诗"是形而上学与政治生活的中介,沟通两极避免因固置而阻塞。

希伯来与希腊是西方文明的两个源头,启示与理性相互影响。最早

---

① 张志扬:《成事与记事》一文的附录《哲学——知识化?》,见"作为生活方式的古典哲学学术研讨会"中山大学会议论文,2003年。

的神学是犹太教，神的名为耶和华。① "神的言行、许诺通过先知直接转化为对人的律法。人只有遵从律法的引导，可获幸福，否则，灾难降临以示神的惩罚。"神具有作为开端的绝对性，伟大的先知是至关重要的关联依照"神定绝对开端的延续性解释"，犹太人是上帝的特选子民，与上帝之间是直接的"契约"关系。希腊理性主义的方法渗透了神对人的启示知识，人们试图用理性反过来证明上帝的存在，这就反转了神作为开端的绝对性，"能论证神其实是能驭制神"，无异于渎神。先知耶稣基督将自身设立为开端，使得犹太教开始向基督教转换，从特选向"普世"转化。从犹太民族扩展到异族异域，从"特选子民"到"因信称义"成为获救的基督徒，从外在的律法走向内在"心性的自律"。然而，犹太原教旨主义者视耶稣基督为犹太教叛徒，必钉上十字架。"沿此思路者，也将基督教视为现代性的开端。其中神学解释学也应运而生。这无非是说，真理或神义是不能走向普及民众的，它只能是极少数贵人（先知或哲人）的密宗特权。"② 不禁要询问一下"沿此思路者"指谁呢？尼采抑或施特劳斯？……如何评价希腊理性传统反转了希伯来自上而下的律法，让真理和神义走向民众。难道真理真的只能秘传，成为高贵者高贵的墓志铭？问题不能只停留在这里妄图揣测，必须要了解希腊理性传统造成了何种现代危

---

① 神之名"耶和华"与人之名"亚当"都是在《创世纪》第二章才出现的，第一章是无名之神。犹太教的一神"耶和华"之前是无名无形之神，一神确立自身为一神是排斥了诸神的结果（十诫第一："除了我（耶和华）之外，你不可有别的神"），禁止本身标志着界限同时显示了越界的可能。关于一神如何确立自身合法性的问题参考尼采在"论背叛者"中关于"诸神"之"背叛者"的一段话（尼采：《扎拉图斯特拉如是说：一本为所有人又不为任何人所写的书》，黄明嘉、娄林译，华东师范大学出版社 2009 年版）：

　　……还不如说，某日，诸神是自己——笑死的！
　　最不信上帝的话来自上帝——这么一句："只有一个上帝！除了我，你不可有别的神"——
　　——一个须发桀张的年迈上帝、嫉妒者，竟然忘记了自己：——
　　诸神于是大笑，在他们的椅子上笑得东倒西歪，呼喊道："有诸神而无上帝，这不才是神道么？"

尼采是要告诉我们，此一神的确立本身就是一个问题，要我们保持警惕。
② 以上论述，参见张志扬《哲学—知识化？》一文。

机才能进行后叙的评价。① 在这里可以得到确定的是，希腊理性的渗透使得人与神的关系发生了变化。

前苏格拉底时期，知识被区分为"真理"与"意见"，巴门尼德的"存在即一"与赫拉克利特的"存在即变"可以看作两个代表。巴门尼德要求我们按照女神的警戒"只能走真理之路，不能走意见之路"："存在只能是一，不能是多即无"，存在之外只有非存在那"空洞的声音"。② 如赫拉克利特这样"无知的凡人和无判断力的群氓"才在"意见之路上两头彷徨"，"认为一切事物都在相反的方向中运动"。在存在的唯一绝对性之下，纷纭的"现象"没有存在的权力。苏格拉底出来"拯救现象"警醒人们要"认识你自己"，改变了知识"看"的方向从"向天看"转回"向人看"，提出"德性即知识"，让知识回归到人自身的问题上来，哲学从自然哲学向政治哲学转变。③

"德性即知识"的希腊文是 ἀρετή εἶναι γνῶσις（《美诺》，87c-d）。④

---

① 施特劳斯"隐微"与"显白"的引入让"高贵的谎言"成为时髦的流行词语，柏拉图的每句话都变成了"隐微"写作背后藏着深意搞得弄不清楚何种意义才是真正的意义，意义扩大到不着边际的地步，"地上本来有路，走的人多了就没有路了"。我们不要仅仅将"隐微与显白"与迫害写作联系起来作为政治的修辞术（一切形而上学的"本体"或"真理"都可以被看作"高贵的谎言"，相对于虚无总是需要有什么可依靠的东西，聊胜于无而已。可是再怎么高贵的谎言都无法摆脱"谎言"）。"隐微"与"显白"更重要的意义在于让我们对古老的柏拉图作品保持敬意，告诉我们伟大的经典作品是需要细细阅读品味的，保持审慎的态度，不要盲目自以为"现代人能够比古代人更好地理解古代人"（康德）。

② "存在即一"，只有在界限之内的才是善，而界限之外的则是"空洞的声音"。这是与现代的截然不同的关于"有限与无限"的思考。

③ 参考 Seth Benardete, *Socrates' Second Sailing: On Plato's Republic*, Chicago: The University of Chicago Press, 1989. 以及参见甘阳的《政治哲人施特劳斯：古典保守主义政治哲学的复兴》，见施特劳斯《自然权利与历史》中译本导言。

④ 这句话被称为"苏格拉底悖论"（Socratic paradoxes）："知识是否是德性的充分必要条件"（neccesary and sufficient）。参考 Hugh H. Benson, "Socrates and the beginnings of moral philosophy", from *Routledge History of Philosophy（Volume. I）: From the Beginning to Plato*, edited by C. C. W. Taylor, Routledge, 1997. Hugh H. Benson 在注释 75 中谈到了学者们对这一问题的看法，他们基本上都同意这一命题是苏格拉底提出的并通常被理解为"知识是使一个人成为有德性的充分必要条件"。赵猛在其《"美德即知识"：苏格拉底还是柏拉图?》一文中认为，这些学者们做出这种判断的同时却"并不能给出明确的文本依据和令人信服的解释"。于是，通过对于这一问题进行文本分析，他寻找到一种不同的解释思路。他试图论证，这一命题并非苏格拉底的。详见赵猛《"美德即知识"：苏格拉底还是柏拉图?》，《世界哲学》2007 年第 6 期。

让我们从希腊语词义上进行解释。

其一，ἀγαθός（善）与 ἀρετή（德性）。

"善"（ἀγαθός）即"好"（good）或"优秀"（excellence），"古希腊人经常将其用作对应得赞赏予以赞美的最高词汇"。"'善'这个词对最高的价值性的指涉是被规定的，其他一切事物所具有的价值属性是通过'善'得到描述而被给予的"，因而，"善"在"绝大多数的情况下是用作谓词"。例如，"苏格拉底是善的""勇敢是善的"和"有德性的人是善的"，苏格拉底、勇敢和德性的价值属性是通过"善"被描述、被赋予的，而能对"善"规定的则只有"神"。在古希腊，"善"是指能力超常："某人或物在某一领域、方面有很高的能力或获得很高的成就。"例如，"使一个人成为好的（ἀγαθὸν）公民就是使他在城邦事务中具有很强的行动和演说的能力（《普罗泰戈拉》，319a）"。

"德性"（ἀρετή）从词源上来讲与形容词 ἄριστος（"好的"或"优秀的"）相关，而从语法上来讲 ἄριστος 是 ἀγαθός 的形容词最高级变格①——即"最好的"或"最优秀的"。"德性"（ἀρετή）通常被译为"美德"，但是，在古希腊"德性"（ἀρετή）的道德意味并不太强，而是指称人和物的"优秀"（excellence），"指任何东西在履行其本质功能时的优越性"，例如，"快跑是马的德性，明视是眼睛的德性"。对于人来说，"德性"就是善于做某事，"拥有'德性'在某种意义上来讲就是拥有某种熟练的技艺"。可以说，希腊"德性"和"善"暗含着技艺强力的功能性。

可见，"善"与"德性"在古希腊并非"道德"概念，而是品质"优秀"。荷马史诗中的神是无所谓道德的，而是凭借着自身的力量强大（"优秀"）而为所欲为。苏格拉底引入"新神"来对抗"城邦神"，试图以"自知无知"的神圣"至善"来对抗此种技艺熟练、力量强大的功能性"善"，不是力量的无限强大而是自知自身的限度而节制自律才是神圣的"至善"。

其二，γνῶσις 与 ἐπιστήμη。

虽然 γνῶσις 与 ἐπιστήμη 都被翻译为知识（knowledge），但是这两个希腊语词的"内涵和用法"是有区别的：γνῶσις 强调通过自己的努力探究去获知，不是我们今天所理解的固化为"知识论"意义上获知，而

---

① ἀγαθός-ἀμείνων（比较级）-ἄριστος（最高级）。

是"甚至带有超验性和神秘主义的因素"的"灵知"。在古希腊文中 ἐπιστήμη 与 τέχνη（技艺）相关，指示"关于某物的专门的知识，是人们在从事某事时所需技术背后的知识基础"。在亚里士多德之前，希腊人对 ἐπιστήμη 与 τέχνη 这两个词"几乎不加区别地使用"，"都指为人所掌握的专门性的知识或技能"。"与 γνῶσις 相比，ἐπιστήμη 更侧重于指既有的、专业性的理论知识，它在哲学上的较严格的用法是对关于不变的和必然的知识的称谓。"①

γνῶσις 与 ἐπιστήμη 在使用上也是不同的。苏格拉底"在谈到人的认识和对善恶的认识时更多地使用 γνῶσις 一词及其各种变体"，例如："'认识你自己'（γνῶθι σαυτον《回忆苏格拉底》，Ⅳ.Ⅱ.24;《普罗泰戈拉》，343b)，纯粹的知识（γνωναι《斐多》，66e)，分辨善、恶、最好与最坏的知识（γίγνωσκειν; γίγνεσκον; γίγνεσκοντας《回忆苏格拉底》，Ⅳ.Ⅱ.25;《斐多》，98b;《普罗泰戈拉》，325d、355c)……"而 ἐπιστήμη，"一般是不加区别地与 τέχνη 混用"，指"专业的技术性知识，如驭马、战争、医术、管理、智术、农稼、木工、音乐、雕刻、陶艺等"。②

苏格拉底所讨论的"善"是作为目标，关于"（德性）是什么"的对话每次都没有达到目的——得出一个关于"德性"的普遍定义。因为自知自己无知，无知自然就不能给出什么知识（ἐπιστήμη)，也不可能断言"德性即知识"。德性"是否是一门知识（ἐπιστήμη)，是怎样的一门知识（ἐπιστήμη）和怎样成为一门知识（ἐπιστήμη）是苏格拉底所不关心的，也没有专门去探讨的"。③ 苏格拉底不是在形而上学"知识论"的意义上谈论"善"，而是在政治生活的实践中以"善"为目标，在"认识你自己"的过程中去行动去探究"善"而非获得。

《申辩》中对苏格拉底的审判就是新神与旧神、"善"与"善"之间的冲突，也许是苏格拉底的死对于学生柏拉图的震动过于巨大，迫使柏拉图转变了苏格拉底的提问方式，以知识对善进行定义的方式给出最终答案。《美诺》虽然紧跟《普罗泰戈拉》讨论德性的问题，却有所不同。《美诺》作为柏拉图成熟时期的作品，开始抛弃苏格拉底的"自知无知"，

---

① 赵猛：《"美德即知识"：苏格拉底还是柏拉图?》,《世界哲学》2007 年第 6 期
② 同上。
③ 同上。

"而进行一种建设性的形而上学理论知识的构建"①。在《美诺》中柏拉图开始使用 ἐπιστήμη 来将 γνῶσις 行动的生成意义固化为 "善理式" 这种有着普遍确定性的不变的东西，例如，"回忆的知识（ἐπιστήμη）（《美诺》，85d）；德性是一种知识（ἐπιστήμη）（《美诺》，87d）"。②

其三，"即"（εἶναι，现在时不定式 to be）作为 "知识" 与 "德性" 之间转化的方向标，标识了两种截然不同的转化方向，此种方向的改变正彰显了 "古典理性" 与 "现代理性" 的差别。

"德性即知识" 的结论是德性依赖于理性认知，即知识是获得德性的充分必要条件，将这句话与 "认识你自己" 一起放在理性主义传统中去解读：认识到人的知识和能力越强大就越能获得 "德性"，认识到理性的无所不能，认识到 "理性中心主义" 的至上程度。今天的 "知识"，特别是 "技术理性" 知识不正是如 "资本" 那样进行着无限的自我增值，到了舍我其谁主宰一切的地步。凡是未经科学技术证明的都是虚假无意义的，人也正借由这种扩张而无限膨胀成为无所不能的主宰。"知识" 摆脱了 "德性" 的约束而成为 "欲望" 的工具，人丧失了自身意义和目的而沦为工具，物化为 "机器"，这一理性主义进程使人失去了生活的意义成为追求欲望满足的载体落入技术与欲望结合的 "虚无主义" 之中，其结果就是 "技术与欲望同质化" 的现代性危机。本书对这种 "技术理性" 知识的反思并不是要否定知识，而是要摆正 "知识" 的位置，从 "知识论" 重回关于人自身的 "政治哲学"。"知识即德性" 这一词语形式上的转换希图改变 "认识你自己" 的方向，不是认识到人知识和能力越强大就越有 "德性"（德性即知识），让藐视天地人神的现代技术理性成为主宰，而是试图恢复一种古典理性的源初视野：人要认识到自己的智慧及其所获得的真理的渺小，人归根结底是无知的，即 "自知无知"，由此保持敬畏之心，不敢狂妄而僭越。如此来说，相对于 "德性即知识"，"知识即德性" 在词语顺序上的转变更彰显了苏格拉底在德尔菲神庙上发现的 "认识你自己" 这一箴言的源初意义。

---

① 汪子嵩、范明生、陈村富、姚介厚：《希腊哲学史》（第二卷），人民出版社 1997 年版，第 670—671 页。参考《"美德即知识"：苏格拉底还是柏拉图?》，第 21 页。

② 关于《理想国》中关于 "善即知识"（只有经过知识才能达至善）的进一步讨论见《"美德即知识"：苏格拉底还是柏拉图?》，第 21—22 页。

我们可以大胆做出这样的结论，"德性即知识"是柏拉图的而非苏格拉底的，为了避免老师苏格拉底因"自知无知"而死亡的悲剧在城邦中重演，柏拉图创造了新神，开启了西方理性主义知识论的传统。而本书将"德性即知识"写作"知识即德性"更是为了还原苏格拉底式"自知无知"的源初意义，此种词语顺序上的变化非但并没有改变这句箴言的源初意义，甚而还原澄清了这一箴言源初意义，是一种源初的视野的重现。

下面让我们从具体的文本中，回到神与人的关系上来、回到政治哲学的本质上——对何种生活才是最好的生活的追问中——来学习这一箴言。

在《会饮》中苏格拉底倒数第二个发言，紧跟在刚刚获奖的软绵绵诗人阿伽通之后。苏格拉底前面的几位发言者（斐德若、泡赛尼阿斯、厄里克希马库斯、阿里斯托芬、阿迦通）都将爱若斯当作神（完满者）来歌颂。他们的颂扬"收罗了所有值得收罗的，然后堆砌到爱若斯身上，说他本身如何如何、带来了什么了不起的这样那样，让爱若斯在不了解他的人眼里显得美得不行、好得不得了"，这样的颂扬只是"听起来顶漂亮、顶堂皇！"可是"知情的人当然晓得，其实并非如此"（《会饮》，198e-199a）。① "其实"是什么呢？

苏格拉底反诘自以为拥有爱若斯知识的阿迦通以找寻真实的爱若斯。大致的思路是这样的：爱若斯是对某人（某种东西）的欲求，为何会有所欲求？必然是因为自身有所欠缺（或者说，不欠缺就不会有欲求）。如此，爱若斯并非如神一样是完满的，而是一种欠缺，即爱若斯欠缺美与好。爱神从神坛上跌落下来："爱若斯既不美又不好"（《会饮》，199b-201e）。

接下来就进入了苏格拉底忆述第俄提玛教诲的段落。这个段落是《会饮》中唯一以对话形式歌颂爱若斯的，而对话是苏格拉底的拿手好戏。既然爱若斯"既不美又不好"，那么爱若斯就是丑的、坏的？很明显这是一种二值逻辑——非好即坏、非美即丑、不是在外就一定在内——如同计算机的语言世界只有 0 和 1，这种逻辑的明显缺点就是忽视了界限。一种居间的东西出现在界限之处：非好也非坏、不美也不是丑。第俄提玛在这里举了一个聪明与傻之间的例子：正确的意见（ἠόρθ

① 中译文参考《柏拉图的〈会饮〉》，刘小枫译，华夏出版社 2003 年版。

ἡ δόξα）就在智慧（σοφία）与无知（ἀμαθία）之间。爱若斯虽然
"既不好也不美"，但"别就以为他肯定既丑又坏"，"而是介乎二者之
间"（《会饮》，202a-b）。

那这个介乎美—丑和好—坏之间的爱若斯究竟是什么呢？第俄提玛
告诉我们说：爱若斯是一个"大精灵"，是所有精灵中的某一，而"所
有精灵都居于神与有朽者之间"（《会饮》，202e-203a）。精灵不可能成
为神那样的完善者，他的职责只是"传译和转达"（ἑρμηνεῦον καὶ
διαπορθμεῦον），成为神与有朽者之间来往交谈的居间者。一方面，听
从神的旨令和消息，并保护这一旨令和消息，然后解释传达给需要听到
的人；另一方面，收听人们的祈求，保存人们的献祭，转达给神。这种
关联中，爱若斯不是占有者而是消息的聆听者和保存者，并在聆听和保
存中传达解释着。正是因为有这样的关联能力，爱若斯才成为"使者"
爱若斯，而且，正是"靠了精灵的这些能力，人和神才有来往和交谈"
（《会饮》，203a）。拥有"爱若斯"的居间者的能力是引导民众的意见
走向完善接近"神"，另一方面保护保存"神"的信息并将之传递给对
"善"追求的人。

接下来，为了更深入了解爱若斯，在苏格拉底的要求下第俄提玛讲述
了爱若斯的身世：父亲是波若斯（Πόρος 丰盈），而母亲是珀尼阿（Πενί
α 贫乏），所以"爱若斯既不贫也不富，毋宁说总处于智慧与无知之间"。
而且，爱若斯并非一位神，"没有哪个神爱智慧（φιλοσοφεῖ）的，因为，
神已经是有智慧的了"。也就是说，正是因为爱若斯处于一种欠缺的状
态，爱若斯才能欲求才能是爱欲。这种爱欲指向的是智慧，却无法占有智
慧，"他为自己源源不断赢得的，又源源不断流走"。虽然无法占有得到
智慧，但是爱若斯却并不是无知的，因为他的确知道一些东西——知道自
己"不美、不好、不明事理"，知道自己是有所欠缺的。这样，爱若斯作
为一个居间者，在智慧—无知之间。"智慧是最美的东西之一"，而"爱
若斯是对美的爱欲，所以，爱若斯必定是爱智慧的人（φιλόσοφον 哲人），
爱智慧的人就处于智慧和无知之间"（《会饮》，203b-204b）。这就是哲
人的身位：在智慧和无知之间。

苏格拉底在申辩时把自己被人诬蔑使得名声被败坏的原因归结为他的
这种智慧——一种属人的智慧，而且他说自己"确实善于这种智慧"

（《申辩》，20d）。^① 让人不由得想起他在《会饮》中说过的一句话："我除了懂得与爱若斯有关的事情（ἐπίστασται ἥ τὰ ἐρωτικά），别的都不懂。"（《会饮》，177d）苏格拉底只有关于爱若斯的智慧，爱若斯的智慧是属于人的智慧，这种智慧是一种"自知无知"的智慧，可以将这种知界限的智慧表述为"知向而不知得"。苏格拉底知道自己无知并不是真的"无知"，而是相对于神的智慧来说人的智慧是无知的，也就是说，"知不可知"指向神圣智慧的方向，苏格拉底用助产术引导人走向那不可知的"善"（神的领域），但是，人的智慧是无法如神那样获得完整性获得对于终极本体、始基的认识而"知得"的。^②

苏格拉底举出了能够证明他真是有智慧并且能说明他有什么样的智慧的证人——德尔斐的神。凯瑞丰到德尔斐求签，问，是否有人比苏格拉底更智慧。皮提亚的女祭司拿起签说，没有人更智慧（《申辩》，21a）。苏格拉底相信神说出来的话是不会有假的，可是苏格拉底觉得自己"没有大智慧，也没有小智慧"（《申辩》，21b）。这样，他只好自己去看看神言究竟想要说的是什么——传译和转达神言。

苏格拉底去找政治家，政治家是公认具有较多智慧的人，而且政治家也自认为是具有智慧的。对话之后，苏格拉底发现自己比这个政治家更有智慧，因为"也许我俩都不知道美和善，但是那个人认为自己知道他不知道的事，而我既然不知道，也就不认为我知道。我觉得好像在这件事上总比他智慧一点，即我不知道的事，我就不认为我知道"（《申辩》，21d）。美和善并非属人的智慧，所以只拥有人之智慧的苏格拉底并不知道，而那位自以为知道属神的智慧的政治家就不如自知无知的苏格拉底更有智慧了，因为他并不知道自己不知道。"随后，我试着告诉他，虽然他认为自己是智慧的，其实他不智慧。结果，我遭到他和在场很多人的忌恨"（《申辩》，21c-d）。自己认为确定的和引以为傲的东西被剥夺确实不是件令人开心的事情，从智慧到无知的跌落使得自身的生活根基都被动摇了，为了保存自己宁愿自欺，这又要通过欺人来达到，苏格拉底被忌恨也就

---

① 《申辩》中译本参考柏拉图《游叙弗伦 苏格拉底申辩 克力同》，严群译，商务印书馆1983年版。并参照［古希腊］柏拉图《苏格拉底的申辩》，吴飞译，华夏出版社2007年版。

② 这是一种既反抗本质主义又反抗虚无主义的策略。参考张志扬《偶在论谱系》，第191页："由此构成'有—无'的张力，使得'知'既不能因'知有'而独断'本体论'，也不能因'知无'而独断虚无主义。"

"合情合理"了。

和政治家一样，诗人也认为自己是具有智慧的人，是"神的使者"。可是苏格拉底发现，"作诗不是靠智慧作的"。诗人"被灵感激发"，有神出现在身体里面，才"说了很多很美的话，但是他们并不理解自己所说的"（《申辩》，22b-c）。

那些自认为是神的代言人的政治家和诗人都受到了苏格拉底的反讽。"我按照神的说法考察之后，那些声名显赫的人是最无能的，而另外那些看上去更一般的人却好像更明智些。"（《申辩》，22a）"那些声名显赫的人"指的就是政治家和诗人，而"一般的人"指的是匠人们。政治家和诗人是"最无能的"，而匠人们却"好像更明智些"，这是因为政治家和诗人都认为自己具有智慧，而匠人们则没有这种狂妄的僭越，但是匠人们却陷入自己的迷雾之中——从众跟随流俗意见。苏格拉底走到匠人们当中。"我知道，我是所谓的什么也不知道，而我也知道，我会发现他们知道很多美好的事情。这一点我没弄错，他们知道我所不知道的，在这一点上比我智慧。"（《申辩》，22d）匠人们是有正确的意见的，但是匠人们却固执于这些意见不放，只是将自己拥有的技艺用于赚钱、打官司获胜使得知识成为获得力量的工具，而不去思考美和善本身。对于这些人，苏格拉底助产引导其走向追求"善"的真正沉思生活。

苏格拉底谨守"自知自己无知"的界限的方法是这样的：对于"一"，对于那些自以为占有智慧的人，苏格拉底采用反讽的方式，揭示其自身的不完善，以防止"属人的智慧"僭越神的领地；对于"多"，对于那些靠意见为生的民众，则以"助产术"归纳纷纭的意见以使之指向"善"。

苏格拉底弄清楚神谕的含义的方法是怀疑，他发现这些自以为拥有智慧的人要么陷入了自以为是的权威之中刚愎自用，要么陷入了纷繁的大众意见之中无法自拔。那些自以为拥有智慧的人，所拥有的不过是深深的固执。而苏格拉底对于权威的看法和大众的意见都保持着怀疑的态度，将人们的习俗、传统和人们公认的信念放在"思"中、放在怀疑中去检审。在苏格拉底诘问法的检审之下，这些人都露出了马脚，他们自以为拥有的智慧其实是不堪一击的固执坚持，比起"无知"，更可怕的是他们自以为自己知道，在不自觉中进入了更深层次的无知之中——不知道自己"不知道"，这是一种盲目固执状态，正是这种盲目固执生产出了最大的恶。

　　可是，正是"由于这种省察，雅典的人们，我遭到了很多人的忌恨，是最苛刻和最沉重的忌恨，因而其中也就出现了很多诬蔑，于是人们用这个名儿来说我：'智慧的'。"而其实，"神才真是智慧的"，苏格拉底悟到"神谕里表明的是这个，人的智慧价值很小，几乎什么也不是"。神只是借用苏格拉底这个名字做个例子，如同在说："你们中最智慧的，人类啊，就是像苏格拉底那样，知道就智慧而言，他真是毫无价值。"（《申辩》，22e-23b）"认识你自己"就是要认识到这一步，要认识到自己的智慧及其获得的真理是不完满的，人归根结底是无知的，即"自知无知"。这是一种"知界限"的敬畏与审慎状态，不能扩大到人能够凭借自身"理性"强大到无所不能甚至替代"神"的地步。

　　苏格拉底"知识即德性"就与这种"自知无知"的智慧相关，其形式上的要求是"知向而不知得"的悖论。"知有"，知识指向德性之"至善"；"知无知"，无法获得，处于有限接近状态。此种指向"有"但又"不知得"的中间状态，具有明显的限制性或否定性的生成特征。一方面，通过"牛虻"的针刺，即反讽，唤醒在道德自满中沉睡的人们，让自以为掌握了知识的人的幻想破灭。另一方面，通过"助产术"引导归纳众说纷纭的意见，将人们的意见引导到"善"的方向上，但并不提出新的真理作为替代品。这不是苏格拉底故作玄虚的策略，他做的不是破旧立新，而是他根本无法给出"新"，苏格拉底在《美诺》中把自己比作"电鳐"："对我自己来说，如果电鳐只有通过麻痹自己才能麻痹别人的话，那么这一类比是公正的，否则就不对了。这并不是说，我让他人感到困惑时我自己知道答案。真相不如说是我自己感到困惑，也将这种困惑传染给了他们。"（《美诺》，80c-d）这种"知向不知得"的状况是由思的本性所决定的，陷于困惑就是"思"的开端，不断地追问就是思自身的终点，否则，给出的答案必然面临"自知无知"这一命题自身的反讽，无异于搬起石头砸自己的脚。① 给出善理式或者创造出"德木格"（Demiurge）的柏拉图违背了老师苏格拉底"自知无知"的教导必将受到苏格拉底的反讽。哲学的使命就是将任何试图弥合这一无根状况以求得虚幻"慰

---

　　① 参考阿伦特对于牛虻、助产士和电鳐的解读，Hannah Arendt, "Thinking and Moral Consideration", in *Responsibility and judgment*, edited by Jerome Kohn, New York: Schocken Books, 2003, pp. 174-175。

藉"的自以为是的狂妄之徒通通放在"自知无知"这一命题下进行检审——"未经检审的生活是不值得过的"。这是苏格拉底终其一生的事业，是他"对神的侍奉"（《申辩》，23c）。

或许有人会问，如果苏格拉底不给出"善"，如何能让人们向"善"？诚然，苏格拉底的智慧是否定性的，可这一否定性的、负面的智慧类型可以用自己的方式发挥作用。苏格拉底在市场上与每一个对善有兴趣的人讨论。他使用的并非专家知识直接告诉他人应该如何去做，而毋宁说他是在努力让每一个雅典城邦的公民变成某种意义上的哲人——"自知无知"的能思个体。也就是说，通过思认识到自己可能正在跟随习俗和权威的意见而独断专行，可能正在跟随流俗的大众意见而随波逐流。苏格拉底是要我们意识到这样的跟随、这样的自以为自己知道了什么东西的"无思"跟随，会造成最大的恶。"自知无知"所需要的是对确定的习俗道德或者大众意见进行思的能力，所有看似稳固的东西都需要在怀疑的检审与省察之下得到净化。显然，"思"并不依靠某种确定下来的权威的知识，而恰恰是要我们对这些知识做出自我反省和检审，以避免产生不义之事。正如尼采所论述的那样，真理的敌人不是谎言，而是深信不疑。苏格拉底要传达给人们的训诫就是，未经检审的生活是不值得过的（《申辩》，38a），如此才能够打开通向"善"的道路。

德尔斐的阿波罗神差遣苏格拉底一项任务："以爱知为生，省察自己和别人"（《申辩》，29a），苏格拉底按照神的意愿，四处寻求和追问，成为雅典这匹肥马身上的牛虻，时时警醒城邦不要昏昏然得意忘形，"唤醒、劝说和责备"人们让他们不再自以为掌握知识而自满酣睡。这与代表苏格拉底"前德尔斐智慧"的个人精灵——"总是阻止我要做的事，却从不鼓励我做什么（《申辩》，31d）——有所不同。苏格拉底从对自我的关注转向对于城邦的关心，完成了个人到哲人—公民的转变，从避免遭受不义之事以自我保全转向如何避免行不义之事，作为牛虻针刺唤醒人们的并不是教条式的道德知识原则或者充满人之荣誉力量的华丽言辞（如智者一样），而是一种"自知无知"的负面智慧：避免由于无"思"成为习俗权威和大众意见的附庸而行不义之事。苏格拉底用生命在追求的并非雅典城邦通行的力量、财富或荣誉，而是要避免行不义之事（《高尔吉亚》，468c）。苏格拉底希望其雅典公民同胞们不仅仅只是关心财产、荣誉和帝国理想，也能够更关心自己的灵魂而"向善"迈进。

在《申辩》中苏格拉底两次提起自己对"后德尔斐智慧"的践行，两次都是力图在城邦中避免不义。

第一件事发生在民主雅典城邦之中，是十将军集体审判事件。在公元前406年，海战过后由于风暴袭来，仓促班师之下没有按照传统习俗收集阵亡将士的尸体并妥善安葬。当时正值苏格拉底的部族轮值"主席"，当时所有的"主席"都同意集体审判，唯独苏格拉底投了反对票并坚持到底，因为这与雅典人关于正当诉讼的观念不符：

> 雅典的人们啊，我从未在我们的城邦中任过其他职位，唯一的一次就是在议会服务。那时正巧我的部族安提俄克斯（Antiochis）轮值主持，当时你们决定十位将军应该集体（en bloc）审判，因为他们在海战之后没有运回阵亡将士的尸体妥善安葬；这一决定是不合法的，后来你们都承认这一点。在当时的那种情况下，我是执行主席中唯一一个反对你们做法的人——你们不按法律办事，而且对这项提议我投了反对票；尽管那些公共演说家们准备好了要斥责我、要逮捕我，而你们所有人都高声喧闹怂恿他们，我认为自己的责任就是站在法律和正义一边直面这一风险，不能为了害怕坐牢或者死亡就支持你们不义的决定。（《申辩》，32b-c）

面对大众的意见——公民同胞的投票，苏格拉底并没有盲目地表示服从命令。即便命令来自城邦中的大多数，苏格拉底也没有忘记德尔斐神交付的使命"省察自己和别人"，即使只有"唯一一个人反对"，即使冒着"坐牢和死亡"的危险，也要将对不义之事的反抗坚持到底。

第二件事是在三十僭主时期，苏格拉底和另外四个人一起得到了处死撒拉密斯的赖翁这一命令，另外四个人服从了命令，"我却回家去了"（《申辩》，32d）。对苏格拉底来说最重要的不是服从命令，哪怕命令来自权势强大者，也要经过道德"检审"之后才能行动，即使要让自己的生命处于危险之中："又一次，我用行动而非言辞清楚地表明死亡对我来说无关紧要……但对于我来说性命攸关的是，我不能够行不义或者不道德的事。"（《申辩》，32d）

无论是大众意见抑或政治权威都无法改变苏格拉底式"思"的信条："未经检审的生活是不值得过的。"在任何情况之下，苏格拉底都试图让自己和雅典同胞按照思的方式来生活，而不是无思地附和于大众、无思地遵从于某一教条或者专家的权威意见。这样做并非让所有人都成为哲学家，而是说思的能力对每一个人都潜在地开放着。诚然，苏格拉底不是也无法成为一位道德的专家，无法提供关于"善"是什么的专门知识，但作为"牛虻"和"电鳐"，他既唤醒别人也传递麻痹，运用思来避免行不义之事，避免让公民同胞和城邦陷入不义之中。

在《理想国》中，哲人在洞穴中上升最后出离洞穴看见"善的理念"，到达了顶点，苏格拉底提出了一件本不应该奇怪的怪事：

> 那些已达到这一高度的人不愿意做那些琐碎俗事，他们的心灵永远渴望逗留在高处的真实之境（《理想国》，517d）。[1]

哲人看到了"善理式"，"一切事物中一切正确者和美者的原因"，"可见世界中创造光和光源者"，"真理和理性的决定性源泉"（《理想国》，517d）。毫无疑问，"离开了无知的黑暗进入比较光明的世界"是幸福的，而失去了"较大的光亮"失去了光明幸福的生活进入"黑暗"中则是可怜的（《理想国》，518a-b）。"达到了这一高度的"哲人理所应当希望"心灵永远渴望逗留在高处的真实之境"而不愿意返回城邦去做"那些琐碎俗事"，而且还不只是面对"琐碎俗事"那么简单：

> 如果有人从神圣的观察再回到人事；他在还看不见东西还没有变得足够地习惯黑暗环境时，被迫在法庭上或其他什么地方同人家争讼关于正义的影子或产生影子的偶像，辩论从未见过正义本身的人头脑里关于正义的观念。如果他在这样做时显得样子很难看举止极可笑，你认为值得奇怪吗？（《理想国》，517e）

审判在等着你，死亡在等着你，"样子难看举止可笑"的苏格拉底被雅典法庭宣判死刑，"你认为值得奇怪吗？"侍奉神谕的哲人苏格拉底不愿在蒙福的小岛过沉思的生活而回到黑暗的洞穴中，个人的追求私人幸福的欲望为了城邦的正义必须做出牺牲，这种节制是通过强迫那些看到善理

---

① ［古希腊］柏拉图：《理想国》，郭斌和、张竹明译，商务印书馆1986年版。

式的哲人返回"洞穴"做到的。通过此"出离—返回",人成为临界的担当者,个人转变为哲人—公民,这才是真正拥有智慧的人。

第二节　柏拉图、亚里士多德与形而上学开端

赫拉克利特将"火"作为世界的本原。这火并非自然哲学的"元素"而是"时间的象征",讲述的是事物自身运动的节律:"有死的是不死的,不死的是有死的,一个的死就是另外一个的生,另一个的死就是这个的生。"在这流变的时间中,无物永驻,用广为流传的话来说就是,没有人能够两次踏入同一条河流。而赫拉克利特的学生克拉底鲁则继续推进一步,没有人能够同时踏入同一条河流。这一推进是极具毁灭性的。在时间的迅速流变中,确定性被完全地瓦解了,什么都不存在,什么也没有(高尔吉亚),一切都在消逝着(克拉底鲁)。存在即无,即使存在着什么,也无法认识、无法言说(logos)。面对纷纭的现象,人只能冷漠、平静、无动于衷(皮浪),人的日常生活陷入混乱崩溃之中。巴门尼德的"存在即一"——存在就是存在,不可能是不存在——就是对现象世界的完全否定和抛弃。或者,我们可以将之表述为:是就是是,不可能是不是,试图用语言—思想的逻辑确定性否弃现象世界,进入空间(球体)抛开时间的流变。巴门尼德完全拒绝了"意见之路",现象界多即"无",只保留了作为本体世界的"一",这个"一"是贫乏的、没有内容的、没有变化的"一"。巴门尼德并没有成功地拯救现象。[①]

如何拯救现象就是摆在之后哲学家头上的达摩克利斯之剑,如何拯救现象的关键就是建立本体和现象之间的关系,将存在与非存在、一和多之间的道路打通。这条路从苏格拉底开始,经过柏拉图到亚里士多德得以完成对形而上学的奠基。苏格拉底以"知向不知得"的方式在"一"与"多"之间谨慎保持着临界状态"自知无知"。苏格拉底被雅典城邦的公民同胞们送上法庭并定罪处以死刑,对于学生柏拉图来说,与苏格拉底一同被判处死刑的还有苏格拉底"自知无知"的智慧和"知向而不知得"的行为方式:归纳"多"(意见)走向"一"(善),但又拒绝提供虚假

---

① 参见包利民《存在论为什么是"第一哲学"——对希腊存在论的一个再思》,《哲学研究》2009 年第 1 期。

幻象不最终给出"一"。这种方式招致了太多的嫉恨，现实的结果就是苏格拉底之死。一定是苏格拉底被民主城邦雅典审判并处死给学生柏拉图烙下了不可磨灭的印记，让他不得不考虑放弃掉老师的哲学探寻——自知无知的智慧，改走创立神即"德木格"的道路。创立最高理式掌握确定的知识以期能对城邦民众教育驯化，避免苏格拉底因自知无知的智慧而造成的能退不能进，即只是指出那些自以为具有知识的人其实一无所知，却又无法给出任何确定性的东西作为替代，导致依靠意见为生的大众处于混乱之中，毁坏了城邦神，破坏了城邦生存根基，给城邦生活带来了巨大危险。为了抗争赫拉克利特的流变世界、为了抗争智者将一切打破进入流变状态、为了抗争自己老师的方法所招致的毁灭性代价，柏拉图确立了理式的优先地位，直接给出"一"。理式是绝对的、自身的存在，个别事物是"分有了"相应的理式而得以存在的。理式作为真正的存在从现象界悬空而起，成为独立于现象界的实在世界。这样，柏拉图就创立了理念世界与现实世界的二分境况，为形而上学开端的完成做了准备。可是在亚里士多德看来，柏拉图不过是在现象之外无谓增加了本质世界，这种二元分离的状况并没有真正解决现象界问题，反而平添了一层新问题，不是好的解决办法。谁能真正回答赫拉克利特的问题呢？谁能直面世界大火在时间的洪流中永驻维护自身的同一性呢？谁能拯救现象？

黑格尔与海德格尔都将"标的"放在了亚里士多德身上。黑格尔将亚里士多德作为终结希腊（整个哲学史）第一个时期的人物。亚里士多德把柏拉图的东西向前推进了一步，比柏拉图发展得更远，在"思辨的深度上超过了柏拉图"，因为"亚里士多德已经深入到了现实宇宙的整个范围和各个方面，并把它们的森罗万象隶属于概念之下"。[①] 海德格尔认为，亚里士多德将柏拉图思想的二分模式"首次带入概念表述之中"，他给予了这一二元区分"本质基础"，完成了本质（essentia）与实存（existentia）的区分，是形而上学开端的完成者。[②]

我们需要听听亚里士多德对于现象的拯救。怀疑派智者指出在一切皆

① ［德］黑格尔：《哲学史讲演录》第二卷，贺麟、王太庆译，商务印书馆1983年版，第384、269—270页，参见284页。

② 英译本参考 Martin Heidegger, *The End of Philosophy*, trans. Joan Stambaugh, Chicago: The University of Chicago Press, 2003, p. 4；中译本参考 ［德］海德格尔《尼采》，孙周兴译，商务印书馆2002年版，第1037页。

变的流逝中无物存在。巴门尼德说"存在即一"，只有一、多即无。柏拉图将现象界与实在界二分，现象模仿理式，现象是影子模仿真实存在。亚里士多德将"存在是什么"这一问题确定为"实体是什么"这一问题：

> 实在说来，从前、现在并且永远被提出的那个问题，永远是疑惑的主题的那个问题——即"存在是什么"（τίἐστι）这个问题，正就是"实体是什么（τι οὐσία）"这个问题……因此，我们必须主要地、基本地而且几乎单独地来考察：在这个意义上被称为存在（ἐστιν）的东西究竟是什么。（《形而上学》，1028b3）①

有了老师柏拉图的教训，亚里士多德并没有从理式、共相开始做出演绎，而直接从具体的个体开始进行归纳，从个体到属、种。

亚里士多德在《范畴篇》中明确地区分了"第一实体"与"第二实体"：

> 实体，在最严格、最原始、最根本的意义上说，是既不述说一个主体，也不存在于一个主体之中，如"个别的人""个别的马"。而人们所说的第二实体，是指作为属而包含第一实体的东西，就像种包含属一样，如某个具体的人被包含在"人"这个属之中，而"人"这个属自身又被包含在"动物"这个种之中。所以，这些是第二实体，如"人""动物"。（《范畴篇》2a11-19）②

亚里士多德并没有像老师柏拉图那样从抽象的共相开始，而是从具体的个体开始，个体是"第一实体"，将个体按照性质相同者进行分类进而得到"属"，再将抽象的属差取更高的共相得到"种"，属、种是"第二实体"。如此区分，建立了从个体到属、种的归纳逻辑关系，在这样一种梯级的归属关系中，从个体向越来越普遍的共相归纳，抽象化的程度越来越高。"第一实体"无法作为谓述存在，而处于梯级更高的"属"可以谓述"个体"，"种"可以谓述"属"和"个体"，"属差"作为介于"种"

---

① 转引自张志扬《偶在论谱系》，复旦大学出版社 2010 年版，第 111 页。

② 苗力田主编：《亚里士多德全集》第一卷，中国人民大学出版社 1997 年版，第 6 页。

和"属"之间的层级，可以用来谓述"属"与"个体"。比如，苏格拉底是人，人是动物，个体（"苏格拉底"）作为主词归纳进入谓述属（"人"）之中，属（"人"）再归纳进入种（"动物"）之中，起连接作用的"是"即"归属于"，如此就形成了一个上升过程：从个体向更高的共相——种、属归纳上升。但是，不能反过来说："人是苏格拉底""动物是人。"这样一来，亚里士多德就与老师柏拉图划清了界限，柏拉图是演绎逻辑，从一般（共相）到个别；而亚里士多德是归纳逻辑，从个别到一般（共相）。

如人们一般所认为的那样，归纳推理是或然的，而只有演绎推理才能获得确切的必然性。或许，正因为如此，亚里士多德并没有放弃演绎法，在亚里士多德的三段论证明中将归纳法与演绎法结合起来。例如这样一个三段论：（大前提）所有人都有死；（小前提）苏格拉底是人；（结论）所以，苏格拉底有死。这个三段论看起来是一个演绎逻辑，但其实是一个归纳逻辑，原因在于，"（大前提）所有人都有死"作为演绎的最初前提看起来是一个不证自明的真理，但其实只不过是归纳得来直观判断。我们实际上知道的并非"所有人都有死"，我们实际上就只能知道"所有生于一百五十年之前的人都有死，并且几乎所有生于一百年前的人也都有死"这样的经验。① 很明显，"（大前提）所有人都有死"是经验归纳的结果而非不证自明的先验真理。作为演绎推理正确性保证的大前提不过是经验归纳的直观罢了。人类用理性逻辑建立的开端与经验归纳一样并非建立在一个稳固的基础之上。

这样看来，亚里士多德与柏拉图的界限并没有看起来的那么泾渭分明：一个是归纳，另一个是演绎。除此之外，亚里士多德与柏拉图的相似之处也体现在亚里士多德的"第一实体"这个概念上。在亚里士多德那里，即使是第一实体也有着形式与质料的区分。例如，如果大理石是质料的话，雕刻家所要完成的形状就是形式；用亚里士多德所举的铜球的例子来说，铜是质料，球状就是形式。但是，人不能创造形式，正如同人不能创造质料一样，当人去制作一个铜球的时候，质料（铜）和形式（球）都已经存在了，人做的只是将两部分结合起来的工作。而且，许多永恒的

① ［英］罗素：《西方哲学史》上卷，何兆武、李约瑟译，商务印书馆1981年版，第257页。

事物是没有质料的纯形式。事物获得形式便获得了"现实性，没有形式的质料只不过是潜能而已"。① "正是凭借着形式，质料才能成为某种确定的东西"，一件事物的形式就是它的本质和原始实质。② 也就是说，形式是独立于质料之外的存在，这样的表述似乎把亚里士多德暴露在了柏拉图理念论之下。亚里士多德原希望自己的"形式"与柏拉图的"共相"迥然不同，但形式可以独立于质料之外存在，而且还有纯粹形式的存在，这些无疑会让人想起柏拉图的"共相"。到最后，我们不得不说，亚里士多德的"形式"与柏拉图的"共相"确实有许多相似之处。你可以说"吾爱吾师，吾更爱真理"，但无法改变的是：亚里士多德毕竟是柏拉图的学生，罗素一针见血地指出："看起来似乎亚里士多德对于柏拉图形而上学实际上所做的改变，比起他自己以为的要少得多。"③ 策勒尔明确地指出了亚里士多德、柏拉图与一切形而上学家的一致性：

> "形式"之于他（亚里士多德），正如"理念"之于柏拉图一样，其本身就具有一种形而上的存在，它在规定着一切个别的事物。尽管他是那样尖锐地在追踪着理念从经验之中生长出来的过程，然而同样真确的是这些理念（形式），尤其是当它们离开经验与直接的知觉最远的时候，终于还是由一种人类思想的逻辑产物变成了一种超感世界的直接表象，并且在这种意义上还转变成了一种理智直觉的对象。④

海德格尔对于上面亚里士多德关于"实体"的一段话做出了自己的翻译：

> 但在场者，在支配性地现身出场、因此首先而多半已被言说的（在场状态）意义上，既不是着眼于某个已经呈放出来的东西而得到陈述的，也不是在一个已经以某种方式呈放出来的东西中（首先）出现的，例如这个人、这匹马。而第二位的在场者指的是那些东西，

---

① ［英］罗素：《西方哲学史》上卷，何兆武、李约瑟译，商务印书馆 1981 年版，第 216—217 页。

② 同上书，第 215 页。

③ 同上书，第 217 页。

④ 同上。

在其中，首先作为在场者被谈论的东西（作为向来具体的这样一个东西）已经作为外观方式而先行起着支配作用。（被命名的）外观方式以及这些方式的起源即属此类。这个人站在那里，具有人的外观，但对于"人"这个外观来说，（其外观的起源）却是"动物"。所以，第二位的在场者指的是这样一些在场者：诸如"人"（一般）以及"动物"（一般）。①

海德格尔将亚里士多德"第一实体"和"第二实体"的区分看作在场者的两种呈现方式："第一在场者"是"个体、这个"（tode ti）意义上的在场，即"实存"（existentia）；"第二在场者"是"外观"（eidos）意义上的在场，即"本质（essentia）"。从"外观"（eidos）在场者（ousia）的视角来看，亚里士多德规定的个体不过是在场状态（ousia）的实现（energeia），也就是说，亚里士多德从未将柏拉图的在场方式"相"（idea）排除掉。② 存在"作为外观之自行显示的在场状态"，成为"一种在外观（eidos）中当下之物的逗留"。从海德格尔的分析中我们可以看到，亚里士多德依然是柏拉图的学生，虽然让个体获得了存在的优先地位，但是在任何时候都没有将柏拉图的"相"（idea）排除掉。只不过在亚里士多德那里，"个体""这一个"如何呈现出来在场，是他主要关注的焦点。亚里士多德用"是什么"的谓述将"语言结构"与"事物结构"之间的同构关系建立起来，主语必须是第一实体即个体（不是"相"），谓述则是"种加属差"，也就是说用第二实体（类）规定了个体的共同的质，其实仍然是用柏拉图式的"相"来规定个体的本质。两人只是方向和侧重不同，一个侧重于"相"，走的是从一般到个别的道路，即柏拉图开创了本质主义之路；一个侧重于"个体"，走的是从个别到一般的到道路，即亚里士多德开创了科学实证主义之路。

亚里士多德越过却仍然保留了柏拉图"相"（idea）的在场方式，将eidos的在场方式带入一种"不可分的、也就是不再衍生性的外观"之中在场，此种外观的在场，似乎让黑暗无处藏身，一切都在理性之光的照耀之下而显露自身，用"个别是普遍"的归纳逻辑建立起语言与世界的同

① ［德］海德格尔：《尼采》，孙周兴译，商务印书馆 2002 年版，第 1041—1042 页。
② 同上书，第 1045 页。

构关系，让现象在"是什么"中得到外观意义上的在场，即通过人自身的表象活动和制造活动建构、生产出来，人走上了生产制造合法性的实用功利之路。但是，"不可分""不再衍生"总是对可分、繁多的强行整合抽象统一。光固然能够照亮黑暗让物自身显现，但是此种在外观上的显现只是"物"展现自身在这样一种外观中，还有其他种外观上展现的可能。光虽然能照亮黑暗，却总有光亮也无法穿透的黑暗，这黑暗不是光尚未照到的地方，而是标志着光本身的限度，物也可能根本拒绝展现自身（海德格尔）。任何一种让物自身展现出来的方式背后都暗藏了人的期待，让物以这种方式或者那种方式展现，都是人意图的展现。在这个意义上，我们可以说"存在即解释"。① 在外观在场的意义上，"亚里士多德比柏拉图思考得更希腊"，亚里士多德完成了形而上学的开端。

第三节　古希腊悲剧中对人之力量的反讽

一　《俄狄浦斯王》：脚最少时最强大？

什么动物有时两足，有时三足，有时四足，这东西脚最多时，最是软弱？

那这个动物是不是脚最少时最强大呢？

在埃斯库罗斯之前，与众神抗争的泰坦巨人只是原始的蛮力自然。埃斯库罗斯的泰坦巨人——普罗米修斯，却运用他的知识与能力

---

①　人对自己的解释的目的性在"人是什么"的定义中展现出来。A."人是哺乳动物"——生物学定义。属差"哺乳性"仍属动物类。B."人是理性动物"（"人是政治动物""人是会说话的动物""人是制造工具的动物"）——社会学定义。属差"理性"出离动物类，至少临界。C."人是上帝造的自然守护者"——神学定义。人被神提升出动界。D."人是此在"（"人是看护存在的此在""人是无意指的指号"）——哲学定义。人只按人的理性反省自身，既独立于动物，也独立于神。此外，可以称为"物理学定义"的几个：M."人是机器"。N."人是计算机"（拉美特利"人是机器"的现代版）。P."人是基本粒子"（在一个由物质【基本粒子】、运动和相互作用构成的世界里，"理性、精神、情感"等是如何可能的，这是当代心灵哲学的核心问题）。Q."人是数字几何"（新世界观的关键思想是世界中的物质运动和相互作用规律皆可用数学公式表达）。ABCD 向上综合多元，MNPQ 向下还原一元。相关分析参考张志扬《偶在论谱系》，复旦大学出版社 2010 年版，第 127—131 页。

挑战神祇。①

普罗米修斯反抗"相当没有人性"的宙斯，从宙斯那里偷得"火种"，在人中间传播知识，将人从蒙昧中解救出来而成为"人道的英雄"。② 从神话到悲剧已经进入了希腊早期的启蒙阶段，人们开始质疑"关于诸神的神话"。本来神圣的有效的"习俗和宗法"被相对化了，人们用"世俗法"对抗"神法"：有时，按照"人性恶"来解释，"法是为维护强者的利益而制定的"，"弱肉强食"是不二法门；有时，按照"人性善"来解释，"所有人都具有相同的人类天性"，所以"要维护弱者和妇女、穷人、奴隶的权利"。希腊城邦民主制就是这一启蒙的结果，而伯利克里执政的时期展现了启蒙的顶点与没落。③

施密特认为索福克勒斯没有像埃斯库罗斯那样站在普罗米修斯的启蒙角度上——用人之力量启蒙古老宗教。相反，悲剧诗人兼医神（Heilhero）祭祀的索福克勒斯"坚定地站在传统宗教价值这边"，力图拯救"先知体系和神谕制度"。④ 他的作品《俄狄浦斯王》对追求知识启蒙的人之代表俄狄浦斯做出了深刻的反省：

> 他（索福克勒斯）描绘了相信自己的知识和自己的力量的人如何遭到了存在意义上的失败。索福克勒斯并没有把俄狄浦斯塑造成一个启蒙的指路人或理论家，而是把他推到边缘上，使他成为一个具有自我意识的人的代表。这一自我意识建立在人类自律的基础上。⑤

俄狄浦斯并不是一个不敬神的人。当城邦受到瘟疫的威胁时，他派遣兄弟到阿波罗的德尔菲神庙求问神谕，并且决定要严格按照神谕启示来行事，"我若是不完全按照天神的启示行事，我就算失德"（《俄狄浦斯王》，

---

① ［德］施密特：《对古老宗教启蒙的失败：〈俄狄浦斯王〉》，卢白羽译，载于刘小枫、陈少明主编《索福克勒斯与雅典启蒙》，华夏出版社 2007 年版，第 4 页。

② 同上。

③ 同上书，第 5—6 页。

④ 同上书，第 7、13 页。

⑤ 同上书，第 7 页。

71—77）。① 而且，出于对先知智慧的信赖，俄狄浦斯首先想到的就是去请教先知忒瑞西阿斯，见面时也不吝赞美之词："啊，忒瑞西阿斯，天地间一切可以言说和不可言说的秘密"，"虽然你看不见"可"你都明察"（《俄狄浦斯王》，301）。可是，当矛头指向自己的时候，俄狄浦斯突然感受到了威胁。发现先知是与自己对立的人：

> （向忒瑞西阿斯）喂，你告诉我，你几时证明过你是个先知？那只诵诗的狗在这里的时候，你为什么不说话，不拯救人民？它的谜语并不是任何过路人破得了的，正需要先知的法术，可是你并没有借鸟的帮助，神的启示显出这种才干来。直到我——无知无识的俄狄浦斯来了，不懂得鸟语，只凭智慧就破了那谜语，征服了它。（《俄狄浦斯王》，第389—400行）

俄狄浦斯的反击是十分有力的。斯芬克斯在忒拜城设下"人"之谜语索要人牲，俄狄浦斯破解了斯芬克斯之谜，斯芬克斯跳崖自杀，俄狄浦斯获得的奖励就是王冠，"索福克勒斯是这样理解的：知识赋予人力量（Macht）"。② 一受到盲先知的攻击，俄狄浦斯首先想到的就是我可是破解了"斯芬克斯之谜"的伟大王者啊，而你"又瞎又聋又懵懂"，任何一个与你不同的人都有力量，唯独你没有，"漫长的黑夜笼罩着你的一生，你伤害不了我，伤害不了任何看得见阳光的人"（《俄狄浦斯王》，第369—379行）。此处的争执不仅仅是在是否有视觉能否看见光的层面上进行区分，而是着重于力量的差异。俄狄浦斯是在忒瑞西阿斯面前"炫耀自己的知识和洞察力"：身为先知的你尽管拥有神的知识却无能为力，"那只诵诗的狗在这里的时候，你为什么不说话，不拯救人民"？而我——没有神的知识，只是"无知无识的俄狄浦斯"——仅凭借人的智慧（"不懂得鸟语"）就征服了斯芬克斯。俄狄浦斯正是凭借人之智力获得力量而成为"俄狄浦斯王"。俄狄浦斯在对抗盲先知时并没有直接把目标对准神，并不是要把"人类知识凌驾于忒瑞西阿斯所宣称的神性合法知识之

---

① 中译本参考罗念生先生译本，载于《罗念生全集》第二卷，上海人民出版社2004年版。

② ［德］施密特：《对古老宗教启蒙的失败：〈俄狄浦斯王〉》，卢白羽译，载于刘小枫、陈少明主编《索福克勒斯与雅典启蒙》，华夏出版社2007年版，第8页。

上",而是将矛头回指忒瑞西阿斯的先知身份,认为他不过是个假先知:"它的谜语并不是任何过路人破得了的,正需要先知的法术,可是你并没有借鸟的帮助,神的启示显出这种才干来。"俄狄浦斯在质疑"忒瑞西阿斯有没有可能拥有他所说的神性合法性知识"[1],而是否有力量则是衡量的标准,没有力量你也敢妄称自己先知?将这一逻辑适当推演可得:没有力量,哪里有神?——力量而非德性是希腊神祇的特征,以宙斯为代表的奥林匹斯诸神就是这样。其现实的代表是伯利克里的雅典帝国所代表的主流力量荣誉价值观。

俄狄浦斯对于自己的知识和自己的力量有着无比的自信,一直陪伴在侧与俄狄浦斯心有灵犀的歌队道出了俄狄浦斯的心声:

> 宙斯和阿波罗才是聪明,能够知道世间万事;凡人的才智虽然各有高下,可是要说人间的先知比我精明,却没有确凿的证据。(《俄狄浦斯王》,第 497—502 行)

宙斯和阿波罗因其"确凿"的力量"能够知道世间万事"而是"聪明"的。在凡人中,没有任何人比俄狄浦斯更聪明,在与先知的角逐中获胜,成为比"先知"更"精明"、更有"力量"、更应该成为神在人世的代言者。如果比谁更聪明谁更有力量,那么俄狄浦斯已到达了人的顶点,破解了先知也无法猜破的斯芬克斯谜语获得了财富王权,成为忒拜的王者"最伟大的人"(《俄狄浦斯王》,第 1525 行),而这一切都是仅仅凭借着人之智力(对"鸟语"无知无识)得到的。谁更有知识,谁就更聪明,谁的力量就更强,谁就理所应当成为"超人",谁就更能行事有效,获得更多利益,甚至能被冠上"最正义"的王冠。反之,不能显示力量,那怎么可能是神,歌队唱道:

> 如果这神示不应验,不给大家看清楚,那么我就不诚心诚意去朝拜大地中央不可侵犯的神殿,不去朝拜奥林匹亚或阿拜的庙宇。王啊——如果我们可以这样正当地称呼你——统治一切的宙斯啊,别让

---

① [德]施密特:《对古老宗教启蒙的失败:〈俄狄浦斯王〉》,卢白羽译,载于刘小枫、陈少明主编《索福克勒斯与雅典启蒙》,华夏出版社 2007 年版,第 8 页。

这件事躲避你的注意，躲避你的不灭的威力。

　　关于拉伊俄斯的古老预言已经寂静下来，不被人注意了，阿波罗到处不受人尊敬，对神的崇拜从此衰微。（《俄狄浦斯王》，第896—910行）

不但先知要证明自己，神也要证明自己。只有在力量中得到证明的先知才是真先知，只有在力量中得到显示的神才能"证明自己就是自古以来人们信仰的那个神"。理所当然，神示应验了。悲剧《俄狄浦斯王》成为一出"揭示剧"（Enthüllungsdrama），所要揭示的不仅仅是王者俄狄浦斯的身世和悲惨经历，而且要揭示一个更高的目的："为先知的话语、德尔菲的神谕验真，尤其是为阿波罗神真正的影响力验真"，悲剧《俄狄浦斯王》成为祭司索福克勒斯导演的"神显"（Theophanie）。按照施密特的解读，神的力量用无常而又一贯的命运铁律告诉人们人自身力量的渺小和无知。[①]

曾经最有力量的王者俄狄浦斯一落千丈，"若是爬上最高的墙顶，就会落到最不幸的命运中"（《俄狄浦斯王》，第879行），歌队一语成谶地唱出俄狄浦斯和所有力量强者的悲剧命运。

　　宙斯啊，他比别人射得远，获得了莫大的幸福，他弄死了那个出谜语的、长弯爪的女神，挺身做了我邦抵御死亡的堡垒。从那时候起，俄狄浦斯，我们称你为王，你统治着强大的忒拜，享受着最高的荣誉。

　　但如今，有谁的身世听起来比你的可怜？有谁在凶恶的灾祸中、在苦难中遭遇着人生的变迁，比你可怜？（《俄狄浦斯王》，第1196—1212行）

力量强大者因力量强大而成为王者，获得人在城邦中能够获得的"最高的荣誉"，却无法逃脱悲剧命运。神通过无常却又确定的命运的"神显"所要告知人的无非人之力量的渺小，就仿佛神谕说苏格拉底是最聪明

---

　　① ［德］施密特：《对古老宗教启蒙的失败：〈俄狄浦斯王〉》，卢白羽译，载于刘小枫、陈少明主编《索福克勒斯与雅典启蒙》，华夏出版社2007年版，第15—16页。

的人一样，人要认识到"自知无知"而节制才是苏格拉底要传达的真正智慧。悲剧的结尾是俄狄浦斯从母亲袍子上摘下两只她佩戴着的金别针，举起来朝着自己的眼珠刺去，并喊道：

> 你们（眼睛）再也看不见我所受的灾难、我所造的罪恶了！你们看够了你们不应当看的人，不认识我想认识的人；你们从此黑暗无光。（《俄狄浦斯王》，第 1262—1285 行）

与盲先知忒瑞西阿斯的争执以"有眼睛"的力量强大者的自毁力量为结束，力量高低并不能成为人与人之间比较竞争的决定性因素。俄狄浦斯力量强大，但其实是个无知者，力量强大者无节制地追求力量造成了自身的毁灭，盲先知忒瑞西阿斯比"睁眼瞎"俄狄浦斯看得更清楚。

相信"知识就是力量"的俄狄浦斯被推到了启蒙的边缘："《俄狄浦斯王》的反启蒙思想在于意识到人类知识的有限而易朽坏的性质。"① 而如何将"自我意识建立在自律基础上"就成了启蒙成败的关键。

> 索福克勒斯把德尔菲—阿波罗的命令"认识你自己"放进他的作品中：通过神指派的追查国王拉伊俄斯的凶手这一任务，索福克勒斯让俄狄浦斯自己卷进一场认识过程中去。这一认识过程的终点就是自我认识。通过认识自我，俄狄浦斯发现自己有局限、有欠缺的脆弱本质。对索福克勒斯来说，只有这一经验才是真实而完全的启蒙。这一经验使理性启蒙对胜利的信心、对权力的要求相对化……俄狄浦斯最终发现的不仅仅是外部现实关系中客观隐藏的东西……俄狄浦斯同样发现他个人的无知。最终他知道，他其实一无所知。②

铭刻在德尔菲神庙上的神谕"认识你自己"成为人的命运，是认识到谁有力量谁称王成为至高无上的至尊，还是认识到必须有所限制的自律？索福克勒斯认为：通过自我认识"发现自己有局限、有欠缺的脆弱本

---

① ［德］施密特：《对古老宗教启蒙的失败：〈俄狄浦斯王〉》，卢白羽译，载于刘小枫、陈少明主编《索福克勒斯与雅典启蒙》，华夏出版社 2007 年版，第 7 页。

② 同上书，第 17 页。

质",认识到了自身的残缺——"自知无知",获得"这一经验"成为自律的个体才是"真实而完全的启蒙"。所以,反启蒙并非作为启蒙的对立面那么简单,"通过唤起某些人类本质经验,反启蒙本身求的其实是一种更高的启蒙状态"。①"反启蒙"的问题意识是:以什么来启蒙?是以"知识即力量"来启蒙,把人启蒙成为如俄狄浦斯般的力量强大者,对力量的追求最终导致自身的覆灭就是这种力量强大者的命运;抑或,以"知识即德性"来启蒙,启蒙到"自知自己无知"、启蒙到自身存在裂隙的无法弥合性、启蒙到人之存在的欠缺本性。

这一"人类本质经验"使得"理性启蒙对胜利的信心、对权力的要求相对化",但要提防两种绝对化倾向,这两种倾向造成了对"受限、危害(Gefährdung)和脆弱这些人类本质经验"的剥夺。一方面,要防止一神化倾向,把"受限、危害和脆弱这些人类本质经验"与"否定甚至毁灭人类自律的神性联系起来"。要将"普世"的一神还原为穿着民族服饰的善妒的、易怒的与爱惩罚的诸神,还一神为诸神。另一方面,要防止理性化倾向,把"受限、危害和脆弱这些人类本质经验"看作可以高级理性自行克服的低级经验,如此一来,"受限、危害和脆弱这些人类本质经验被剥夺了它们的自然经验层面"②,达到了理性独断。如果认为理性之光照亮了所有黑暗,那这无疑是一种"短见"的盲目自信的乐观主义。这两种倾向都阻碍了人类知识的"相对化",但同时此"相对化"也要避免相落入相对主义和虚无主义之中。

我们尝试着回答开始提出的那个问题:脚最多时最软弱,能否反推得出"脚最少时最强大"?连自己的人生之谜都无法破解的俄狄浦斯真的能够破解斯芬克斯的"人"之谜题吗?这样非此即彼的二元推论能成立吗?"脚最少时最强大"不正是那种盲目自信的乐观主义在作祟吗,得出这个结论的俄狄浦斯狂妄到否定先知否定神的地步,在自以为"超人"僭越的行动后面紧紧追赶着厄运的脚步。"更强大者"打败"强大者"的天谴陷阱总是张开了网口,一个又一个强大者轮番进入,后来者割下先行者的头颅取而代之成为更强大者的永恒轮回。俄狄浦斯刺瞎双

---

①　[德]施密特:《对古老宗教启蒙的失败:〈俄狄浦斯王〉》,卢白羽译,载于刘小枫、陈少明主编《索福克勒斯与雅典启蒙》,华夏出版社2007年版,第17页。

②　同上。

眼而"多了一只眼睛",认识到自己其实一无所知,才真正"让自己走进光明"。①

二 技艺的神圣罪业——伯纳德特对《安提戈涅》的解读

歌队(第一曲首节)奇异的事物虽然多,却没有一件比人更奇异;他要在狂暴的南风下渡过灰色的海,在汹涌的波浪间冒险旅行;那不朽不倦的大地,最高的女神,他要去搅扰,用马的女儿(指骡子)耕地,犁头年年来回地犁地。

(第一曲次节)他用多网眼的网兜儿捕那快乐的飞鸟、凶猛的走兽和海里的游鱼——人真是聪明无比;他用技巧制服了居住在旷野的野兽,驯服了鬃毛蓬松的马,使它们引颈受轭,他还把不知疲倦的山牛也养驯了。

(第二曲首节)他学会了怎样运用语言和像风一般快的思想,怎样养成社会生活的习性,怎样在不利于露宿的时候躲避霜箭和雨箭;什么事他都有办法,对未来的事也样样有办法,甚至难以医治的疾病他都能设法避免,只是无法免于死亡。

(第二曲次节)在技巧方面他有发明才能,想不到那样高明,这才能有时候使他遭厄运,有时候使他遇好运;只要他尊重地上的礼法和他凭天神发誓要主持的正义,他的城邦便能耸立起来;如果他胆大妄为,犯了罪行,他就没有城邦了。我不愿这个为非作歹的人在我家做客,不愿我的思想和他的相同。②

《安提戈涅》第一合唱歌在传统解释史上有这样一个别名:

① [德]海德格尔:《形而上学导论》,熊伟、王庆节译,商务印书馆1996年版,第108页。

② 《安提戈涅》中译本参见《罗念生全集》第二卷,上海人民出版社2004年版。以及,[美]伯纳德特《神圣的罪业:索福克勒斯的〈安提戈涅〉义疏》,张新樟译,华夏出版社2005年版。并参照《神圣的罪业》的英文本,Seth Benardete,"A Reading of Sophocles' Antigone" In three parts:Part 1,*Interpretation* 4,No. 3(Spring 1975):pp. 148-196;Part 2,*Interpretation* 5,No. 1(Summer 1975):pp. 1-55;Part 3,*Interpretation* 5,No. 2(Winter 1975):pp. 148-184。(Reprinted as *Sacred Transgressions*:*A Reading of Sophocles' Antigone*,South Bend:St. Augustine's Press,1999.)

Dinanthropus sapiens（颂扬有心智力的人），① 可是在歌队一开场就唱道"没有比人更奇异"（δεινότερον）的事物了，将"奇异"作为对"人"的"颂扬"之词总让人觉得有些奇异。第一曲列举人们征服自然的高超技艺能力：即使是危险"狂暴的南风"也无法阻挡人们冒险出海旅行，征服变幻莫测的海洋更需要一颗勇敢的心；即便是"不朽不倦""坚不可摧"的大地，通过长年累月犁头来来回回的伤痕，人也把大地搅扰得疲惫不堪，乳汁不再富足；对于"快乐的飞鸟""海里的游鱼"，"聪明无比"的人能发明鸟笼、渔网将其捕获，即便是"凶猛的走兽"，在人类高明的技巧面前也只能"引颈受轭"，成为"驯顺"的家宠。看起来人真的有无限的能力，但搅扰"最高的女神"的罪责难免有些隐隐作痛。第二曲歌颂人的心智力，解释了人如何能够征服自然：学会了"运用语言和风一般快的思想"，"养成社会生活的习性"，能够抵御"霜箭和雨箭"自然力的威胁，"什么事都有办法，对未来的事也样样有办法"。人几乎无所不能，只是"无法免于死亡"。这话锋一转，不由令人起疑，索福克勒斯是在"颂扬有心智力的人"，还是在预言和警告这"奇异"的人？

δεινότερον 是 δεινόν 的比较级。δεινόν 是个含义颇多的词语："可怕的""令人生畏的""神奇的""奇异的""机灵的""超出常规的"等。② 这些含义指向了两个截然不同的方向，人可以是"机灵的"也可能是"可怕的"，正如玛莎·纳斯鲍姆在《善的脆弱性》中提到这个词所说的那样："它可以在表面上听起来是在称赞，而实际上却是要表现某种可怕的意思。"③ 索福克勒斯是在做"人颂"——"颂扬有心智力的人"，人能闯海翻耕，上天入地，凭借自身力量征服自然，依靠"心智力"事事都能无往不利。可是，诗人也做出了预言和警告，人总是做出"超出常规的"事情，不可避免变成"可怕的"。

安提戈涅的行为显示了人的两面性：一方面，"歌队沉默地断定，涉

---

① ［美］伯纳德特：《神圣的罪业：索福克勒斯的〈安提戈涅〉义疏》，张新樟译，华夏出版社 2005 年版，"中译本序"第 5 页。

② 同上书，第 8 页，参考《古希腊语汉语词典》（罗念生、水建馥编：商务印书馆 2004 年版）。δεινός 的含义为：1. 可怕的，可怖的；2. 非常强大的；3. 可惊奇的，令人惊异的；4. 绝妙的、巧妙的、高明的、聪明的。

③ ［美］玛莎·纳斯鲍姆：《善的脆弱性——古希腊悲剧和哲学中的运气与伦理》，徐向东、陆萌译，译林出版社 2007 年版，第 68 页。

嫌这件无头案的,是有大勇敢、大智巧的人";另一方面,在克瑞翁看来则是"不虔敬和慢睨神明(hubris)的",是人野蛮冒犯神明。可是,这两方面在第一合唱歌中"被赋予了一个道德上中性的名字:δεινότης(技艺)"。①

"歌队列举了人的δεινότης(技艺)得以展示的九种途径:1)航海,2)耕种,3)狩猎,4)驯养,5)言辞,6)思想,7)教化,8)造屋,9)医术",此九种"技艺"从"人与非人类的关系(前四)"进入"人与自己及他人的关系(后五)":

> 从表现人对无生命的大海和大地的统治(第一曲首节)开始,演进到人对活物的统治(第一曲次节),从那里又演进到人类与能够设法自我保存的自我的关系(第二曲首节),再由此进入与之相对的、人与他人及城邦和诸神的关系(第二曲次节)。②

这一图示化进化过程看似顺理成章,却存在着一个致命的困难:"人类力图使之疲倦的那不倦的大地,其实是一位女神,而且是诸神之中最高的神。"③ 我们跟随伯纳德特的讲述来探讨这一图示化进程的结构。

1. "言辞"的位置。处于"前四"与"后五"转换位置的技艺是"言辞","有人因此会认为,无师自通的言辞能力处在中心的地位","正是它区分了人与非人类"。可是,言辞并非只指人之言辞,还有神言存在——"诸神和他们的誓约正义"存在。如此来说,"誓言和祈祷使得言辞的听者不以人为限,神圣的律法也使得言辞的对话者不以人为限"。"作为神圣律法的诸神的言辞"并非仅仅通过人之言辞来携带。例如,"忒瑞西阿斯一开始是通过鸟儿的粗野叫声而得知克瑞翁违背了神法的",这"愚蠢的鸟儿说出了比人更智慧的话","体现了人类那无所倚仗的机巧的局限",标志着人之言辞的限度。所以,言辞并非仅是人的发明创造,"誓言、祈祷以及凶兆"都是"人神之间的交流方式"。④ 人之言辞所

---

① [美]伯纳德特:《神圣的罪业:索福克勒斯的〈安提戈涅〉义疏》,张新樟译,华夏出版社2005年版,第52—53页。

② 同上书,第53页。

③ 同上。

④ 同上书,第54—55页。

设立的城邦律法与作为神言的神圣习俗律法的之间存在着争执，两者能够统一起来吗？

2. 孤立的"教化"。在人之技艺的九种表现中，"第七种教化不能一下子就让人明白"。而且，"使它更不寻常的是"，其他技艺"似乎都是成双成对的"："航海与耕种、狩猎与驯养、言辞与思想、造屋与医术。"自然而然，被孤立出来的"教化"的地位就突出出来，如何解读这个被孤立的"教化"呢？伯纳德特启发我们，如果"与地上动物的野蛮状态相对"，我们就能够理解"教化"的含义了：它"意味着人的自我驯化，意味着在没有诸神帮助的情况下驯养自己的性情"，这是"一种本来不理睬任何限制的存在，为了共同生活而进行自我限制"。人类建立了契约摆脱了自然状态进入共同体的公共生活之中。可是，生活在共同体中的人类并非仅只依赖于自己建立的契约法以进行自我限制，此外还有礼仪教养。例如，雅典人的公共生活有着这样的限制：扔掉尸体（自己要收拾死在街上的任何人）与粪便（保证所有的粪便都要堆在离城墙十斯塔德远之外的地方），但"处理尸体并不像处理粪便"。这就说明，"有些礼仪的律法和习俗不是人自己学会的"，它们不是人之"习惯"，而是"为了神法"之"虔敬"。于是，"教化"就不仅仅是城邦所建立的人之律法对城邦共同体生活的限制，而是要将"教化"与"教化后面的公共生活的诸神"联系起来。① 可以说，伯纳德特引导我们走向城邦法与神法之间的冲突。

3. "葬礼"是《安提戈涅》的核心所在。不解释它，就无法理解安提戈涅的行动，就会如那些人一样，"他们在安提戈涅刚刚为葬礼的神圣律法做完辩护之后就称她为野蛮父亲所生的野蛮女儿"。②

与索福克勒斯再次列举的九种技艺形成对比的是，埃斯库罗斯笔下的普罗米修斯传授给人的九项发明："1）造屋，2）天文学，3）数学，4）文字，5）驯养，6）航海，7）医术，8）占卜术，9）冶炼金属。"伯纳德特发现索福克勒斯与埃斯库罗斯所列举的九个方面有一个显著的不同之处，即第一合唱歌中所列举的"没有任何关乎大地之上或之下的东西：没有天文学和冶金学，也没有占卜术和数学"，除了耕种对大地有轻

---

① ［美］伯纳德特：《神圣的罪业：索福克勒斯的〈安提戈涅〉义疏》，张新樟译，华夏出版社 2005 年版，第 58—59 页。

② 同上书，第 59 页。

微穿破，人的 δεινότης（技艺）被严格地限制在地表。[①]

"歌曲三次提到诸神，两次提到名字，一次是集体性的和匿名的：大地、哈德斯和 θεῶν ἔνορκος δίκα（诸神誓约的正义）。"其中，"哈德斯"是冥府的主人。人是终有一死者，"哈德斯"就成为"人所不能逃避的唯一的神灵"；"诸神"可以"作为人类自己的正义的保证"，人们"凭他们的正义之名起誓"以表明自己是正义的；而"大地"的位置是最奇怪的，它是"诸神中最高的"，"在《荷马史诗》中，人和神都凭着大地的名起誓"。伯纳德特注意到："太阳和天空"在《安提戈涅》中处于"缺席"状态。它们之所以故意不被提及，就是"因为大地被称为所有神灵中的最高者"。可是，这"最高的神"却持续"受到人的凌辱"。为什么最高的神祇却总是受到人类的不断搅扰呢，这就形成了一种无法调和的冲突境况：一方面，大地作为最高的女神对人有着无限的权力；另一方面，不断搅扰神的人遗忘了最高者，"人没有什么可以敬畏、仰望的对象"。[②]

不朽不倦的大地是最高的女神，却受到人不知疲倦的侵犯搅扰，而"技艺"就是人类彰显力量突破限制的东西。人类依靠自身的技艺在大地之上建立起城邦，这突破大地的限制而建立的城邦"本身就建立在罪行之上"，"城邦的高高矗立只能以牺牲最高的神灵为代价"。"人对最高神的违抗显示了人的技艺"，技艺存在于人对自身的"教化"，完全排除了诸神。伯纳德特又引导我们走向了技艺所制造的城邦法与神法之间的争执："尽管城邦必须依赖技艺与诸神（及其律法），但这两个城邦的支柱之间却并不和睦。"[③]

除了与地上城邦的关系出现难以调和的困难之外，还有一个困难，"整个剧本就围绕着"它展开，即"葬礼"所引向的"在地下某个地方"的"人的唯一界限"——冥府。"冥府是人用任何办法都无法冲破或越过的唯一界限，不死并不是冲破这种界限的办法。"在某种意义上，死亡并非人的界限，人类种族的繁衍与"技艺"的代代传延已经是替代"不死"的方式。但是，这种方式无法触动真正的界限："大地的完全不可侵犯的部分就是冥府"，"埋葬的律法和习俗"归于"冥府的主宰普路托

---

① ［美］伯纳德特：《神圣的罪业：索福克勒斯的〈安提戈涅〉义疏》，张新樟译，华夏出版社 2005 年版，第 55 页。

② 同上书，第 54—55、56—57 页。

③ 同上书，第 53—54 页。

（Pluto）和赫卡忒（Hecate）"这两位神灵掌管。将人对大地侵犯与人的唯一界限联系起来，将耕种的技艺（作为物质的大地）与大地的律法（即埋葬的律法）联系起来，就"从作为人类特征的无限性（技艺）出发，到达了一种有限"。或许，索福克勒斯的目的正是要为自以为无限的人提个醒，才将人之无畏与人之敬畏联系起来。而"葬礼使作为物质的大地与作为国家的大地合而为一"，将地上的城邦与地下的冥府联系起来，"成了将大地的各种含义统一起来的核心"。虽然城邦的建立是"对大地的侵犯"而"并非扎根于冥府"，但是正如葬礼（埋葬）"用尘土将大地的表面与深处联结在一起"，地上的城邦与地下的冥府"也并不遥远"，这城邦不就是"埋葬祖先的地方"，也就是"诸神的领地"嘛！①

4. 两种"勇敢"。伯纳德特将"言辞、思想、教化"三项"无师自通"的技艺与克瑞翁政治实践的三项才能"灵魂、气质、判断"联系起来，但"这两组东西不能一一对应"。对此，伯纳德特所下的判断是："言辞和思想"为"判断"所囊括了，"教化"勉强与"灵魂和气质"沾边。这样一来，"连克瑞翁都有所理解"的"与灵魂的联系"就被弱化了。② 克瑞翁站在城邦的立场上看待灵魂的勇敢，"只有在与城邦的对抗中人才能被认识"，③ 勇气是一个人灵魂气质"优秀"的"最终考验"，他"必须保留足够的野蛮以保卫他的国家"，"他必须珍爱国家甚于自己的生命"④。可是，对于安提戈涅来讲，勇气是"超出政治之外的东西"，她对于城邦有着"毫无掩饰的蔑视"，"对城邦保持中立"。⑤ 她的勇气不是保卫城邦而是保卫虔敬。

> 在某种程度上，城邦处于两种勇敢之间，一种以死为其仅有的限制，另一种以死为其仅有的目标。而且，如果安提戈涅爱不可能之事并不只是偶然地表现在遵从神法的不可实现的努力之中，如果这两者之间有某种联系，那么城邦就会处在藐视不可能之事的人与要求不可

---

① ［美］伯纳德特：《神圣的罪业：索福克勒斯的〈安提戈涅〉义疏》，张新樟译，华夏出版社 2005 年版，第 57—58 页。

② 同上书，第 59 页。

③ 同上书，第 22 页。

④ 同上书，第 59 页。

⑤ 同上书，第 22 页。

能之事的神之间。城邦的安危将取决于两种东西，一种是诸神所要求的不可能之事，另一种是人所藐视的不可能之事。由于这两种不可能对城邦而言缺一不可，因此城邦就不能完全地服从于其中的任何一个。因此，安提戈涅似乎是在不遗余力地捍卫城邦的一个根基，而城邦本身却无法不遗余力地对这根基进行捍卫。①

勇敢"以死为其仅有的目标"是来自死亡中的生命意志，"人对死亡的逃离使他勇敢地面对一切具有死亡威胁的事物"，以他的技艺"无限的智谋"，扩展"可能性领域"，"把本来处于中心位置的东西推到了边缘，把他直接面对的东西推迟到了将来"，这就是"人的技艺所带来的视野的变化"。② 可是，冥府的出现使得此种看似无限的"推迟"到达了界限，"什么事他都有办法……只是无法免于死亡"，③ 就如同《厄勒克特拉斯》中的一句话："人足智多谋而又一筹莫展，到头来一场空。"④

伯纳德特对"藏在足智多谋：一筹莫展之间"的安提戈涅进行了一种曲折的描述："全无技艺，却又无限足智多谋的安提戈涅走向死亡。"技艺上的勇敢让人突破限制，"人的勇敢与其显而易见的限制之间的鸿沟，就是人之技艺的栖身之所，在勇敢面前，所有限制都瓦解了"。可是，人在突破限制时却不得不遇到了"死亡"作为最终的限制："同样显而易见并且绝对真实的界限——死亡。"安提戈涅表现出了她的勇敢，一种"亡命之徒的作风"，甚至，死亡好像也受到了限制。但是，她并没有"绕过死亡"，而是选择了死亡，"她站在死亡一边，与生命对峙"，将"死亡带入权力的领域之中"，把死亡"从限制改为目标"。⑤

安提戈涅的勇敢将本来处于中心位置的死亡推到边缘，将直接面对的

---

① ［美］伯纳德特：《神圣的罪业：索福克勒斯的〈安提戈涅〉义疏》，张新樟译，华夏出版社2005年版，第22页。

② 同上书，第60页。Seth Benardete, "A Reading of Sophocles' Antigone", Part 1, p. 194. 译文有改动。英文原文为：Man's flight from death results in his daring confrontation with everything that threatens death。

③ 《安提戈涅》，载于《罗念生全集》第二卷，上海人民出版社2004年版，第360行。

④ ［美］伯纳德特：《神圣的罪业：索福克勒斯的〈安提戈涅〉义疏》，张新樟译，华夏出版社2005年版，第59页。

⑤ 同上书，第59—60页。

死亡推迟到将来。但是，需要在"足智多谋：一筹莫展"之间"停顿"，才能找出隐藏在背后的那个安提戈涅。从表面上看，安提戈涅的勇敢献身之"技艺"使她能够面对死亡的威胁。其实，她早已勇敢献身于"埋葬的神圣律法"。在这里，"安提戈涅重新恢复了诸神曾经强加给人的视野"①，这是"一种极端的虔敬的勇敢"。在这里，死亡本就是目的而非对人的限制，"没有人的原初视野的变化，而只有对人的这种原初视野的重申"。献身于"埋葬的神圣律法"作为"一种极端的虔敬的勇敢"，"不仅对技艺保持中立，而且还敌视它"："技艺是对于人原初的勇敢的扭曲，技艺不是一开始在道德上中立，而后才随意选择善或恶的"，技艺"一开始就是不神圣的"，这就是人之技艺"一筹莫展"之处。② 安提戈涅用一种极端虔敬的勇敢来敌视作为"技艺"的城邦对神圣律法的亵渎。克瑞翁将保护城邦之王命作为法律，这是"城邦本身一个必然的错误"，因为城邦本身就建立在技艺之上，本来就建立在"不神圣"之上，就是罪业。安提戈涅不遗余力地捍卫城邦的扎根于地下的"神圣"根基，而城邦本身却无法不遗余力地对这根基进行捍卫，"安提戈涅怒视着城邦的这种一开始就有的妥协，城邦必须躲避安提戈涅怒视的目光"。城邦只能选择"再次忘记由安提戈涅所唤醒的东西"，否则城邦就会不稳。③

伯纳德特将第二曲次节将错就错误读作：

> 如果人把国家的律法和凭诸神起誓的正义编织在他的技艺中，那么城邦就能高高的矗立；……无论是谁，若出于勇敢而行不道德之事，那么对他而言，城邦就既是高高矗立，又是不存在的。④

和城邦站在一起的伯纳德特则提醒我们：安提戈涅的行为是高贵的，却危害着城邦因而是不道德的，"她一方面使城邦记起自己的一种神圣约

---

① 埋葬是"天神制定的永恒不变的不成文律条"，参考《安提戈涅》，载于《罗念生全集》第二卷，上海人民出版社 2004 年版，第 456—457 行。

② ［美］伯纳德特：《神圣的罪业：索福克勒斯的〈安提戈涅〉义疏》，张新樟译，华夏出版社 2005 年版，第 60 页。

③ 同上书，第 60—61 页。

④ 同上书，第 61 页。

束力，但同时，因为同样的理由，城邦对她又是无关紧要的"。① 城邦的建立本就是对大地的冲破即对大地女神的不敬，人的技艺就是对神的侵犯，就是罪业。不过，在伯纳德特眼中，这是一项"神圣的罪业"。建基于大地浅表的城邦与潜藏在地下深层的冥府相隔不远，城邦也是"埋葬祖先的地方"嘛，也就是"诸神的领地"嘛。站在城邦之上的伯纳德特所提出的解决办法是：将神法和诸神的正义编织在人之技艺强力塑造的城邦中，让城邦的存在必须依靠外在于人的东西，作为技艺的城邦必须回忆起自己的神圣的约束力。

三　强力无法弥合裂隙——海德格尔对《安提戈涅》的解读

海德格尔分三重进路阐释《安提戈涅》"第一合唱歌"整体，追问"人究竟是谁？"

第一重进路，意在展现诗的悲剧的内在纯粹精神以及相应的言语整体造型的表达；

第二重进路，跟随诗的段落逐步达到诗所敞开的完整领域的边界；

第三重进路，尝试在整体之中找到一个立足点，即围绕着它便可按照这诗的言说估量出人究竟是谁。②

第一重进路，海德格尔抓住了三句有分量的话。首当其冲迎面而来，"把一切追问与规则的日常准则都打破了"的第一句有分量的话是"第一合唱歌"开头的这一句：

奇异的事物虽然多，却没有一件比人更奇异。……（πολλὰ τὰ

---

① ［美］伯纳德特：《神圣的罪业：索福克勒斯的〈安提戈涅〉义疏》，张新樟译，华夏出版社 2005 年版，第 61 页。

② ［德］海德格尔：《形而上学导论》，熊伟、王庆节译，商务印书馆 1996 年版，第 150 页。下文引用此书译文有改动，改动处参考张志扬《偶在论谱系：西方哲学史的"阴影之谷"》第八章第十八节中依照德文本（Tübingen：Max Niemeyer Verlag，1958）所修订的译文。并参照英文本：Martin Heidegger, *Introduction to Metaphysics*, translated by Gregory Fried and Richard Polt, New Haven & London：Yale University Press，2000。

δεινὰ）

海德格尔用德语将这句话译为：

> 众多奇异的事物中没有什么奇异的事物能够超出人之上了。①

换句话来说，人就是 τὸ δεινότατον，一切奇异事物中最奇异的事物。
接下来，海德格尔解释了关键的希腊语词 δεινόν 的两层含义。

首先，δεινόν 的含义是"可怕的"，"但不是说小小的畏惧"的可怕，
而是"起超常成形作用的意义之下的强有力者"（das ueberwaeltigenden
Walten）由于"内心搅动的默默畏惧"而逼迫出外部"莽撞的惶惶惊
恐"。②

其次，δεινόν 所意指的"强有力的可怖"不是通常意义上的"单纯
的粗野和任性"，而是表现为"范围内的震慑与威势"，即不仅受强力支
配，而且行使强力。"人是一种在超常成形之中心意义上的强力行
使者。"③

这就是海德格尔理解的 δεινόν 双重意义：畏惧的内在冲动与向外地超
常强力的拥有与行使。

"但为何我们以'un-heimlich'（'奇异''阴森可怖'，或者'没有
家园的'④）来翻译 δεινόν？"，海德格尔问道。为什么不用"机巧的"或
"强有力的"而是用"un-heimlich"，这不就把"强力行使者的意义掩藏
起来甚至削弱"了吗？

> un-heimlich，或 Unheimlichkeit，字典意义是"阴森森的""令人
> 毛骨悚然的"或"极大的极多的"；作名词（-lichkeit）则是它们的
> "状态"或"性状"。⑤

---

①　[德] 海德格尔：《形而上学导论》，熊伟、王庆节译，商务印书馆 1996 年版，第 150 页。

②　同上书，第 151 页。das Ueberwaeltigenden Walten，英译 overpowering power（sway），熊伟、
王庆节本译作"起制胜作用的意义之下的可怕者"。

③　同上书，第 152 页。

④　heimlich 在英译本中译作 homely（家园的）。

⑤　张志扬：《偶在论谱系》，复旦大学出版社 2010 年版，第 321 页。

un-heimlich 的词根是 Heim（家、住宅），是 un-（否定前置词）与 heimlich（家乡的，本土的；熟悉的，习惯的）合并而成。如果将 heimlich 看作"安全、保护、常态、自然态"，那么，加上否定前置词就变成了"非安全、非保护、非常态、非自然态"。Unheimlich 指称人的"非常态"之超常奇异状态，合唱歌一开始对人的描述在此得到回响，"奇异的事物虽然多，却没有一件比人更奇异"。而且，在这里至关重要的奇异之处是："un-是个双关性的否定词，隐含着'否定即肯定'的二重性。"海德格尔之所以这样做是为了显示出人之"奇异"身位：自然存在/非自然存在。un-heimlich 具有"显即隐的二重特征性"："非自然/自然"的悖论式相关。①

如此，就有了理解希腊语词 δεινόν 与德语词 un-heimlich 的线索，就能理解为什么海德格尔说只有用 un-heimlich 来译 δεινόν 才能将"人之存在最高度的提升与最高度的结合"② 讲出来：

> un-heimlich，这个词的存在意义，本质上关注着"生存安全"，安全就是故土的，在家的，习俗的，或确定的；反之，不安全就是不熟悉的，陌生的，意外的，恐怖的，或不确定的。之所以如此，不是来自外面的强力打破了安全，就是来自内部的不安定冲动突破了安全。这里，显然主要指人有一种内在的本能的"畏"，即不安定冲动会突破、超出自身的常态而向外扩张着、寻求着生存空间。注意，一点不能排斥人之命运的被动性、抗争与叛逆，它又必然表现为神意、神律及其诅咒与惩罚，而且，它们是二重性的。在这个意义上，人的"在家—离家"或"安全—不安全"或"确定—不确定"状态都意味着人是"死亡"中的"存在"，犹如"城邦与冥府""世界与大地"。其他一切"变化"和"变化者"都是从中"生成"出来的。③

海德格尔将人描述为不安于"本乡"—离家出走的存在：

---

① 张志扬：《偶在论谱系》，复旦大学出版社 2010 年版，第 322 页。

② ［德］海德格尔：《形而上学导论》，熊伟、王庆节译，商务印书馆 1996 年版，第 152 页。

③ 张志扬：《偶在论谱系》，复旦大学出版社 2010 年版，第 322 页。

我们把 un-heimlich 理解为从"隐秘的""本乡的""习惯的""熟悉的""安全的"里面跑出来的那个事物。非本乡的就不让我们安于本乡。Ueber-waeltigende 就在其中。①

海德格尔将 Ueber-waeltigende 这个词拆开联结，是要表明"一种巨大的摄人魂魄的力量（waeltigende）从内部主宰着越界的超越倾向（Ueber-）"，即内在本能的不安定冲动"畏"（强力生成性）冲破了"安全的""本乡的"人之为人的"常态"界限，表现为非自然的"超常成形"。人出于内在的"畏"——面向死亡的存在，而向外扩张寻求克服存在裂隙无法弥合所带来的焦虑。不得不提到的是，伯纳德特对冲出地表而冒犯矗立的城邦与大地深层无法穿透的冥府之间的争执是一种十分贴近的解读案例，将强力（即暴力）突破常规的"超常成形"作为人之技艺，这种技艺的巅峰是建造城邦。技艺是对神的冒犯，却也是人之荣誉的顶峰，是人超越自身的"神圣的罪业"。但是，海德格尔的解读并不偏重这种人之强力"超常成形"，让我们继续听海德格尔说下去。

通过对希腊词 δεινόν 以及与之相关联的德语词 un-heimlich 的解读，海德格尔总结道："人就是 τò δεινότατον，一切奇异事物中最奇异的事物"，这就是希腊人给出的"人之本质的基本特征"。

第二句有分量的话是：

什么事他都有办法，对未来的事也样样有办法……只是无法免于死亡。……（παντοπόρος ἄπορος επ'οὐδὲν ἔρχεται）

海德格尔将这句话的意思译成德文诗句：

四处开路，仍无获无路，他终归于无。②

人向外四处寻求生存空间，作为"超常成形"的强力行事者四处开

① ［德］海德格尔：《形而上学导论》，熊伟、王庆节译，商务印书馆 1996 年版，第152 页。

② 同上书，第 153 页。

路，却无法摆脱命运的被动性，άτη（厄运，灾祸）女神紧紧跟随，诅咒与惩罚接踵而至，归根结底的虚无就是他超常强力也无法逃脱的命运。俄狄浦斯的命运就是如此，力量强大者的命运也是如此。

第三句有分量的话：

> 只要他尊重地上的礼法和他凭天神发誓要主持的正义，他的城邦便能耸立起来；如果他胆大妄为，犯了罪行，他就没有城邦了。……（ύψίπολις άπολις）

海德格尔指出其与第二句话结构上的类似，并将之译为：

> 他所处位势愈高愈出离位势，总是以有利于涉险威慑的非存在方式存在着。①

海德格尔做出解释以使之显明：

> 作为强力行使者行使强力并在历史的存在中作为创造者，作为行动者变成高出者。高出于历史境遇之中，他们同时就变成άπολις（出离位势），无城池可居，孤寂而超出常态，无出路于存在者整体之中，同时又无规则限制、无建构赋格，因为这一切还必须仰赖他们作为创造者建立起来。②

这就是第一重进路所展示的人之"超常成形"本质之"内在剖面图"，展示出超常强力行使的运作及其"天命之范围与延伸"。

第二重进路，跟随诗节的次序展开抵达边界，海德格尔力图倾听诗意的召唤进入人之存在领域，即人作为畏与强力行使的双重在体。

首先是"海与土地"。不是"波光粼粼"的海，而是冬天"朔风怒号"的海，人抛弃坚实的陆地闯入怒涛的渊面之中冒险，内在的畏表现

---

① ［德］海德格尔：《形而上学导论》，熊伟、王庆节译，商务印书馆1996年版，第153页。

② 同上书，第154页。

为强力行使的无畏；更特别的是，土地作为"诸神之至尊""超越一切繁忙之上的不可枯竭者"，也受到了搅扰，人通过永无休止的翻耕、不知疲倦的强力行使将她逼迫进"劳累不安"中。天空飞鸟、海底游鱼、林中走兽都被人使用"绳索""轭具"和"圈套"扯脱了"原有秩序"，被捕获、被狩猎、被驯养。人"那边：冲出与翻耕，这边：捕获和驯养"。①

解读到这里，海德格尔突然停下来了，"在此处即将过渡到第二曲及其诗行"之前，必须要提前说这一段"题外话"，以避免"新时代的人们"的"习以为常的""流俗的"见解。海德格尔指出：这首诗根本不是什么"诗意的谋划"，不是如同"原始人类民俗学与心理学"所描绘的"人的发展"的诗意进程，这些想法"来自把一种本身即已不真的自然科学穿凿附会到人之在上去，导致人们这样来想的根本错误在于认为历史的开头都是原始的和落后的，愚昧无知的和软弱无力的。其实，刚刚相反，历史的开头是超常而强力赋形的"。而"跟在开端之后的也并非发展进步"，而是通俗传播蔓延的平庸之举。将开端仅仅作为纯粹数量上的伟大这就掩盖了开创时期惊心动魄的超常赋形之强力。②

从外表上看起来，是从"海洋""土地"和"野兽"过渡到人自身，但这一进程有着根本性的难题：第二曲所列举的"言说""领悟""情绪"和"制作"所表现出的超常赋形（制胜）的强力一点也不比对付海洋、土地和野兽来得少，它更来得内在并使人成为一个内在持有的存在。人自以为发明了"言语""制作"以赋形渗透他者，其实完全不是这样，"不是说：人发明，而是说：人发现自身进入超常成形者中才在其中发现自己本身：如此这般行动着的强力"。也就是说，只有当"言说、领悟、情绪和制作的力量在强力行使中被掌握了的时候，闯海、翻耕和驯养才可能出现"，"海洋""土地"和"野兽"才作为此一存在者得到展开——成为"海洋"、成为"土地"、成为"野兽"。③

---

① ［德］海德格尔：《形而上学导论》，熊伟、王庆节译，商务印书馆1996年版，第155—156页。

② 同上书，第156—157页。历史学、自然科学都无法接近开端的强力赋形，如果硬要以一个名称来命名开端的话，海德格尔给出的名称是"神话学"。

③ ［德］海德格尔：《形而上学导论》，熊伟、王庆节译，商务印书馆1996年版，第157—158页。

人作为强力行使者四处开路，没有指示遵照、没有地理依托，除了本身强力驱使之外就没有什么可遵循的东西。道路开辟所表现的是强力自身，"言说""领悟""情绪"和"制作"的超常成形之路与"事实之路"有所不同：不会碰到行不通而至断绝无路可走。但是，此"言说""领悟"之路又确实表现为"无路状态"，此丧失出路就在于固执于自身：

> 当它停滞于它的开路（Bahnen）时，它就陷入过往的开辟（Ge-bahnten）中，而且还把它的世界牵扯进这种陷入（的眼界），这样就如同让编织的表象阻拦着进入存在，于是，他就随时回执（束缚于）它自身构成的路向了。①

如此古怪的表达，其实说白了，海德格尔心有所指的是西方形而上学传统。"言说""领悟"之无路状态就是形而上学造成了对于存在（裂隙之无法弥合）的遗忘，就是柏拉图、亚里士多德至今的形而上学传统，也就是尼采所揭示的"虚无主义即颠倒的柏拉图主义"。② 它只是"编织的表象"：

> 它在自己的圈子里多方随机应变。它能够制止一切对此圈子不利的事，……而这个强力行事却引出它自己要随机应变的一切混乱。这个随机应变本身就是无路可走嘛。……因为这个随机应变把自己隔绝于对表象加以沉思的路子之外，从而它就折腾着自己本身。③

最终的无路可走就是"死亡"，一切超常强力行事都无法制胜的，唯有死亡。"只消人在，人就处于死之无路可走中"，人超常成形的无家可

---

① ［德］海德格尔：《形而上学导论》，熊伟、王庆节译，商务印书馆1996年版，第159页。

② 参看《形而上学导论》第179页之后的部分。生成性的动名词如何固化成为名词在"看"之中出现，作为"聚集"的逻各斯"涌现"成形为"外形""相"而固化为"逻辑学"，黑格尔的历史哲学达到了顶峰和完结。这一固化过程的意象为"活着的死"。

③ ［德］海德格尔：《形而上学导论》，熊伟、王庆节译，商务印书馆1996年版，第159页。

归就此显现出来了。

海德格尔抓住三个词对与第二曲次节进行了阐发，阐释的过程与方法是海德格尔特有的将名词回溯为动词或动名词以还原其原初的生成过程。

1. τέκνη。"τέκνη 的意思既不是艺术，也不是技巧，更不是现代意义的技术"，海德格尔使用"洞识"（Wissen）来译 τέκνη。"洞识"并非"认知"，不是"对先前不了解之物进行探查后的结果"，之所以能有"洞识"是因为存在者的自行敞开显现进入现象，而"洞识"就是将存在者显露带入"作品"之中安定下来成为持存，但是洞识的指向并非固执于持存物，而是通过此持存物指向存在。海德格尔呼唤希腊词 φύσις（涌现）来表明 τέκνη "超出""冲出"之显形变得"可找到了""可说明了""可理解了"。这样，海德格尔就将 τέκνη 的生成性呼唤至前。

τέκνη 将 δεινόν 作为"超常的强力行使者"的意义标示出来，"强力行事就是行使强力来反对超常成形者（制胜者）：以前封闭着的在凭借知（τέκνη，洞识）来奋斗而进入现象者进入在者"。[①]

2. δίκη。"δεινόν 作为超常强力成形者（制胜者）又在 δίκη 这个希腊字中显露出来，我们用合式（Fug，或译 嵌合）来译这个字"。海德格尔依照词根在不同词之间穿梭以展示这个词的含义：首先，合式（Fug）作为裂隙（Fuge）与接合（Gefuege）；其次，合式（Fug）作为配置（Fuegung），作为指令（Weisung），凸显超常成形的强有力者（das ueberwaeltigenden Walten 制胜之物）所拥有的支配力量（Walten）；最后，"把合式（Fug）理解为搭配着的接合（fuegende Gefuege）"，逼迫要求进入配置（Einfuegung）与自行配置（Sichfuegung），要求"适应与顺从"。这样，海德格尔就将 δίκη 的生成性呼唤至前。

可以将 δίκη 作为"正义性"或者"规范"，但是要去除其中"法律道德意义"，保留其"形而上学的根本含义"，超常成形者所统辖的领域和势力（Maechten）取决于合式（Fug）之强力（Maechtigkeit）。这种生成结构可以描绘为：存在—聚集（λόγος）：涌现（φύσις，强力行使）-合式（δίκη，强力成形）。

[①] ［德］海德格尔：《形而上学导论》，熊伟、王庆节译，商务印书馆 1996 年版，第 160—161 页。

δεινόν 作为超常强力成形者 (δίκη) 与作为超常强力行使者 (τέκνη) 的对立在于："这个 τέκνη 冲出来对着这个 δίκη 冲去，而这个 δίκη 却在它那方面作为合式而拥有一切 τέκνη"，这是"冲出"与"进入"的二重性运动。①

3. 洞识之人作为超常强力成形者进入"合式"，接合存在之断裂进入"合式"，却无法掌握"合式"（Fug）——无法弥合存在之断裂，"在嵌合（Fug）与非嵌合（Un-fug）之间，在卑劣者与高贵者之间被抛来抛去"。人作为超常强力行使者、创造者，"溜到未被说出者中，闯进未被思及者中，强逼未出现者，还使未被察者现象"，这个强力行使者处处"冒险"——"冒险碰不上不在者""碰上相互拆散""碰上不常住""碰上不结合与不合式（Un-fug）"。超常强力的行使者内心的"畏"而冒险"冲出"常态，逼迫"断裂""非嵌合""适应与顺从"进入合式成形（形而上学），遮蔽早先作为拒绝接合的"裂隙"，un-heimlich 就在其中出现，任何接合都是对于拒绝接合的接合，任何敞开即遮蔽。②

前两重进路更多是文本上的阐释：第一重进路指出了第一合唱歌的"决定性真理"，第二重进路展示了超常强力成形者以及超常强力行使者的一切重要领域。而第三重进路与前面两重有所不同："本真的阐释必须把不再形诸文字但却被说到了的那些含义展示出来"，那些含义是在文字中被隐喻着的。这就"必然需要解释的强力"，"本真的内容要到科学解释发现不了，又超越了科学禁区而被谴责为非科学的那个地方去寻找"。③

海德格尔将超常强力行使的二重性揭示出来：

① ［德］海德格尔：《形而上学导论》，熊伟、王庆节译，商务印书馆 1996 年版，第 161—162 页。

② 同上书，第 162 页。

③ ［德］海德格尔：《形而上学导论》，熊伟、王庆节译，商务印书馆 1996 年版，第 162—163 页。海德格尔此种包含着"解释的强力"的"还原解释学"极易与"为我所需、唯我所是"的"接受解释学"（"解释者中心论"）相混淆。因为含义是文字背后所隐藏着、隐喻着的，没有文字的证实，极易导致这样一种倾向：反正没有本体，想怎么解释就怎么解释，解释就是存在，看谁的解释强力大、解释的有用就听谁的。海德格尔的解释学与此有所不同，虽然也是"强力行使"的"言说""领悟"，但是此种解释学是有界限的："强力行使"会遭遇"无路状态"而"束缚于自身"（形而上学）；一切强力都无法遏制的死亡。关于解释学的分类可参考张志扬《解释学分类及其他》，《现代哲学》2009 年第 1 期。

δεινόν

Unheimliche

Gewaelttaetige

超常的强力拥有者

τέκνη	δίκη
Gewalt-taetigkait	Ueberwael-tigende
超常的强力行使者	超常的强力成形者
（超出、冲出、洞识）	（进入、规范、赋形即合式）
但不是"艺术""技艺"， 更不是现代"技术"，而是"洞识"	由此可称作"正义性" "合式性"
↓	↓
（虚无主义）	（形而上学）

Unheimlichste

δεινότατον

（双关、二重、交互指涉、出入之间）①

  δεινότατον 所指的并非作为形容词最高级的形式，而是指向人作为独一无二者。由于内在本能的畏——恐惧不安定的威胁，而沉迷于形而上学的至高强力者的保护，可是灾难甚至是毁灭的"厄运"形影不离：形而上学的自闭；无家可归；终有一死。

  海德格尔试图将形而上学带到其边缘状态，凸显出人之存在的断裂——"裂隙"之无法接合。所以，海德格尔提出："安心当粉碎机，在之超强力冲到这粉碎机中来现象，从而此粉碎机本身也在身上粉碎"，单向度地坚持"超常强力成形"会陷入"形而上学"的"牢笼"，要"安心当粉碎机"；可是单向度地坚持"超常强力行使"就会跌入"虚无主义"的深谷（尼采），要让"粉碎机本身也在身上粉碎"，必须克服两者而"出入其间"，进入"敞开—遮蔽"的二重性运动中，这才是人之为人的存在方式。②

---

① 张志扬：《偶在论谱系》，复旦大学出版社 2010 年版，第 326 页。

② ［德］海德格尔：《形而上学导论》，熊伟、王庆节译，商务印书馆 1996 年版，第164 页。

第四节　苏格拉底的政治技艺

安提戈涅勇敢的技艺让她丝毫不畏惧死亡，是敢于赴死的典范。可是，一说起敢于赴死的典范，我们就不能不想到苏格拉底。两人有很大的不同，最为显著的一点就是：苏格拉底选择服从城邦的法律，服从公民大会做出的死亡判决，即便法律做出的可能是不义的判决；而安提戈涅直接与城邦对抗，与城邦的法律针尖对麦芒，选择宁愿死亡也不服从法律，因为那是不义的城邦法而非神法。安提戈涅那"放肆的行动"为她赢得了"最光荣的行动"之美名，留下的是勇敢与世上最强大的权力抗争、积极行动甘于赴死的虔敬声名；而苏格拉底留下的则不过是反讽别人却又不提供终极"善"陷入模棱两可式的"自知无知"，服从不义的法律不逃跑不抗争的消极负面顺从形象。对不义的判决和不义的法律难道不应该不服从并勇敢抗争吗？如此看来，安提戈涅应该是"不服从"和勇敢的更好例子。

玛莎·纳斯鲍姆的解读会让我们看到安提戈涅的另一面。她认为，毫无疑问的是克瑞翁把道德世界简单化了：公民要忠诚服从就是"唯一终极的善"。① 如果说克瑞翁做出了一种固执简化的话，那么对安提戈涅的评价虽然有争议（更像"无可指责的女主角和英雄人物"），但其实与克瑞翁也有着类似之处，"也以一种极端的、近乎无情的方式，把世界的价值简单化了"。② 安提戈涅把对于家族的责任以及传统宗教的律令（埋葬死者的虔敬）绝对化了。比如，安提戈涅对于克瑞翁的提问，"你胆敢违背法律"的回答是没有留下任何怀疑的余地的：

> 我敢，这不是宙斯公告的法律；也不是与那些下面的人一起生活的正义为人类所制定的法律。我不相信你的公告有着这么大的权力能够让一个终有一死者推翻神的法令，神的法令是未成文的又是稳固的。它们不是在今天或者昨天存在；它们永远存在；没人知道它们何时第一次出现。我不会为了害怕任何人的脾气去触犯这些来自神的法

---

① ［美］玛莎·纳斯鲍姆：《善的脆弱性——古希腊悲剧和哲学中的运气与伦理》，徐向东、陆萌译，译林出版社 2007 年版，第 76—82 页。

② 同上书，第 83 页。

律而招致惩罚。(《安提戈涅》，第 449—459 行)

　　为了虔敬，安提戈涅可以不顾一切无所不为。她的行动是以虔敬的信仰为前提的，她甚至可以分辨什么是"宙斯公告的法律"。在克瑞翁对城邦的忠诚与自己对传统宗教和家庭责任的忠诚的争斗之间，安提戈涅清楚地知道宙斯会站在哪一边。但是，我们要清楚地看到，这一切都是以盲目的坚信为前提的。

　　看起来，安提戈涅是更为积极行动、更有激情、更具男子气概的人。在她身上最容易看到的是充满男子气概的"勇敢"技艺。她放肆地行动，获得"莫大的光荣"(《安提戈涅》，839)，反观作为男人的苏格拉底的形象则看起来畏畏缩缩全无男子气概可言。这个毫无男子气概的哲人形象在《高尔吉亚》中也有展现。卡利克勒评价苏格拉底时表示：在年轻人的教育中，哲学是很重要的，但对于成年人来说则毫无益处，成年人如果还"终生躲在角落和三四个男孩子窃窃私语"讨论哲学，是无法"以自由、崇高和卓越的方式说话的"；如果他不去"城邦中心和市场集会"就无法成为真正的男人，因为"男人们正是在这些地方获得荣誉名声"(《高尔吉亚》，485d-e)。学哲学的人不愿意参加公共生活，他们不知道该用什么样的语言和修辞与他人说话，说不出有理有力和令人信服的言辞，在参加公共活动的时候显得异常可笑，过这种生活会让一个天赋极高的人毁掉。可是，按照哲人的方式生活会让一个城邦中的人忽略至关重要的东西：公共生活和只在这一领域中出现的他的荣誉。

　　这让人不由得想起伯利克里在墓前演说中对雅典人说的话：

　　　　在这，每一个个体不仅仅只是关心自己的事务，而且也关心城邦的事务：就算是那些最忙于他们个人事务的人们对于一般的政治活动也是很熟悉的——这就是我们的特点：一个不关心政治的人，我们不说他是一个关心个人事务的人，而说他根本没有事务。①

　　在《高尔吉亚》篇中，身为伯利克里败坏代言人的卡利克勒也延续

────────────

①　[古希腊] 修昔底德：《伯罗奔尼撒战争史》，谢德风译，商务印书馆 1985 年版，第132 页。

着这一传统，认为脱离公共生活是毫无男子气概的行为，关心个人灵魂的哲人让个人生活与城邦生活脱离是不负责任的行为，是"根本没有事务"的极端自私自利的行为。卡利克勒戏谑地预言了苏格拉底的死亡，毫无男子气概的苏格拉底被一个恶毒的无赖告上法庭，孩童般的苏格拉底在为自己辩护时只能够"来回踱步、目瞪口呆，说不出来一个字"，只要无赖"要求处死你，你就会被处死"。卡利克勒劝苏格拉底别搞什么哲学了，停止提问，做点别的能与公共领域凑上边儿的东西吧！（《高尔吉亚》486b-d）只有如此，他才能获得声名、拥有荣誉、成为真正幸福的人。

在安提戈涅的积极行动面前，在勇敢的安提戈涅面前，是否苏格拉底显得毫无男子气概？看来是的。黑格尔在他的《精神现象学》中对于良心、优美灵魂有这样的批判：

> 自我意识生活在恐惧中，深怕因实际行动和实际存在而玷污了自己内在本心的光明磊落；并且为了确保内心的纯洁，它回避与现实接触，它坚持于无能为力中，认为自己无力拒绝它那尖锐化到了最终抽象的自我，无力给予自己实体性……①

良心的缺陷就在于"害怕行动"，"回避与现实接触"，"坚持于无能为力中"。受黑格尔启发的阿伦特将苏格拉底的良心作为一种利己之心——"良知的规则取决于个人的利益"② ——对自己灵魂的关心让他从公共空间中抽身离去，只有当他重新会回到公共领域，不再孤身一人独处时，他才会说："良心这个词只有胆小鬼才用/起初发明出来是为了让强大者畏惧。"③ 只有否弃利己良心，进入公共生活、参与公民集会、在公共领域发声才能真正进入政治生活。正是对城邦公共生活的否弃让阿伦特把苏格拉底的良心界定为自私自利的非政治形式。

看起来，安提戈涅勇敢到无所畏惧。但其实，她只关心家庭和宗教伦理，为了服从宙斯的神法而片面追求虔敬却置城邦安危于不顾的勇敢行为

---

① ［德］黑格尔：《精神现象学》，贺麟、王玖兴译，商务印书馆 1981 年版，第 167 页。

② Hannah Arendt, "Civil Disobedience", in Arendt, *Crises of the Republic*, New York：Harcourt Brace Jovanovich, 1972, pp. 64-65.

③ Ibid., p. 67.

只不过是一种单纯的固执罢了。守护内在良心的呼告、固执地坚信听到了宙斯的声音，其实只是单面地袒护了内心的道德自律。她积极行动的目的是为了维护家庭和宗教传统，可她眼中只有波吕尼刻斯却哪管伊斯墨涅和海蒙的死活。她确实让自己确定地参与到了城邦的公共生活中，可她眼中只有自己的内在道德感却哪管世界洪水滔天、哪管城邦分崩离析，这种参与是否弃了所有公共责任的参与，所以伯纳德特说安提戈涅的行为固然高贵，但败坏城邦也是不道德的。如果阿伦特认为良心是一种自私自利的非政治形式的话，如果阿伦特要谴责的是良心对于公共领域的破坏和不负责任的话，那么因激情而变得激进盲目的安提戈涅（而非苏格拉底）更无法逃脱黑格尔和阿伦特的批评。

确实，苏格拉底说过哲人要远离城邦政治生活：

> 如果我说了真话，请不要觉得被冒犯，凡是真心与你们和其他民众的意见相左的人、凡是断然阻止不义和非法之事在城邦中发生的人，都活不了。正义的真正斗士，如果他想要幸免于难多活几天，只能过私人生活、远离政治生活（《申辩》，31e-32a）。

可是，苏格拉底也说过他自己是有政治技艺的人，而且是仍然在践行政治技艺的人。在批评完地米斯托克利（Themistocles）、米尔提亚德（Miltiades）、客蒙（Cimon）和伯利克里（Pericles）这些伟大的雅典政治家之后，苏格拉底说：

> 我认为我是少数——即便不说是唯一一个——真正从事真正政治技艺的雅典人之一，而且当今的人中只有我一个在践行政治家的身份（《高尔吉亚》，521d）。

在苏格拉底看来这些雅典伟大的政治家都没有让城邦公民的灵魂转向"善"、让他们变得更好，而这才是衡量一个人是否有真正政治技艺的标尺。像伯利克里这些政治家固然有着伟大的修辞技艺，但这种修辞技艺只是用来谄媚奉承的技艺。他们做的只是满足民众那无法得到满足的欲望：他们身体饿了，提供给他们食物；他们身体渴了，提供给他们饮料；他们身体冷了，提供给他们衣物……可是当身体生病染上了瘟疫，提供丰富的食物和饮料又有什么用呢？他们只是让自己成为满足民众欲望的仆人，让民众成为欲望的奴隶，却从不考虑真正的健康：用体育、医术和爱智之学强健身体，让灵魂转向"善"、向善提升（《高尔吉亚》，517a-519d）。"伟大"雅典之病在伯利克里的败坏继承人卡利克勒身上表现得非常明显。卡利克勒信奉的是色拉叙马霍斯式的"自然正义"：优秀者和强大者理所应当得到更多的利益。弱者用法律和道德限制强者以求平等，强者要打破弱者企图限制强者的道德化企图，要"打碎一切枷锁"，让主人和奴隶、强者和弱者的秩序重新建立起来——这才是自然的正义法则（《高尔吉亚》，483b-484c）。卡利克勒的观点和雅典主流的价值观已经脱离了"善"原则的节制。原本，力量的获得是为了清除通向善之道路的障碍，但目的本身的无法获得（善的"知向不知得"）导致目的本身的消失和被遗忘，手段脱离了目的的节制后将自身作为目的，手段的有效性和强力性成为这个败落时代的主题。从伯利克里下降到卡利克勒，再下降到政治现实主义者波鲁斯。在波鲁斯那里修辞术最有力量，在修辞术的帮助下能够获得政治权力，权力能让人像僭主一样"随意杀人"、为所欲为，最有力量的人最快乐（《申辩》，466b-c）。也就是说，脱离了善的节制，力量的原则变成赤裸裸的现实原则，财富、名声、荣誉和力量成为雅典城邦的主流价值观。

苏格拉底为了"善"而远离政治过一种私人生活，但其实他并未真正离开公共生活，他的死亡就是他勇敢参与城邦公共生活的后果和证据。像高尔吉亚这样的智者，收取费用教授能在城邦中获得力量和权力的修辞术，而苏格拉底并没有此种类型的知识出卖："如果我也懂得这些事情，那我肯定会自鸣得意自我膨胀，但事实上，雅典人，我不懂。"（《申辩》，20c）那苏格拉底说他拥有的政治技艺是何种呢？他又如何来践行这种政治技艺呢？

在面对雅典城邦公民大会申辩时，苏格拉底描述了他独有的那种政治技艺，那种并不传达确定性的"自知无知"智慧，并不追求力量而是追求灵魂向善的政治技艺：

我将永远不会停止践行爱智之学、劝诫你们而且要和我遇到的每一个人解释真理问题。我要继续说话，说我习惯说的话，我的好朋友们，你们是雅典人，你们属于这样一个城邦——这个城邦因其智慧和力量而成为世界上最强大和最著名的城邦。你们只想着尽可能多地敛财，只想着名声和荣誉，却完全不关心求知、智慧和灵魂的完善，你们不对此感到羞愧吗？如果你们中有人辩驳这种说法，说自己是关心这些事情的，我不会马上放他走或者离他而去。绝不会放他走，我会询问他、省察他、检验他；如果我发现他只不过是说说而已，并没有向着善真正地前进，我会责骂他忽略了至关重要的事情。对遇到的每一个人我都会做这件事，无论青年抑或老年，无论外邦人抑或同胞，尤其是对你们，我的同胞们（《申辩》，29d-30a）。

为了与追求荣誉的强力价值观抗衡，为了扭转雅典的主流价值观，为了让非强力的"正义在公民的灵魂中扎根，从灵魂中消除不义"，为了让"善在公民的灵魂中生长"（《高尔吉亚》，504d-e），苏格拉底以一种间接的方式进入城邦的公民生活中：以"自知无知"的智慧检审和省察遇到的每一个人——"无论青年抑或老年、无论外乡人抑或同胞"，用牛虻的针刺唤醒他们，用电鳐的麻痹传递自己的困惑给他们，引起他们的困惑和思考，引导他们从对财富、名声和荣誉的爱转向对"求知、智慧和灵魂完善"，让真正的智慧在他们体内孕育生长。苏格拉底并没有从城邦的公共生活中离去，而是用"思"为公共生活提供反省和节制。首先，这种方式当然无法在公民大会上发挥作用，那里是修辞家和智者的舞台。其次，苏格拉底的"思"并不是智者类型的知识并不提供行为的准则，而是依赖怀疑、反思、否定来发挥作用。也正因为如此，所以他才会说"正义的真正斗士"只能远离政治中心这样的话。作为掌握真正政治技艺的人，远离依靠修辞术谄媚的城邦公民大会，以牛虻针刺直接对城邦公民的灵魂进行提升。最后，苏格拉底以间接方式进入城邦公共生活：让"思"为行动提供一种节制的能力，让安提戈涅式"单面"的固执坚持在通过愤怒的激情转化为急迫的行动时暂停下来，为了城邦的整全而节制自身——宁愿遭受不义，也决不对城邦行不义之事（《高尔吉亚》，469c）。安提戈涅不顾城邦勇敢地选择死亡，苏格拉底为了城邦隐忍地选择死亡。苏格拉底不是不勇敢，他的勇敢是与安提戈涅的勇敢不同的隐忍，让男子气概深沉地埋在看似与城邦疏离的哲思之中。

丹纳·维拉（Dana Villa）在其书《苏格拉底式公民身份》（*Socratic Citizenship*）中提出了一种"本着良心的公民身份"的可能性，"本着良心的"（conscientious）这个词并非指那种尽忠职守的好公民，而是受到了尼采的启发（诚然，尼采对"公民"并不关心），指那种拥有怀疑精神的、理智正直的公民。尼采在《快乐的科学》第二节中明确认为拥有理智良心的人是少数的，"我不愿相信它，尽管它是一个明显的事实：绝大多数人欠缺理智良心"。① 在大多数人的耳朵中嗡嗡作响的是："那些发号施令者——父母、老师、法律、阶级偏见、公众意见——对着他耳朵所大声嚷嚷的那些东西"，② 他们"相信这个或者那个并且按此信念去生活"，却并不知道支撑这些（有时候甚至相互争执的）信念的"最终的和确定的理由"。也就是说，他们"无思"地将习俗和传统内在化为"道德"。正如尼采所说的，"在道德面前，正如在任何权威面前，人们是不允许思考的，更不用说表达意见了：在此，他所能做的只有——服从"。③ 这种道德良心以盲目相信为前提、以服从为目标，驯服那些拥有强烈激情和能量的人以免他们对社会造成破坏。而少数拥有理智良心的人则是孤独的人，生活在人口稠密的城市中就如同在荒漠中一样，因为他必须与自身所在共同体适度疏离、必须与自身适度疏离，才能够既节制自身的攻击性本能，也能够获得从习俗的道德中解放出来所必须的从另一个星球观看的独立"视角"。他心中的那杆秤与多数人所拥有的"道德良心"之秤完全不一样，他不仅拥有将各种权威内在化的道德（无法置身于传统之外），而且有对之进行反思的能力，因此，他是"自治的和高于道德的"。道德良心将道德认定为对于权威的服从，而理智良心破除了这一受限制的被动状态使得他拥有了独立的意志，用自己的思考做出独立的判断并获得力量和自由。正是因为理智良心的存在使得他成为道德之树上"最成熟的果实"："完全自主的个体"（sovereign individual）。④ 这个"完全自主的个体"不对权威负责，而是对自己负责，支配着他的东西不是道德良心，而是一种理智良心，他那渗透入每一块肌肉中的骄傲拒绝将道德等同于服从命令——无论这些命令是来源于何种权威（"父母、老师、法律、阶级偏见、公众意见"）。从这个"完全自主的个体"的视角来看，那些要求我

---

① ［德］尼采：《快乐的科学》，黄明嘉译，华东师范大学出版社 2007 年版，第二节。

② ［德］尼采：《超善恶》，张念东、凌素心译，中央编译出版社 2000 年版，第 199 节。

③ ［德］尼采：《朝霞》前言，田立年译，华东师范大学出版社 2007 年版，第三节。

④ ［德］尼采：《道德的谱系》，周红译，生活·读书·新知三联书店 1992 年版，第二卷，第二节。

们盲目服从的道德正是不道德的根源，"无思的服从"让我们的道德感发育不良。

阿伦特也强调用理智良心去节制道德良心，认为只有"思"才有可能阻止大灾难发生。阿伦特认为人们的自然倾向就是服从规则，因为这样能够让人们摆脱不确定、获得稳定感。故而，那些"越是固守旧规则的人，就越是渴望去接受新规则"。在希特勒的纳粹德国，人们轻易接受了"不可杀人"这一道德原则的翻转；在斯大林的俄国，人们轻易接受了"不可做假证陷害人"这一道德原则的翻转，之所以发生这样的状况就是因为人们只是盲目服从于规则、并不思考。在他们那里，规则无论对错，重要的是必须要有规则。① 阿伦特并没有将"思"直接与政治相关联，而是让"思"起到"间接"节制的作用：消解群体的激情狂热、净化集体的幻象、清除煽动者散播的迷雾，从而为道德和政治判断打开空间并创造条件，"判断——思的解放效果的副产品——实现了思"。② 只有开始了思，安提戈涅和克瑞翁才不会片面固执于某一种价值却完全无视其他价值；个体才不会成为习俗和偏见的传声筒，为了自私自利的良心去行动（阿伦特在《论公民的不服从》对这种单纯考虑自身清洁的"良心"的评价）；艾希曼才有可能思考单纯作为尽忠职守的好公民的价值缺陷，才能够在最为危急的时刻防止自己成为国家支持的恶的同谋，才有可能阻止大灾难的发生。

如果将好公民定位为"尽忠职守"的人，那么，只是服从的话将会让他的道德感发育不良，使得他丧失成为完全自主的个体的机会，充其量不过成为煽动者的一件工具。这样的"好公民"与其说是拥有道德德性，倒不如说完全没有道德。道德德性必须被理智良心所节制，不接受"思"之检审的道德良心不过是教条和偏见的集合体，没有理智良心的公民道德将与不义和不道德沆瀣一气。理智良心如此重要，可是为什么理智良心在柏拉图、亚里士多德那里都是少数人的能力（在尼采那里也是一样）呢？就是因为苏格拉底的受审与死亡。雅典民众处死了他们中最为聪明的并且是关心城邦公民灵魂胜过个人利益的那个人，这无疑会让柏拉图和亚里士多德认为民众是无法拥有理智良心的，"畜群般"的他们渴望命令—服

① Hannah Arendt, "Thinking and Moral Consideration", in *Responsibility and judgment*, p. 178.

② Ibid., pp. 188–189.

从、完全不受教导。但是，并非所有人都是这么想的。如阿伦特在《思与道德思量》中提出了这样一种确信：思考的能力"必须被赋予每一个人，它不能是少数人的专利"。① 但无可奈何的是，阿伦特也只是将"思"的能力发挥作用的时刻放在某些极端的时刻——"只有在那些罕见的历史时刻"（纳粹德国），"思"的道德和政治意义才能够得到显现。因为"除了在危机关头之外"，"思"只不过是一种"边缘性事物"，而且"这种思考对于社会益处甚少"，其作用更多是消解性的（苏格拉底的辩证法对雅典城邦"神"的破坏作用）。只有当危机发生（"世界遍布无政府状态"）、只有"当每个人都无思地被其他人所做的和信奉的东西裹挟而去"的时候，思的消解性、净化的价值才能够真正迎来属于自己的时刻，破坏那些"价值、学说、理论甚至信念"的虚假权威性，"思"的政治作用才能够发挥作用。或许是苏格拉底的死亡造成了无可挽回的影响，或许是这些伟大的哲学家都对民众有着深深的不信任。

丹纳·维拉的"本着良心的公民"受到了尼采或者阿伦特的启发，这种公民的典范是苏格拉底，他提出："苏格拉底可以被描述为'本着良心的公民身份'的创造者。"② 苏格拉底作为雅典城邦这匹肥马身上的牛虻，刺激雅典公民不要沉浸在雅典城邦的伟大之中志得意满，因为在这种审美主义理想背后潜藏着对力量追求的最坏之处："它能让最坏的事情（弥罗斯的种族灭绝）成为可能。"③ 如果"好公民"指的是那些积极参与作为共同体成员身份的义务中去的人，那么，这些人毫无疑问都是用自身所在共同体的意义来定义自身。可是，这样的好公民真的是"好"公民吗？在苏格拉底看来，这些人从没有真正关心自己的灵魂。即便在追求善的目标时，群体或者组织也可能会使用恶的手段，而且"城邦——任何城邦——所犯下的不义都具有政策或者法律的效力，从而这些不义都被赋予了虚假的合法性"。④ 公民无思地履行义务，即便成为恶的手段的执行者也能够免除任何批评，甚至有可能成为"好"公民。"本着良心的公民"不是基于习俗和传统内在化的道德良心，而是基于"思"的理智良

① Hannah Arendt, "Thinking and Moral Consideration", in *Responsibility and judgment*, p. 166.
② ［美］丹纳·维拉：《苏格拉底式公民身份》，张鑫焱译，华夏出版社 2016 年版，第4页。
③ 同上书，第 14 页。
④ 同上书，第 317 页。

心。这种公民的责任在于对其所在共同体和公民同胞们制定的政策、法律以及行动保持批判性关注，若其偏离了理智道德的标准以及公正和正义的要求，他必定会奋不顾身、挺身而出指明其偏差。而且，这种"思"的能力并非如柏拉图、亚里士多德、尼采、阿伦特所思考的那样，只属于哲人或者职业思想家。苏格拉底在市场上和每一个雅典公民交谈、努力唤起每一个人对于自身灵魂的关心，这不正是苏格拉底对于每一个人的信心嘛。可是，为什么他的死亡让其之后的伟大学者们丧失信心了呢？我们做事情首先需要考虑衡量的不应该是这件事情本身的价值，而非做这件事情可能造成的后果吗？维拉比阿伦特更进一步，只要个体的灵魂没有被所在共同体习俗限制而发育不良，或者因对各种权威（"父母、老师、法律、阶级偏见、公众意见"）的服从而畸形异变，那么，"思"的能力是每一个人都能够培养的。① 拥有道德德性的"好"公民（服从命令者）却有可能行无尽之恶，道德德性必须为理智德性所节制塑造"本着良心的公民身份"，这是一种让哲人的"思"对城邦公共生活产生影响的公民身份观念，这是一种以苏格拉底为典范的哲人型公民身份观念。

伯纳德特对安提戈涅的解读充满了城邦法—神法两种力量的争执，他提出的将神法编织进入城邦法的方式也展现了施特劳斯派的启示与理性之争，展现了哲学家对于不可解决问题的思考。但他对于技艺力量的强力行使的歌颂——站在技艺力量强力成形塑造的城邦一方，对城邦的力量和荣誉的追求失去了"思"的节制变成追求强力的现实主义，荣誉是人们在城邦中能够追求的美好的东西，但单面向的坚持固然可敬可也足够固执，失去了德性"善"节制的技艺力量在城邦中会变成赤裸裸的现实主义。"思"应当将对荣誉的追求引导向"善"的目的。就如同歌声中的话，人总是认为自己的力量能够无所不为，可做出"超出常规的"事情，就不可避免变成"可怕的"。苏格拉底的"知识即德性"指引着出路，让伟大的知识（技艺）生成指向善，虽无法获得却可以让人走向善，这就是苏格拉底"自知无知"的智慧。技艺或力量如果不与善和德性相关，就有可能导向失去目的现实主义中去，手段将自身设立成为目的——变成对于力量彰显的权力意志，行动的目的只是显示自身的强力，失去德性善节制

---

① ［美］丹纳·维拉：《苏格拉底式公民身份》，张鑫焱译，华夏出版社 2016 年版，第 320 页。

的人成为"无家可归"的可怕之人。

第五节　求德性的知识

"知识即德性"意图恢复古典理性的原初视野，不是认识到知识越多能力越强就越有德性，而是要认识到只有"自知无知"的人才是真正有智慧的。"德性"所标明的是人之界限，作为目标只能是"知向不知得"的，因而要保持对神圣的虔敬之心而恪守人之智慧的有限性。在古希腊悲剧中，如俄狄浦斯那样自以为强大无比的人遭受到了惩罚，只有听从"认识你自己"的箴言恪守"自知无知"的界限成为苏格拉底式的担当者才是出路。

如何来归咎安提戈涅的僭越罪？《安提戈涅》所提及的问题已经不再是个人与民族国家之间非此即彼的孰是孰非，那只不过是非此即彼单面的固执而已，苏格拉底式的"担当"才是出路：僭越作为人之技艺的"神圣罪业"虽然探及人之极限但毕竟是人之罪，因此需要承担。在海德格尔那里能听到对人之强力行使的反省，人之超常强力试图弥合无法弥合的裂隙，单方面的坚持难免成为固执的行为，造成悲剧性的结果。

没有人最起码的生存权利和思想言论的自由不行。个人被"类"化成为我们，被我们的意志替代成为棋子，个体的特殊性多样性消失"同一"在"类"之中，但是个体的生存权利、个体的自由高于一切的"冲出"成为唯一者就陷入了形而上学的自闭需要承担罪业；没有国家，没有一个民族的自主尊严不行。鸦片战争、甲午海战以来，人们赴汤蹈火求生存、求救亡，抛头颅、洒热血的日子难道我们忘记了吗？可是只强调战争、把政治当作决断一切的力量也将陷入无路可走之境遇。需要寻找出入其间的技艺。

希腊理性之光能够无限地知以让一切都将大白于天下吗？不再有不知的领域，一切都符合人类理性的合理合法的安排。这样自然解除了人的僭越罪，没有神的领域，哪来僭越呢？人成为独一无二当之无愧的主宰。可是，真的能够这样吗？在希腊悲剧中，我们看到了那些自以为具有知识的人的自我毁灭，也许只有这样的苦难才最能够提醒我们知的限度，提醒着人之理性必须反省自身的限度以自律。

第二章

知识即力量

苏格拉底之死对于柏拉图的直接影响就是改变老师的那种提问方式，将苏格拉底不断追问的"对话逻辑陈述"转化为柏拉图（亚里士多德）要求的"递归逻辑推论"。苏格拉底的对话总是保持着开放性，在陈述中有相关的多种可能性，而且对话往往没有一个固定的结论——这种方式是思的方式，疑问就是思的开端和结束。这样的方式让对话人自身产生疑问追寻真理，并非智者或者所谓专家那样灌输一个关于善好的正向积极观念给对话人，这也是对于对话人的尊重和相信，相信其有改变自身转向善的能力。柏拉图改变了对话的方式，选定一种使之成为绝对必然的、固置为结论性的"理式"，创造出神"德木格"，方便教化民众。亚里士多德再向前推进一步，即将柏拉图的"理式"转变为"实体"并逻辑化、体系化，完成了形而上学的开端。中世纪经院哲学使用亚里士多德逻辑来论证上帝的存在，这种精致的逻辑方式也为后来的启蒙运动做好了方法论上的准备，用"人义论"取代"神义论"。知识的逻辑化使得知识远离不确定的"生活"本身，固化成为技术工具，这一工具在两个层面上发挥效用，即对自然和对人自身的教化控制。

培根"知识即力量"的名言就是将知识作为统治自然的工具，要对万物建立起人自己的帝国。其《新工具》"新"之处就在于用经验归纳逻辑替代上帝的启示，用人类的理性之光模拟和替换启示之光，理智之光能够如蜜蜂般采集感性材料并消化之，用人之力量逼迫隐匿的自然一步步现身从而认识自然，进而通过人创造的工具达到对自然的改造，人取代上帝成为主人。人的力量在征服自然中得到了充分的展现，人类的野心也在这一行动中得到不断的解放——从扩张自己的权力（鄙陋和堕落的）、到扩张民族国家的权力（虽是贪欲却较多尊严）、到扩张人类的权力（"如果可以称作野心的话""无疑是比前两种较为健全和较为高贵的"）——失去了德性节制的力量将力量本身的展示作为"较为健全和较为高贵"的表现，甚至不能称之为"野心"了。福柯的"知识即权力"命题叙述了知识如何成为人对人进行统治的工具，现代技术对人自身进行解蔽并不断深化对人的控制，甚至连身体上最为隐秘的"性"都被解蔽成"性科学"，而在古希腊性是与养生之道和性爱艺术联系在一起的艺术而非科学。福柯意图用生命（bios）对抗技术（tekhnê），用非理性对抗理性，重归一种"审美"的个体。在海德格尔看来，无论将理性（精神性）突出还是将非理性（动物性、身体性）突出，或者在两者之间寻找某种平衡的做法都无法逃避这样一个事实："只是重新成为一种对主体性的巩固"，① 都不过是突出了人的中心地位但仍然陷入形而上学的陷阱中。在其中，主体本身非但"失去了任何限制"甚至本身就意味着限制——拥有绝对支配的权力，人的力量得到了无限制的延伸。

将知识作为认识自然和改造自然的工具，人使用工具成为自然的主人，但这种"工具的和人类学"的规定使得人们无论何时都不再能够遭遇自己的本质。以知识即力量进行的启蒙让人成了神，可人毕竟无法成为神，悲剧中英雄和现实强力行使者的命运就是例证：没有强大者能逃脱被征服的命运。为了将技术的启蒙带向其边缘状态，海德格尔开启了他对技术的追问。海德格尔批判技术但却并不是简单地否定技术，海德格尔将技术作为解蔽方式的一种，此种解蔽方式有着两个层面的危险：一层，将技术作为唯一的解蔽方式就遮蔽了其他的解蔽方式；另一层，任何解蔽都是遮蔽，因为将拒绝解蔽的存在之神秘表象为此一存在者，是对于存在自身的遮蔽。这两个层面的关系不是平面的而是垂直立体构成性的。使用技术的人似乎掌握技术成为征服者，"人施行其对一切事物的计算、计划和培育的无限制的暴力"。在强力的行使中人成为主人，"人为一种地位而斗争，力求他能在其中成为那种给予一切存在者以尺度和准绳的存在者"。② 可是，所造成的后果并不是人掌握技术，而是技术宰制了人。这种无限制的"人类中心主义"让人无法再遭遇自己的本质，苏格拉底那"在智慧与无知"之间知向而不知得的人之身位荡然无存，一切在功利的尺度下进

---

① ［德］海德格尔：《尼采》，孙周兴译，商务印书馆 2002 年版，第 825 页。

② ［德］海德格尔：《技术的追问》，载于孙周兴选编《海德格尔选集》，上海三联书店 1996 年版，第 904 页。

行计算以衡量效果的好坏与结果的优劣，作为万物的尺度的人失去了自身的界限而取代神成为世界和宇宙的中心。海德格尔将技术之解蔽作为人之命运：认识到技术解蔽只是解蔽方式的"某一种"而对其他的解蔽方式敞开，以及对拒绝解蔽的存在之神秘保持敬畏之心，人要倾听存在的召唤从"绝对者"的中心位置退下成为"守护者"。

第一节　培根的"人类知识和人类权力（力量）归于一"

培根《新工具》之"新"是相对于亚里士多德《工具论》来说的。如果说亚里士多德的工具论表明演绎的大前提既可来源于理式的自明性，也可来源于归纳结论的前置，那么，培根的"新"工具论则强调了经验归纳万能。《新工具》"语录"第十九条论述了"钻研和发现真理"的"两条道路"，即理性自明与经验归纳：

> ……一条道路是从感官和特殊的东西飞跃到最普遍的原理，其真理性即被视为已定而不可动摇，而由这些原则进而去判断，进而去发现一些中级的公理。这是现在流行的方法。一条道路是从感官和特殊的东西引出一些原理，经由逐步而无间断地上升，直至最后才达到最普通的原理。这是正确的方法，但迄今还未试行过。①

在第二十六条，培根将这两条路的区分命名：

> 为区别清楚起见，人类理性以上述那种通用方式应用于自然问题而得出的结论，我名之为对自然的冒测（指其粗率和未成熟而言）；至于另一种经由一个正当的和有方法的过程而从事实抽出的理论，我名之为对自然的解释。②

培根将理性自明的道路看作"粗率和不成熟"的"对自然的冒测"，

---

① ［英］培根：《新工具》，许宝骙译，商务印书馆1997年版，第12页。
② 同上书，第14页。

经验归纳的道路则是正确的"对自然的解释"，①而且"迄今还未试行过"，潜台词就是说这条"真理"之路只能等待着培根引导我们走上。

为什么培根认定"理性自明"的道路就是"粗率而不成熟"的"对自然的冒测"呢？要回答这一问题就要回到培根对亚里士多德的不满之处：亚里士多德把"自然哲学做成只是他的逻辑的奴隶，从而把它弄成富于争辩而近于无用"。②亚里士多德想要用理性自明的"各种范畴铸出世界"，用逻辑想象揣测自然现象，只能是闭门造车而已——"依照自己的意愿规定了问题，然后再诉诸经验"，③如此不正是对自然哲学最大的败坏吗？换句话说，培根认为：解释自然不从自然中的经验现象出发，反而从上而下"无中生有"构筑世界，这不是上下颠倒只是空想能有什么实用性呢？再进一步来说，培根斩断"理性自明"之路，实际上是斩断了知识从上而下的启示之路。在细数"自然哲学在各个时代中"所遇到的"麻烦而难对付的敌人"时，培根特意提醒我们"还有一个不应忘记的情况"："就是迷信和对于宗教的盲目而过度的热情。"谈到"迷信（毕达哥拉斯）以及神学（柏拉图）之揉入哲学"的状况，培根如临大敌："这对哲学的败坏作用更远更广泛，而且有着最大的危害，不论对于整个体系或者对于体系的各个部分都是一样。"④科学不是为了人类生活，而是成为"神"的"婢女"，这不是就将目标定错了吗？培根规劝我们，不要再去寻找启示的知识，科学不关心"天命"只关注"人事"，只是要把"新的发现和新的力量惠赠给人类生活"。⑤将"迷信"与"宗教神学"并列作为最大敌人，排除神对人的启示的知识来源让知识只依靠人进行经验归纳，使得人对自然的解释成为唯一合法来源，看似从神的束缚中解放了人，达到了培根重建自然哲学之目的："我正是要在人类理解中建造一个

①《新工具》中一个副标题点明了培根的写作意图："关于解释自然和关于人的领域"之"语录"，而此"语录"第一条就将人定位："作为自然界的臣相和解释者"，将人所能作为的一切限制在对自然进程的经验观察，排除掉逻辑思辨的功能。可是培根并不甘于仅仅作为"解释者"——成为"自然界的臣相"，而是为了进一步改造自然成为"统治者"。

②　［英］培根：《新工具》，许宝骙译，商务印书馆1997年版，第28页。

③　同上书，第35—37页。

④　同上书，第38—39、68—69页。

⑤　同上书，第58—59页。

世界的真实模型"①，"替人类的权力和伟大把基础打得更坚固些，把界限推得更广些"。② 培根的此种"野心"在他对人类野心的三个等级之区分中可见一斑：

　　第一是要在本国之内扩张自己的权力，这种野心是鄙陋的和堕落的。第二是要在人群之间扩张自己国家的权力和领土，这种野心虽有较多尊严，却非较少贪欲。但是如果有人力图面对宇宙来建立并扩张人类本身的权力和领域，那么这种野心（假如可以称作野心的话）无疑是比前两种较为健全和较为高贵的。而说到人类要对万物建立自己的帝国，那就全靠技术和科学了。因为我们若不服从自然，我们就不能支配自然。③

　　出现了非常有意思的东西："野心"为了满足"自己"个人的欲望是"鄙俗的和堕落的"；"野心"为了满足"民族国家"的欲望侵略他国扩张本国的土地和权力就变得虽然还是有"贪欲"却有"较多尊严"；"野心"为了满足"人类"的欲望去征服宇宙扩张人类的土地和权力竟然不再是"野心"了，而变得"无疑是较为健全和较为高贵的"。真是奇怪，"鄙陋和堕落的"个人"野心""类"化之后竟越来越高贵最后变成"雄心壮志"了。或许，真相是，丧失了启示的真理作为对经验归纳的检审与节制能力，人就只能沉迷于自身力量的无限制使用之中，沉迷于力量自我证成合法性的道路。这应该也就是"爱荣誉"的界限了，人的力量向外的无限扩张，征服、占有、屠杀、灭绝都变成理所当然"高贵"的了。只要不是人吃人就算是高贵的了，征服其他文化异类成为人类的荣耀，可是，又有谁人能承担如此"爱荣誉"的灾难结果呢？回想起"语录"第一卷第一条，培根将人定位为"自然的臣相和解释者"，让人作为自然的臣仆；直到第一二九条在第一卷行将结束之时我们终于可以完整地听见培根的"野心"："我们若不服从自然，我们就不能支配自然""人类要对万物建立自己的帝国。"不是做自然的臣仆，而是要做自然的主人，但要从仆

① ［英］培根：《新工具》，许宝骙译，商务印书馆1997年版，第98页。
② 同上书，第90页。
③ 同上书，第103—104页。

人做起，这是对于作为人之"对手"的"自然"充分尊重，只有知己知彼才能百战不殆。① 只有认识到这个份上，我们才能清楚领会"语录"第三条："人类知识和人类权力（力量）归于一。"②

将知识的来源确定为"经验归纳"，把"实验"作为获得真理的唯一方法对知识带来了什么样的影响呢？培根认为，之前人们之所以在科学方面停顿不前，除了目标本身没有摆正外，再就是"选取的道路是完全错误而走不通的"。③ 这是从古希腊开始就走错了的：在亚里士多德学派那里，被"逻辑"败坏；在柏拉图学派那里，被"自然神学"败坏；在新柏拉图学派那里，被"数学"败坏，成为用自己的材料（"理性"）来进行自我幻想编织的"蜘蛛"。④ 培根希望颠倒"理性自明"的道路，从纷杂的现象出发，做采集和使用经验材料的蚂蚁，走经验积累的道路。但又不只是简单的"蚂蚁"，而是要成为"蜜蜂"，紧密结合实验和理性两种机能，既能采集，又能用自己的能力变化和消化。不是借理性演绎形而上学的本体，也非沉迷在经验现象的迷雾之中，而是从经验出发，用理性检审衡量经验，抛开那些欺罔无信粗疏模糊的东西，如同光照驱除黑暗之魅影，获得一些普遍的原理，之后，再降落到实践的工作中获得改造的力量。⑤ 与之前科学最大不同之处就在于：重视观察实验而非思辨，强调从实践出发而非思考。

之所以强调"实验"的重要性是因为"一种比较真正的对自然的解释只有靠恰当而适用的事例和实验才能做到"。⑥ 培根在第七十条中详细讲述了"光"的实验与"果"的实验：

在经验的真正的途程中，在把经验推进至产生新事功的过程中，

---

① ［英］培根：《新工具》，许宝骙译，商务印书馆1997年版，第104页。

② 同上书，第8页。

③ 同上书，第59页。

④ 除自我编织的"蜘蛛"这一类比之外，培根也将希腊理性自明的知识与"孩子的特征"类比："敏于喋喋多言，不能有所制作。"（《新工具》，第49页）其含义为：重理性思辨，而缺乏实践操作的能力，还处在发展进步的初级阶段。

⑤ 参考"光"的实验与"果"的实验相关论述，《新工具》第一卷，第七十、九九、一一七、一二一条。

⑥ ［英］培根：《新工具》，许宝骙译，商务印书馆1997年版，第26页。

我们必须以神的智慧和秩序作我们的模范。且看上帝在创世的第一天仅只创造了光，把整整一天的工夫都用于这一工作，并未造出什么物质的实体。同样，我们从各种经验中也应当首先努力发现真正的原因和原理，应当首先追求"光"的实验，而不追求"果"的实验。因为各种原理如经正确地发现出来和建立起来，便会供给实践以工具，不是一件又一件的，而是累累成堆的，并且后面还带着成行成队的事功。①

首先，需要注意的是，"光"的实验需要在"先"，而"果"的实验在"后"，这看起来是一个先后顺序，但其目的归根结底还是要落在"果"的实验上。就是说"整整一天的工夫去创造光"，却"并未造出什么物质的实体"，确实体现了"光"的实验（理论）的重要性，而这只是为了得到更多的实践成"果"：用五天去创造"物质实体"，"带着成行成队的事功"以"惠赠人类生活"。没有任何迹象的证明能"比从果实方面看到的迹象更确实或更显赫的了"，一天的光比五天的成果制作，如此的投入与产出比才保证收益最大，没有效果说再多的漂亮话有什么用，因为"果实和事功可说是哲学真理的保证人和担保品"。②

其次，培根的"光"的实验，不仅仅是"努力发现真正的原因和原理"。培根用"人发现和建立各种原理"来类比上帝"创世第一天的创造光"，如此类比，培根真正的意思其实是：人需要模仿"上帝"用自己的"工作"去创造"光"，逼迫作为遮蔽的自然显示。下面这段话可以帮助我们理解：

> 要仅就某一事物自身来查究该事物的性质，这乃是最笨不过的做法。因为同一性质可以在某些事物当中是隐而不露，而在另一些事物当中则是显而易见……事实上有些在某些事物中看来是隐秘的而在另一些事物中则属显著而周知的性质，人们的实验和思想若永远仅仅投在前一些事物上，那么他就永远不会认识到其中的这些性质。③

---

① ［英］培根：《新工具》，许宝骙译，商务印书馆 1997 年版，第 46 页。

② 同上书，第 49 页。

③ 同上书，第 68 页。

"某一事物"指的是自然物："如磁石的性质，海潮的涨落，天体的系统，以及诸如此类的事物"，这些事物的性质是处于"隐匿"之中的，自然喜欢隐匿自身。培根要求我们不要停留在这些事物之上，必须转而求助于"另一些事物"：人造物，模仿机械工匠制造工具，使用技艺"精化一下，装饰一下；或者把几个合为一个；或者把它们装配得更合于实用；或者把作品的容积改得比前较大或较小一些"，以及等等与此类似的工作，才能够取得发现获得成果。也就是说，只有通过技艺和技术操作才能逼迫自然呈现自身的秘密，才能把握自然。例如，第九十八条中将人性情以及内心和情感的隐秘活动与自然的秘密类比：

> 正如在生活事物方面，人的性情以及内心和情感的隐秘活动尚且是他遇到麻烦时比在平时较易发现，同样，在自然方面，它的秘密就更加是在技术的扰动下比在其自流状态下较易暴露。①

以及，第一零九条提出要使用一些方法来逼迫自然显露：

> 在自然的胎宫中还贮有许多极其有用的秘密东西……迄今尚未被发现出来。无疑，在此后若干年月的行进和运转当中，这些秘密迟早亦要同其他已经现出的东西一样自行现露出来；不过若是使用现在所论的方法，我们就能迅速地、痛快地、同时一齐地把它们引现出来和提前促成罢了。②

由此可见，培根要求使用技术逼迫自然显露自身，进而掌握自然。上帝创造了光，人模仿上帝创造"光"，进行"光"的实验创制工具解蔽自然世界，"果"的实验随之而来对自然进行改造。于是，人自以为不但能够解蔽上帝创造的自然，而且能够进行属人的创制改造自然，成为自然的统治者就是理所当然的事情了。此刻，我们耳畔似乎又回响起《安提戈涅》第一合唱歌的颂词："在技巧方面他有发明才能，想不到那样高明""什么事他都有办法，对未来的事也样样有办法，甚至难以医治的疾病他

---

① ［英］培根：《新工具》，许宝骙译，商务印书馆 1997 年版，第 78 页。

② 同上书，第 85 页。

都能设法避免"，看起来，上帝能做的事情人样样能做，那再胆大妄为一点有何不可，再往前走一步，取而代之？

最后，知识成为求力量的手段而技术工具化。实验明确了需要得到的结果，再去人为地创造实验的条件，使得自然事物在人为的设想状态下运动，达到预先设定的结果。自然事物不再是自然的，而是技艺和操作进行加工改造的对象，人按照自己的意图对周围世界进行改造进而进行统治。知识技术化，新技术的出现直接决定着主体对于对象（自然）的控制程度。方法论在近代哲学中愈见其重要性，方法不再简单作为工具为科学服务，而是颠倒过来，使用什么样的方法就决定了自然对人以何种方式显现，而且决定着主体如何塑造对象，特定的仪器和设备决定了科学研究的方向和领域范围——工具性是实验科学的主要特征。

知识技术工具化，实用性获得成果成为评价的唯一标准。培根极尽言辞赞赏了印刷术、火药和指南针这三项技术工具的发明和运用："在世界范围内把事物的全部面貌和情况都改变了"，"竟至任何帝国、任何教派、任何星辰对人类事务的力量和影响都仿佛无过于这些机械性的发现了"。①工具的实用性就在于能够把自然构造成可预测、可统治的对象，使得人之力量似乎能够无限扩展其边界。知识丧失了启示自明性转变为操作性的技术而工具化成为手段，是"任何帝国、任何教派"都能使用的手段。工具的效率就成为衡量真理多少的标准。

第二节　海德格尔对技术的追问

在《技术的追问》② 一文中，海德格尔颇为无奈地表示：无论我们是痛苦地肯定还是否定技术，我们都不得不受缚于它。可是，如大家通常意见所认为的那样：只把技术当作某种中性的东西来考察，那么"我们便最

---

① ［英］培根：《新工具》，许宝骙译，商务印书馆1997年版，第103页。

② ［德］海德格尔：《技术的追问》，载于孙周兴选编《海德格尔选集》，上海三联书店1996年版，第924—954页。参照英译本 Martin Heidegger, *The Question Concerning Technology*, from *The Question Concerning Technology and Other Eassays*, translated by William Lovitt, New York：Harper and Row, 1977, pp. 3-35。

恶劣地被交付给技术了"。① 作为技术工具不是谁都能够使用吗，技术作为手段难到不是中立的吗？海德格尔为什么竟然使用了"最恶劣"这样的词语来提示危险发出警告？要回答这些疑问，我们就要跟随海德格尔追问技术的本质。在开始之前，让我们先来听听在《世界图像的时代》一文中，海德格尔对技术下的判断："机械技术始终是现代技术之本质的迄今为止最为显眼的后代余孽，而现代技术的本质是与现代形而上学的本质相同一的。"② 我们都知道，海德格尔竭力同形而上学做斗争，而"技术的本质与形而上学的本质相同一"这个判断也算增进了我们理解海德格尔为什么批判技术的角度和深度。除此之外，海德格尔那决绝的判断——"机械技术"是"迄今为止最为显眼的后代余孽"，也显示了海德格尔的前沿性和局限性，信息技术人工智能是更为显眼的"后代余孽"吗？

　　"通行于世""尽人皆知"的关于技术的两种观念为：技术是合目的的工具；技术是人的行为。海德格尔称之为"工具的和人类学的技术规定"。这两种观念是明摆着正确的：第一，设定目的，制造和"操纵"合目的的工具；第二，达到目的，获得本来放进去的东西。然而，这种技术工具性的观念取决于，人们必须"以得当的方式使用作为工具的技术"，要"在精神上操纵"技术工具。其中，关节点在操纵时的"得当的方式"，否则自然无法"合目的"。在此种"操纵"要求之下，技术反而愈是展现出"脱离人类的统治的危险"，进而，人们"对于技术的控制意愿就愈加迫切"。海德格尔提出了自己的疑惑，如果技术作为工具只是中立手段的话，那么这种要求"控制技术的意志又是怎么回事呢？"更有可能的是，这两种习常关于技术的观念虽然正确，但并不真实，"技术的正确的工具性规定还没有向我们显明技术的本质"。③

　　通过对"四因""招致"——"使……呈现""产出""技艺"这些语词的层层剥离考察，海德格尔将技术的本质锁定为解蔽（ἀλήθεια 真理）。技术不仅是手段，它"乃是一种解蔽方式"，在"真理的发生领域中成其本质"。接下来，海德格尔凭借经验将古典手工技艺与现代动力机

---

　　① ［德］海德格尔：《技术的追问》，载于孙周兴选编《海德格尔选集》，上海三联书店1996年版，第925页。

　　② ［德］海德格尔：《世界图像的时代》，载于《海德格尔选集》，第885页。

　　③ ［德］海德格尔：《技术的追问》，载于孙周兴选编《海德格尔选集》，上海三联书店1996年版，第925—926页。

械技术区分开来：都是解蔽，但古典手工技艺的解蔽有保护的意义，而"在现代技术中起支配作用的解蔽乃是一种促逼（Herausfordern），此种促逼向自然提出蛮横要求，要求自然提供本身能够被开采和贮藏的能量"。①德语动词 Herausfordern（"促逼"）所要表达的是人对自然挑战、挑衅的蛮横姿态。古代的风车"直接地听任风的吹拂"，"并没有为了贮藏能量而开发出气流的能量"；农民耕作田野，"把种子交给生长之力，并且守护者种子发育"。而现代的工业化生产则成为"自然的订造"（Bestellen），"促逼"自然：

> 耕作农业成了机械化的食物工业。空气为氮料的出产而被摆置，土地为着矿石而被摆置，矿石为着铀之类的材料而被摆置，铀为着原子能而被摆置，而原子能则可以为毁灭或和平利用的目的而被释放出来。②

技术解蔽自然之神秘，自然被当作获得"能量"的对象，人促逼利用自然将自然仅仅当作"持存"来"订造"，土地隐藏的能量不再以种子的生长而是以原子能量的形式被解蔽释放出来，大地以投入产出的能量方式显示自身。而且，值得注意的是，从土地到矿石到铀到核能的自然能量之开发、转变、储藏、分配、转化的"摆置"之路所指向的是"毁灭或和平利用"，最终可能走向"毁灭"。海德格尔在此明确提出警告，技术促逼自然的解蔽之路，是一条"毁灭之路"。为什么海德格尔要将"毁灭"提示出来？技术有"脱离人类的统治的危险"，造成人类的"毁灭"，不正需要我们增强对技术的控制？人难道不能控制作为手段的"技术"吗？

这些问题有两个面向：一方面，作为技术解蔽出来的"持存"与自然是什么关系？即上文所提到的两种大地显示自身的方式：以"种子生长"显示自身的大地，以"原子能量"显示自身的大地，这两种显示与大地自身有着什么样的联系？另一方面，人在解蔽中做了什么样的工作，

---

① ［德］海德格尔：《技术的追问》，载于孙周兴选编《海德格尔选集》，上海三联书店1996年版，第932—933页。

② 同上书，第933页。

能支配技术进行解蔽吗？也就是说，通过加强对技术的控制以避免走向"毁灭之路"可行吗？

跟随着海德格尔的思路继续下去：

> 通过促逼着的摆置，人们所谓的现实便被解蔽为持存。谁来实行这种摆置呢？显然是人啰。但人何以能够做这种解蔽呢？诚然，人能这样那样地把此物或彼物表象出来，使之成形，并且推动它。可是，现实向来于其中显示出来的无蔽状态，却是人所不能支配的。自柏拉图以降，现实就在理念之光中显示自身——这一事实并非由柏拉图造成。这位思想家只不过是响应了那个向他说出自己的东西而已。①

人确实通过从事技术（"促逼着的摆置"）而参加到解蔽中去，将"此物或彼物表象出来，使之成形，并且推动它"。但"解蔽不是人的单纯制品"，人本身先受到了促逼，之后才会去促逼自然以能量的方式现身，此种"订造着的解蔽才能进行"。例如，护林人已被木材应用工业定制成为人力资源、病患为医院定制成为病人资源，这些说法所表示的就是人比自然能量更原始地受到了促逼，被促逼进入订造中。而且，"现实向来于其中显示出来的无蔽状态，却是人所不能支配"，换句话说，"订造得以展开自己的那种无蔽状态从来不是人的制品"。"无蔽领域之无蔽状态"是"自行发生的"，人"只不过是应合于无蔽状态的呼声（Zus-pruch）"，被"召唤入那些分配给人的解蔽方式之中"，柏拉图"只不过是响应了那个向他说出自己的东西而已"。② 所以，海德格尔总结道：

> 如果说人通过研究和观察把自然当作他的表象的一个领域来加以追踪，那么，他已经为一种解蔽方式所占用，这种解蔽方式促逼着人，要求人把自然当作一个研究对象来进攻，直到连对象也消失于持存物的无对象中。③

---

① ［德］海德格尔：《技术的追问》，载于孙周兴选编《海德格尔选集》，上海三联书店1996 年版，第 936 页。

② 同上书，第 936—937 页。

③ 同上书，第 937 页。

  技术并非单纯是人的行为，人更原始地受到促逼的摆置，逼迫人将现实作为持存物来订造。海德格尔使用"座架"（Ge-stell）一词来命名此种促逼着的要求，"这种要求把人聚集起来，使之去订造作为持存物的自行解蔽的东西"。海德格尔用这个词来表示现代技术的本质。接着，让我们跟随海德格尔对这个词做出分析，阐明其动名词含义。其德语前缀 Ge-有"聚集"之义，海德格尔从"山脉""情绪"思索而来：把"群山"（Berge）聚集起来得到"山脉"（Gebirg）；把"情绪"（Mut）聚集起来得到"性情"（Gemut），"座架（Ge-stell）意味着对那种摆置（stellen）的聚集"。而"摆置"（stellen）一词有两种含义："不仅意味着促逼"成为持存物，也是"制造和呈现"（Her- und Dar-Stellen），即"在 ποίησις（创作，作诗）意义上使在场者进入无蔽状态而出现"。后一种意义的"使……出现"的创作与"促逼着的订造"本质类似：同为解蔽（ἀλήθεια）之方式，以种子的生长显示与以原子能量显示都是对于大地的解蔽，但不同的是"现代技术的工作依此无蔽状态而把现实事物揭示为持存物"。将存在之生成固置为持存物，就取消了"使……呈现"的生成方式，将大地固置为能量的储存体，将能量的显示固置成大地之唯一可能的显现方式。"使……出现"的创作与"促逼着的订造"是两种不同层次的"摆置"，"现代技术既不仅仅是一种人类行为，根本上也不只是这种人类行为范围内的一个单纯的工具"。对于"通行于世""尽人皆知"之"工具的和人类学的技术规定"，海德格尔予以驳斥，认为这个定义固然"正确"但尚未通达本质并不"真实"。海德格尔提议，不再以人类中心主义的视角去看，不仅仅只是人促逼自然显现，而是更早先地任由"无蔽领域之无蔽状态"的"自行发生"，听从"无蔽状态的呼声"（Zuspruch），从而被召唤进入"那些分配给人的解蔽方式之中"。①

  一路追问技术的我们应合技术之本质的召唤，到达了技术的近处：技术不是技术因素也不是机械类的东西，而是"现实事物作为持存物而自行解蔽的方式"。此种解蔽并不是在"人类行为之外的某个地方发生的"，但"也不仅仅是在人之中发生的"，而且"并非主要地通过人而发生的"。与人相关，但人的位置并非处于中心。"座架"（Ge-stell）作为"摆置的

---

  ① ［德］海德格尔：《技术的追问》，载于孙周兴选编《海德格尔选集》，上海三联书店1996 年版，第 937—939 页。

聚集"，也摆置着人，"使人以订造方式把现实事物作为持存物而解蔽出来"，而人早已经"处于座架的本质领域之中"，早已经接受了"一种与座架的关系"，解蔽早已自行发生。技术给人指出了一条解蔽之路：以订造的方式将现实事物解蔽为持存物。德语词"遣送"（schicken）的意义为"给……指点道路"，而"命运"（Ge-schicken）则命名了解蔽之道路的聚集，技术只是解蔽的方式之一。解蔽是人类的命运，"解蔽之命运总是贯通并支配着人类"，但"命运绝不是一种强制的厄运"，当人类"归属于命运领域从而成为一个倾听者"时，人就是自由的。① 海德格尔对于自由的思考与解蔽和遮蔽相关：

> 解蔽（即真理）之发生就是这样一回事情，即自由与这种发生处于最切近和紧密的亲缘关系中。一切解蔽都归于一种庇护和遮蔽。而被遮蔽着并且始终自行遮蔽着的，乃是开放者，即神秘（Geheimnis）。一切解蔽都来自开放领域，进入开放领域，带入开放领域。开放领域之自由既不在于任性蛮横的无拘无束中，也不在于简单法则的约束性中。自由乃是澄明之际遮蔽起来的东西，在这种东西的澄明中才有那种面纱的飘动，此面纱掩蔽着一切真理的本质现身之物，并且让面纱作为掩蔽着的面纱而显现出来。自由乃是那种一向给一种解蔽指点其道路的命运之领会。②

神秘（Geheimnis）是"被遮蔽着并且始终自行遮蔽着的"，但也作为"开放者"，自行解蔽进入开放领域现身于在场状态，犹如黑暗中敞开光亮的区域。解蔽的过程首先是敞开一个开放领域，开放者与人共同现身于此开放领域，"进入开放领域"之中，"带入开放领域"之中。此"开放领域之自由既不在于任性蛮横的无拘无束中，也不在于简单法则的约束性中"，人之意志和理性都无法主导，并非人主动进入开放领域认识对象，而是人遵从"命运"之"遣送"从而被召唤带入此开放领域，带入"那些分配给人的解蔽方式之中"。"面纱"则作为解蔽即遮蔽、显现即隐藏

---

① ［德］海德格尔：《技术的追问》，载于孙周兴选编《海德格尔选集》，上海三联书店1996年版，第941—942页。

② 同上书，第943页。

的象征，喻示着一切解蔽同时都是遮蔽。"自由乃是那种一向给一种解蔽指点其道路的命运之领会"，其含义就是人要作为一个倾听者，领会"命运"（Ge-schicken）作为"遣送"（schicken）的意义，既遵从光走向解蔽之路——"给解蔽指点其道路"这个"无可更改的事件的不可回避"，也作为看林人守护黑暗——此解蔽即自行遮蔽，掩盖了其他种类的解蔽方式。看林人听从召唤的"被使用"而被带入光亮之中，进入"那些分配给人的解蔽方式之中"，却对始终处于黑暗之中"被遮蔽着并且始终自行遮蔽着的"神秘保持敬畏守护之心。这绝不是听从那种四处传播的说法："技术是我们时代的命运"，被强制成为技术的奴隶。①

海德格尔的解蔽/遮蔽过程是光、人的眼睛与自然三方的运作过程。首先，光提供了一个敞开的光亮领域；然后，眼睛与自然物进入这个光亮领域，人是观察者，不是制作揭露者，而是守护者。人自以为能够通过制作强迫自然展现，可是自然物以何种方式现身，展露自身到什么程度都不是人所能控制的。任何事物都可能以一种不同的方式现身，不同的眼睛观察到的东西也会有所不同。在认识的过程中解蔽出来与遮蔽掉的同样多，自然是带着面纱自行遮蔽拒绝显露自身的。

为什么海德格尔说"技术是我们时代的命运"，命运是命中注定的吗？此"命运"绝非强制，"逼使我们盲目地推动技术"，但也不是二元逻辑非此即彼（"那始终是同一回事情"）——"无助地反抗技术，把技术当作恶魔来加以诅咒"，而是要向技术之本质开启自身，倾听解蔽之命运的二重性回归人之本质：

> 由于命运一向为人指点一条解蔽的道路，所以人往往走向（即在途中）一种可能性的边缘，即一味地去追逐、推动那种在订造中被解蔽的东西，而且从那里采取一切尺度。由此就锁闭了另一种可能性，即人更早、更多并且总是更原初地参与到无蔽领域之本质及其无蔽状态那里，以便把他所需要的对于解蔽的归属性经验为他的本质。②

---

① ［德］海德格尔：《技术的追问》，载于孙周兴选编《海德格尔选集》，上海三联书店1996年版，第943页。

② 同上书，第944页。

　　"一味地去追逐、推动那种在订造中被解蔽的东西"，从技术那里采取一切尺度，就产生了某种真理的暴力。将存在敞现之"某一"固置为"此一"持存物，再将"此一"定为"唯一"真理使之成为"尺度"，即将大地固置为能量的储存体，将能量的显示固置成大地之唯一可能的显现方式，也就失去了作为非能量形态存在的大地，作为守护者本身的大地。如果将技术（座架）作为唯一的解蔽方式，那么"由此就锁闭了另一种可能性"，人作为看护者"更早、更多并且总是更原初地参与到无蔽领域之本质及其无蔽状态那里"，不但遮蔽了其他解蔽方式，甚至解蔽显现即遮蔽，遗忘了存在之神秘。

　　正是"由于命运一向为人指点一条解蔽的道路（座架指引着那种具有订造方式的解蔽之路），所以人往往走向（即在途中）一种可能性的边缘"，正是由于人被带入了上述可能性之中，解蔽之命运总是蕴含着危险（Gefahr）。此种危险在以下两个层面向我们表明自身。

　　一层，在人与其自身和一切存在者的关系上危害着人。人们根据因果关系来描述一切在场者的地方，一切神圣性和崇高性都消失了，遥远的神秘性也丧失了。自然世界被牛顿力学统治表现为可计算的力之相互作用，功利实用的效果论成为最有效的评判标准。人只是作为持存物的订造者，"好像周遭一切事物的存在都只是由于它们是人的制作品"，于是"人膨胀开来，神气活现地成为地球的主人的角色"。人走到了悬崖的最边缘，"在哪里都不再碰到自身，亦即他的本质"。[1]

　　另一层，技术之座架所指引的订造占统治地位之处，就驱除了任何另一种解蔽的可能性，而且还遮蔽了解蔽本身。座架遮蔽了"产出"的解蔽方式——"在 ποίησις（创作，作诗）意义上使在场者进入无蔽状态而出现"。而且在此种促逼着的摆置之下，"对持存物的控制和保障"使得仿佛一切都处于光亮之下，而不再让解蔽作为对于存在的遮蔽显露出来。"因此，促逼着的座架不仅遮蔽着一种先前的解蔽方式，即产出，而且还遮蔽着解蔽本身，与之相随，还遮蔽着无蔽状态即真理得以在其中发生的那个东西。"[2]

---

　　① ［德］海德格尔：《技术的追问》，载于孙周兴选编《海德格尔选集》，上海三联书店1996年版，第944—945页。

　　② 同上书，第945—946页。

"危险的并非技术",并不是"可能有致命作用的技术机械和装置",而是"技术之本质作为解蔽之命运乃是危险"。技术之"座架"威胁到了人的本质:"人类也许已经不能进入一种更为原始的解蔽而逗留,并从而去经验一种更原初的真理的呼声了。"此种危险是深植于解蔽命运之中的,"哪里有危险,哪里也有救",在有最极端危险的地方——技术之座架越是显明自身成为第一生产力的今天,救渡早已最深地植根并生长在座架运作之中了。①

接下来对于技术之本质的"本质"(Wesen)一词进行思考,海德格尔在拉丁语中找到了"'普遍的'种类"但又放弃了,为"家政"(Hauswesen,即"家"Haus 与"本质"wesen 复合)和"国体"(Staatswesen,即"国家"staat 与"本质"wesen 复合)所启发——"指家庭和国家运行、管理、发展和衰落的方式",将"本质"作为动词领悟为"现身方式"。而动词 wesen 派生出名词 Wesen。海德格尔将 Wesen 与德语词"持续"(währen)相联系——两者在含义和语词构成上相符合。接着,从早先希腊人那里获得灵感,"苏格拉底和柏拉图早就把某物的本质思考为持续物意义上的现身之物了",此"持续物"是在"永久持续之物"(Fortwährendes)的意义上得到思考。希腊人(亚里士多德)在"一切出现之物的东西中"和"外观 中"寻找这种持续存在之物。但无法得到证实的是:持续物唯一地植根于柏拉图所思考的理式,或者亚里士多德所思考的"每个物向来所是的那个东西",以及形而上学所设立的形形色色的本质(essentia)中。② 海德格尔之所以将形而上学的本质与技术的本质相同一,其含义也就在此:与技术一样,形而上学真理的唯一性与"普世"性是无法得到保证的,都是依靠强力成型塑造出来的合法性。参照技术的二重性命运来理解,永久持续之物以此种或彼种方式现身,不能将某一种固置成唯一一种,如此就遮蔽了其他种的显现方式。而且,从现身光之中的"一切出现之物的东西"和"外观"去思入寻找"永久持续存在之物"本身就造成了对于"永久持续存在之物"的遮蔽。

于是,海德格尔提出疑问:"一切现身之物持续着。但持续物是永久持

---

① [德]海德格尔:《技术的追问》,载于孙周兴选编《海德格尔选集》,上海三联书店1996 年版,第 946 页。

② 同上书,第 947—949 页。

续之物吗？"歌德将 fortwähren（永久持续）写作 fortgewähren（永久允诺），海德格尔跟随歌德听出了 währen（持续）与 gewähren（允诺）"两词之间的未曾道出的一致"，将"真正持续的并且也许唯一地持续的东西"思为："只有允诺者才持续。原初地从早先而来的持续者乃是允诺者。"①

技术的本质"座架"是促逼着的解蔽，可如何来理解"解蔽是技术的命运"呢，座架是持续者，技术座架之促逼怎么可能在允诺者的意义上运作呢？海德格尔提醒我们注意："即便那种进入对作为持存物的现实的订造中的促逼也还是一种给人指点一条解蔽道路的遣送。"座架之命运乃是最极端的危险，"人往往走向（即在途中）一种可能性的边缘"，但这种命运中也生长着救渡，人要守护此种救渡，重新遭遇自己的本质：

> 因为这种允诺才把人送到那种对解蔽的参与中，而这种参与是解蔽之居有事件（Ereignis）所需要的。作为如此这般被需要的东西，人被归本（vereignen）于真理之居有事件。这样或那样遣送到解蔽之中的允诺者，本身乃是救渡。因为这种救渡让人观入他的本质的最高尊严并且逗留其中。这种最高尊严在于：人守护着无蔽状态，并且与之相随地，向来首先守护着这片大地上的万物的遮蔽状态。②

技术之座架总是"咄咄逼人地把人拉扯到被认为是唯一的解蔽方式的订造中，并且因而总是把人推入牺牲其自由本质的危险之中"，然而，救渡就恰恰在这最极端的危险之中显露出来，"人对于允诺者的最紧密的、不可摧毁的归属性显露出来了"。③ 人必须守护此种救渡的升起，不要固置于技术性的东西，将技术仅表象为工具，受缚于希图控制技术的意志，而是要深入技术的本质，将技术作为解蔽之命运。在订造的无可阻挡与救渡的被抑制层面，海德格尔带领我们再次经历此技术解蔽之命运的二重性并提示人之使命——成为守护者守护救渡的升起：

---

① ［德］海德格尔：《技术的追问》，载于孙周兴选编《海德格尔选集》，上海三联书店1996年版，第949页。

② 同上书，第950页。

③ 同上书，第950页。

一方面，座架促逼入那种订造的疯狂中，此种订造伪装着每一种对解蔽之居有事件（Ereignis）的洞识，并因而从根本上危害着与真理之本质的关联。

另一方面，座架自行发生于允诺者中，此允诺者让人持存于其中，使人成为被使用者，用于真理之本质的守护（Wahrnis）——这一点迄今为止尚未得经验，但也许将来可得更多的经验。如此，便显现出救渡之升起。①

如果仍然跟随那些习常的意见，将技术作为工具，认为技术造成的危险正是需要加强对技术控制、寻求技术的创新依靠技术本身来解决技术的问题，将技术视为达到人类目的的手段，那就遗忘了人之本质。如果仍然认为人类使用工具认识自然改造自然，自以为解蔽了一切，成了自然和世界的主人，那就仍然陷入在一种人类中心的视角之中，就陷入了最极端的危险之中，海德格尔用"毁灭"来提示这种危险。此种技术订造的促逼方式作为解蔽之命运固然无可阻挡，但决不能够被此种方式的伪装——"伪装着每一种对解蔽之居有事件（Ereignis）的洞识"——蒙蔽，将此种方式之"某一"固置成"唯一"的方式。

那永久持续者自行解蔽敞开进入光亮领域，知识技术以促逼的方式要求解蔽，技术之座架此一种解蔽方式总是掩盖了其他解蔽方式而把人推向遗忘其本质的危险之中，但无论何种解蔽总是指向那早先而来的永久持续者——允诺者；此自行解蔽之允诺者始终自行遮蔽着，解蔽即遮蔽，神秘之黑暗拒绝为知识之光所穿透。人要从统治者的中心位置上退下来，人之自由既不在于任性蛮横的无拘无束中，也不在于简单法则的约束性中，而是成为"被使用者"，用于守护身处遮蔽之中拒绝解蔽的神秘。"这一点迄今为止尚未得经验，但也许将来可得更多的经验。"②

技术并非如培根那样仅仅表象为改造自然的工具，海德格尔思入技术的本质，将技术作为解蔽的一种方式，此种解蔽的方式有着两个层面的危险：一层，将技术作为唯一的解蔽方式就遮蔽了其他的解蔽方式；另一

---

① ［德］海德格尔：《技术的追问》，载于孙周兴选编《海德格尔选集》，上海三联书店1996年版，第951页。

② 同上。

层，任何解蔽都是遮蔽，将处身于黑暗之中拒绝解蔽的存在之神秘表象为此一存在者，是对于存在自身的遮蔽。但是，海德格尔对于技术并不是单一的否定，而是将技术之解蔽作为人之命运，人要倾听存在的召唤成为守护者，认识到技术解蔽自身的限度而对其他的解蔽方式、对拒绝解蔽的存在之神秘保持敬畏之心，认识到人自身的限度而成为守护者。海德格尔关注对技术理性专制的批判，并非简单以非理性反抗理性，而是以这种裂隙的思考方式倾听存在呼唤将技术理性带向其边缘状态、将形而上学带向边缘、将人带向其存在的边缘。

第三节　福柯的"权力/知识"

在德尔菲抽得神签的并非只有道德学派的苏格拉底，还有犬儒学派的第欧根尼，第欧根尼有"发疯的苏格拉底"之称。据第欧根尼·拉尔修的《明哲言行录》所说，有人问柏拉图，"你认为第欧根尼是什么样的人"？柏拉图的回答是："发疯的苏格拉底。"① 虽然，同为"苏格拉底"的不同形态，但是，两人抽得的神签完全不同：苏格拉底抽到的是，认识你自己；第欧根尼抽到的是，改变你自己。②

这是两位完全不同的先驱、两种可能的模式，显示了两条背道而驰的探索"真实"的道路。

---

① ［古罗马］第欧根尼·拉尔修：《明哲言行录》，马永翔等译，吉林人民出版社 2003 年版，第 361 页。参考 ［美］詹姆斯·米勒《福柯的生死爱欲》（高毅译，上海人民出版社 2003 年版）第十一章的相关部分。福柯所考察的两条路向是苏格拉底和第欧根尼（发疯的苏格拉底），福柯自认为是第欧根尼的现代传人。

② 第欧根尼抽得的是"改变政治通货的价值"（political currency）（第欧根尼·拉尔修：《明哲言行录》，第 346 页）。他要涂改的并非现实的钱币，可参考：

他（第欧根尼）一生的志愿也是要做他父亲所做过的事，要"涂改货币"，可规模要大得多。他要涂改世上流行的一切货币。每种通行的印戳都是假的。人被打上将帅与帝王的印戳，事物被打上了荣誉、智慧、幸福与财富的印戳；一切都是破铜烂铁打上了假印戳罢了（罗素：《西方哲学史》，何兆武、李约瑟译，北京商务印书馆 1982 年版，第 294 页）。

第欧根尼用一种"发疯的苏格拉底"的方式：用肉体对抗理性，用生命（bios）对抗逻各斯（logos），将人的 bios 当作"真实的直接、外露和野性的存在"（詹姆斯·米勒：《福柯的生死爱欲》，第 502 页）。此处写为"改变你自己"一方面是为了与"认识你自己"形成对照；另一方面是第欧根尼与福柯的方式都是呼唤生命（肉身）的力量，"通货"是性、是人的肉身。

　　苏格拉底在德尔菲神庙得到的神签为"认识你自己"，其含义就是人心中的理性受到了神义的感召，人要听命于规定人指引人的"普遍理性"，通达此普遍理性即可通达神义。肉身欲望成为束缚理性上升的牢笼，是理性为了通达神义所必须抛弃的东西。苏格拉底所开创的理性主义传统为柏拉图和亚里士多德所定型直到尼采的颠覆汇聚成为西方形而上学的源流，这是一条"发现真理"的道路。

　　而第欧根尼得到的神谕是"改变政治通货的价值"，而"事实上伪造钱币"就是要"赋予自然权利的权威远远大于赋予习俗的权威"，对自由的爱胜过一切。① 他认为这是神召唤人们改变传统的习俗和法规，"重估一切价值"，尤其是"苏格拉底""柏拉图"传统。以"犬"自称以突出"价值的重铸"，毫无羞耻地满足自己动物性的需求，以一个个"高峰体验"来探索人类理性的限度。詹姆斯·米勒的这种叙述方式，更多的还是站在福柯的角度上进行后叙，"第欧根尼把哲学看作一种极限体验场所，总是把思想推向它的断裂点——正像福柯一样"，"哲学的生命乃是做人的动物性"。过一种肉体自由的生活是福柯在第欧根尼那里找到的内在联系，使得福柯自愿成为"现代犬儒派的典型人物"。② 福柯身体力行地跟随第欧根尼和尼采的"血缘"，探寻身体的"性"能否改变历史和理性所规定的人"性"，从而改变人自身。

　　虽然在方法上有极大的不同（道德生活、理性的普遍原则、对身体的贬抑），但是与尼采（将苏格拉底作为自己最强大的对手）一样，苏格拉底也是福柯的典范。在结束第欧根尼与福柯的一致性论述时，詹姆斯·米勒笔锋一转：关键性的难题出现了，我们无法抛弃"认识你自己"的道路，第欧根尼和苏格拉底一样非常重视"认识你自己"这一训诫。福柯逝世之前在一次会谈中提问："我们为什么只能透过关怀真实来关怀我们自己？"他的回答十分尖刻："直到今天，还没有任何迹象表明我们可以在这一点之外制定一套（超越"真实关怀"）战略。"③

　　福柯是如何理解"认识你自己"与"改变（关心）你自己"的关系

---

　　①　[古罗马]第欧根尼·拉尔修：《明哲言行录》，马永翔等译，吉林人民出版社 2003 年版，第 369—370 页。

　　②　[美]詹姆斯·米勒：《福柯的生死爱欲》，高毅译，上海人民出版社 2003 年版，第 501—503 页。

　　③　同上书，第 504 页。

呢？"主体"与"真实"的关系是什么样的呢？

在 1982 年法兰西学院的演讲中，福柯将"认识你自己"与"关心你自己""成双成对"。但是，两者并非同等的关系，"更多的是指'认识你自己'这一法则是低于'关心你自己'这一神谕的"，在"关心的尽头"，才出现了"认识你自己"这一法则。① 为什么做这样的设定呢？我们需要从福柯所面对的问题开始，福柯从海德格尔那里得到了问题的来源：

> 如果大家同意（如果不是作为假说，那么至少是作为标志）——总之，比假说高一点，比论点低一点——这一观念，即如果大家想理解什么是希腊人以来的西方思想的客体化形式，那么也许必须认为到了某个时候，在带有古典希腊思想特点的某些情况下，世界成了"tekhnê"的相关物。②

这句话的注释中提到，福柯在这里"暗示的两篇著名文本"就是：胡塞尔的《欧洲科学的危机与先验现象学》与海德格尔的《技术的追问》，而且福柯很早就深入研读过这两篇文本。

在 1981 年纽约演讲的手稿中，福柯对于自己的任务做出了明确的说明：

> 对于海德格尔来说，对对象的认识是从西方的"技术"（tekhnê）开始掩盖了存在的遗忘。我们再回到这个问题上，我们要问，是从哪些技术（tekhnai）出发，西方的主体开始形成，真理与错误以及规定它们的自由与约束的相互作用开始绽现。③

如果说海德格尔是通过反思现代机械技术对于自然的解蔽来思考人的命运，那么福柯给自己下达的任务就是：通过反思现代技术（生物技术和基因技术）和自我技术（心理技术、精神分析）对人自身的解蔽——使得一切成为图表而信息化透明化的解蔽——来思考主体的命运。也就是

---

① ［法］福柯：《主体解释学》，余碧平译，上海人民出版社 2005 年版，第 4—5 页。

② 同上书，第 505 页。

③ 同上书，第 543 页。

说，福柯要说明的是"关心自己，特别是斯多亚主义的考验实践作为认识和改变自己的机会是怎样把世界变成了主体出现的地方"。①

对自然和人的解蔽"认识"都暗含着"统治"，技术解蔽"是为了被认识、比较和控制"。② 可是，解蔽又不能不进行，我们"只能透过关怀真实来关怀我们自己"，真实"是我们无可避免的命运"。③ 福柯所要抗争的并不是放弃"认识你自己"，并不是要放弃"真实"，而是让 bios 摆脱 tekhnê 的控制：不要认为先认识真理才能改变自己，而是只能在改变中获得认识。

我们必须在福柯所理解的"主体"与"真理"的关系中才能领悟 bios 的运作。福柯首先排除形而上学的思维方式，哲学不是询问"何谓真，何谓假"这样的问题，而是询问"什么使得存在和可能存在真和假，以及人们能够或不能够区分真和假"。也就是说，所要询问的不是主体认识对象以及主体的能力，而是真理如何生成的问题，即"什么允许主体达到真理"。福柯要求主体通过改造自身——"净化、禁欲、摒弃、目不斜视、改变生存"等一整套探究、修养和体验（"精神性"）——来达到真理。将主体对自身的改造，作为"达至真理的代价"。福柯论述了"精神性"的三个特点：

> 精神性要求真理不是通过一次简单的认识活动而给予主体的……精神性要求为了达至真理，主体必须改变自己，转换自己，在一定程度上与自身不同。真理只是以置主体的存在于互动之中为代价才给予主体的……
>
> ……我认为"爱"（Eros）（爱的运动）和"苦行"（askêsis）（劳作）是人们在西方精神性中用来理解主体为了最终成为能够获得真理的主体而必须有所改变的样式的两个主要方式……
>
> ……对于精神性来说，如果认识活动没有通过某种主体（非个人，而是主体自身的存在）的改变来做准备、陪伴、配合和完成，它

---

① ［法］福柯：《主体解释学》，佘碧平译，上海人民出版社 2005 年版，第 543 页。参考杨大春《反思的现代性与技术理性的解构——海德格尔与福柯论现代技术问题》，《自然辩证法研究》2003 年第 19 卷第 2 期。

② ［法］福柯：《主体解释学》，佘碧平译，上海人民出版社 2005 年版，第 505 页。

③ ［美］詹姆斯·米勒：《福柯的生死爱欲》，高毅译，上海人民出版社 2003 年版，第504 页。

是无法最终给出通向真理之路的……①

　　我的存在与真理是在不断的"互动之中"，主体并不是如形而上学所规定的那样有着不变的固有本质——"我"是不断生成变化着、创造着的，真理不断变化成为破碎的、断裂的。这样一来，形而上学通过认识固有本质而发现真理的方法就行不通了。"真理不是通过一次简单的认识活动而给予主体"，而是需要主体"改变自己""转换自己""与自身不同"，通过不断地重新认识，最重要的就是要重新认识到自我的改变和创造。即便人要认识自己，也是要在改变了的自己中认识自己。这样一来，不但真理是不断创造生成的，创造真理的人也在不断进行着自我的创造。

　　与上述可以形成对照来帮助理解的是：在 1982 年法兰西学院的演讲行将结束之时，福柯描述了 bios 的两种呈现方式，即认识你自己与改变（关心）你自己。其一，世界呈现为"经验"（experience），在此意义上，我们可以体验自身、认识自身、发现自身、展示自身；其二，世界呈现为"修行"（exercise），在此意义上，我们成为自己、改变自己、迈向目标得到拯救、达到自身的完美。福柯要求不再将世界作为技术的对象去认识去控制，而是成为自我"经验"和自我"修行"得到经历。不再从"认识你自己"出发来"改变你自己"，而更多的是让"'认识你自己'这一法则低于'关心你自己'这一神谕"，在"关心的尽头"，才出现了"认识你自己"这一法则。② 即不再从认识真理出发从而改变自身，而是从改变自身的生活出发去创造真理。

　　之所以让"认识你自己"低于"改变（关心）你自己"，福柯的目的是要让知识主体低于伦理主体，抛弃知识主体与权力主体。因为福柯对现代社会问题的诊断是：现代理性主体的工具化权力化。对此，福柯给出的拯救之路是，用 bios 对抗 tekhnê，以非理性对抗理性的统治，重新恢复浪漫主义审美的个体生存。在福柯看来，古希腊和古罗马是生命和伦理的黄金时代，"认识你自己"与"改变（关心）你自己"紧密地结合在一起，而且"认识你自己"是在"改变（关心）你自己"之下的。"在古代精

---

① ［法］福柯：《主体解释学》，佘碧平译，上海人民出版社 2005 年版，第 16—17 页。

② 同上书，第 505—506 页。

神中，主体只能从改变他的生活出发追求真理。"① 而败坏古代精神的现代始作俑者，福柯将罪定给笛卡尔："这时，大家一致认为让主体可以达至真理的条件只是认识"，达到真理所必须要遵守的认识活动的各种内在条件和法则都不涉及主体的存在；而且，真理只是为了认识而认识，也不再能够回归主体对主体的生存关心。② "知"与"行"掉转了，真理不再关心主体，伦理的主体成为知识的主体，认识自己取代了关心自己，甚至连身体上最为隐私的"性欲望"也得到揭示成了认识的对象变成"性科学"。而在古希腊却不是这样的情形，性与养生之道、与家政管理、与性爱艺术联系在一起，不是科学而是艺术，"希腊人围绕着它们依据严格的节制原则发展出了生活的艺术、行为的艺术和'享用快感'的艺术"。③于是，在消除了"普世唯一"的形而上学知识和权力的主体之后——"主体之死"，福柯回到另一种主体："自由的、伦理的、审美的个体生存"，每一个个体都可以创造自己的叙事。④

海德格尔在《尼采》一书里特意将自己为什么中断了《存在与时间》道路的原因"紧跟"在这样一个"洞识"之后：无论人们"是把rationalitas（理性、意识和精神性）还是把 animalitas（动物性和身体性）置于优先地位，或者向来只是在两者之间寻求一种折中的平衡"都造成了对人之本质的遗忘，"只是重新成为一种对主体性的巩固"，而"关于存在之存在的问题处于主体—客体关系之外"。⑤

在笛卡尔那里，"非真理被把握为 falsitas（错误）"，"人犯错误，也就是没有直接而持续地完全占有真实之物"，意味着一种对人本质的限制。在此意义上，主体是"有限的、被他者所限定的"。⑥在黑格尔那里，主体性即绝对精神通过否定之否定的辩证法变换成"无条件"的，"于自身中促成、扬弃一切起限定作用的东西"，不再为外在所限制而是自身即主客同一的绝对精神。⑦ 对于尼采来说，主体性是另一种意义的"无条件

---

① ［法］福柯：《主体解释学》，佘碧平译，上海人民出版社 2005 年版，第 541 页。

② 同上书，第 18—19 页。

③ ［法］福柯：《性经验史》，佘碧平译，上海人民出版社 2000 年版，第 323 页。

④ 杨大春：《别一种主体——论福柯晚期思想的意旨》，《浙江社会科学》2002 年第 3 期。

⑤ ［德］海德格尔：《尼采》，孙周兴译，商务印书馆 2002 年版，第 824—825 页。

⑥ 同上书，第 827 页。

⑦ 同上书，第 828—830 页。

的主体性"，不再有"真理"与"非真理"的区分，"这个区分被委托给强力意志的绝对命令（Machtspruch）"，"它只根据自身的强力设定什么叫正当和不正当"，"每一种强力都有它的正当性"，以至于"只有无能，才会成为不正当"。但从对立强力（Gegenmacht）来看这种强力的正当性自然不复存在，于是敌对行动各自有各自的正当性以至只能使用如下策略：让"敌对的行动服从于一种普遍的人类伦理的尺度——而这种人类伦理却只具有宣传价值"。这样一来，"主体获得了对真和假的无条件支配"，"主体性不只失去了任何一种限制，现在，它本身就支配着任何限制和无限制"。这样一来，主体—客体的世界建立起来，"一切无非是世界发现、世界探究、世界描述、世界设置和世界统治"，"在其中，人得以扩张自己"，人之力量得到无限制的延伸。海德格尔将尼采的形而上学（海德格尔称尼采为"西方最后一个形而上学家"）界定为"强力意志的无条件主体性的形而上学"，将黑格尔的形而上学界定为"自我认识的意志（即精神）的无条件主体性的形而上学"。[1] 黑格尔与尼采以不同的方式进入无条件主体性的两种形态之中：

> 贯穿形而上学的历史，人的本质普遍地往往被确定为 animal rationale（理性动物）了。在黑格尔形而上学中，一种在思辨辩证法意义上被理解的 rationalitas（理性）成为对主体性来说是决定性的东西；而在尼采形而上学中，animalitas（动物性）成为主导线索。就它们的本质历史性的统一性看来，正是两者把 rationalitas（理性）和 animalitas（动物性）带向无条件的有效性。[2]

在此形而上学终结之处，在对人之存在的本质遗忘的意义上海德格尔做出了最终的判断：

> 主体性的无条件本质必然作为 bestialitas（兽性）的 brutalitas（野蛮性）展开出来。在形而上学的终结处有一个命题：Homo est brutum

---

[1]　［德］海德格尔：《尼采》，孙周兴译，商务印书馆 2002 年版，第 828—831 页。

[2]　同上书，第 831 页。

bestiale（人是野兽）。①

人是"野兽"，丛林原则是通行证，统治与被统治是永恒主题，主奴道德强者为王的历史要永世轮回。海德格尔提醒我们要警惕那种"人类学的思想方式"，此种"作为形而上学的'人类学'"，"不再去把握主体性的本质"，"乃是形而上学向其最终形态即'世界观'（Weltanschauung）的过渡"。② 这就是海德格尔揭示的权力巅峰状态。

一提到尼采这个名字福柯从来不吝赞美之词，在《词与物》中也是一样，"他（尼采）是如此聪明，他知晓得如此多，他撰写了这么好的书"，"我们甚至可以说，只是到了 20 世纪"，尼采才"第一个把哲学任务与语言之根本反思联系起来"。③ 而其中的关节点在于如何回答尼采提起的"谁在讲话"这个问题：

> 同样有趣的是我们发现，那些标志着"好"的词汇和词根至今仍然含有某种不同一般的东西，使高尚者据此感到他们才是上等人。④
>
> 对尼采来说，当有人说善神（Agathos）表示自己而说恶神（Deilos）来表示他人时，问题并不是知晓善恶本身是什么，而是要知道谁被表示了，更精确地说，是要知道谁在讲话。因为正是在那里，在话语的持有者那里并且更基本的是在言语的拥有者那里，语言完全集中起来了。⑤

"谁在讲话"，谁成为主述者成为至关重要的事情。主述者—"话语的持有者"—"言语的拥有者"，"语言完全集中起来"到主述者那里，主述者成为权力拥有者。主述者用"好"的词语如"善"来表示自己而成为"上等人"，用"恶"表示他人而迫使其成为"下等人"，"问题并不是知晓善恶本身是什么"，因为我们无法发现这个"善恶本身"或者说根本没有一个固定不变的"善恶"本身。我们所能做的不过是，"要知道

---

① ［德］海德格尔：《尼采》，孙周兴译，商务印书馆 2002 年版，第 832 页。
② 同上书，第 833 页。
③ ［法］福柯：《词与物》，莫伟民译，上海三联书店 2001 年版，第 397 页。
④ ［德］尼采：《道德的谱系》，周红译，生活·读书·新知三联书店 1992 年版，第 14 页。
⑤ ［法］福柯：《词与物》，莫伟民译，上海三联书店 2001 年版，第 398 页。

谁被表示了"，即哪些人是"自己"人就为"善"这词所代表就是"上等人"，哪些人是"他人"就是"恶"的替身就是"下等人"。"谁在说话"成了生死攸关的问题，主述者在分配"善恶"——权力上的主从关系就建立起来了。而且，非常有趣的是，"上等人"必须用"善"来表示自己，用"恶"表示他人，才能"据此感到他们才是上等人"。说白了，"上等人"必须生产"下等人"，"上等人"必须将"下等人"变成"下等人"才能成为"上等人"，权力的生产和再生产才能继续下去。这就是福柯的谱系：正常人以制造疯癫而成为正常人，这也是尼采的谱系："权力意志"的"永恒轮回"。

福柯跟随尼采踏着先贤第欧根尼的脚步破灭了形而上学发现真理的神话，用自我创造的主体/超人去恣意创造真理，就像死亡先行规定生命的浪漫主义信条一样，创造先行规定认识。形而上学发现真理，此真理"唯一"而又"普世"具有权力性，除了附和于此唯一真理没有他路，走的是"知识—真理—权力（力量）"的道路。福柯和尼采用创造替代发现，形而上学发现真理的路子被创造真理替代，用力量创造真理，权力的事实力量被显现出来。福柯和尼采不再满足于聆听者的位置，一跃成为主述者讲述自己创造的真理，走的是"知识—权力（力量）—真理"的路子。从发现真理到创造真理，从只有符合真理的唯一一种关于真理的说法具有合法性，到自我创造的每一个关于自我的叙事都有合法性，也从排斥一切主体性的与纯粹真理的联系中回到人自身。这两条路看似只有词语的位置发生了变化，却有着极大的差别：为"真理"而获得"权力"（力量），知识作为形式显示的是真理，"权力就接受真理的价值（德性）而诚服"；为"权力"而创造"真理"，知识显示的是权力，"真理就是接受权力的事实（力量）而节制"。[①] 摆在我们面前的有两条路：第一条是获得真理才能获得权力（古希腊），第二条是用权力生产真理（尼采和福柯）。在第二条路上，权力已经摆脱真理的价值（德性）的节制而展现赤裸裸的现实力量。

马克思在《德意志意识形态》中发现了一个思想统治的现象：

占统治地位的将是越来越抽象的思想，即越来越具有普遍形式的

[①]　参考《哲学——知识化？》一文中相关论述。

思想。因为每一个企图取代旧统治阶级的新阶级，为了达到自己的目的不得不把自己的利益说成是社会全体成员的共同利益，也就是说，这在观念上的表达就是：赋予自己的思想以普遍的形式，把它们描绘成唯一合乎理性有普遍意义的思想。进行革命的阶级，仅就它对抗另一个阶级而言，从一开始就不是作为一个阶级，而是作为全社会的代表出现的；它俨然以社会全体群众的姿态反对唯一的统治阶级。①

马克思将意识形态归结为两个基本的属性："把特殊的利益说成普遍的利益"，也就是"把特殊的东西说成普遍的东西"——"真理性"即"伪科学性"；"再把普遍的东西说成占统治地位的东西"——"权力性"。② 也就是说，意识形态依靠"权力性"来制造"真理"，"真理性"不过是现实的历史机缘，其所标榜的"真理"恰恰是虚假的，这就是"意识形态"。

在知识意识形态化成真理的同时，我们必须警惕，此种"真理性"即是"伪科学性"。如果仅仅满足于虚幻的权力，那么反讽也正在这时候发挥功效，任何"最强者"的命运都是被另一个等待成为"最强者"的"弱者"取代，越是强调强大、强调高贵对于孱弱的绝对性，越是凸显为孱弱所取代而带来的反讽。雅典帝国战败了，罗马帝国衰亡了，日不落帝国改朝换代日薄西山，"第三罗马帝国"呢？权力的顶点即没落。无条件的主体性的人要征服宇宙和通达内心直到无路可走自我毁灭吗？人成了野兽。我们是否还要试图替代"最强者"，走剥夺剥夺者之路，进入此权力意志的永恒轮回？

耳畔又响起诗人索福克勒斯的吟唱，"没有比人更奇异"的了。

第四节　求力量的知识

1966 年，海德格尔在接受《明镜》记者采访时，深深地表达了对于技术的忧思：

---

① ［德］马克思：《德意志意识形态》，载于《马克思恩格斯全集》第 3 卷，人民出版社 1972 年版，第 53—54 页。

② 同上书，第 54—55 页。

技术在本质上是人靠自身力量控制不了的一种东西。

技术越来越把人从地球上脱离开来而且连根拔起……当我而今看过从月球看向地球的照片之后，我是惊慌失措了。我们根本不需要原子弹，现在人已经被连根拔起。

这个世界之所以成为今天这个样子以及它如何成为今天这个样子，不能是通过人做到的，但也不能是没有人就做到的……我认为技术的本质就在于我称为"座架"的这个东西中……座架的作用就在于：人被坐落在此，被一股力量安排着、要求着，这股力量是在技术的本质中显示出来的而又是人自己所不能控制的力量。①

对于技术的强力，海德格尔是无所谓乐观或悲观的，只是陈述现实。如何节制技术的强力，如何能够节制理性之光保护存在之神秘呢？海德格尔早已经不把现代技术作为"工具"了，而是将之作为存在之"道路"。技术作为一种存在的"解蔽方式"，是存在之神秘的一种显露。人受"促逼"使用强力让自行隐匿的自然展开成为能量的储藏室。技术的解蔽方式已经成为人类无法逃避的命运，"哲学将不能引起世界现状的任何直接变化"，"留给我们的唯一可能是，在思想与诗歌中为上帝之出现做准备或者为在没落中的上帝之不出现做准备；我们瞻望着不出现的上帝而没落"，"只还有一个上帝能救渡我们"。② 不禁让人疑问的是，这个能救渡我们的"上帝"是基督教的上帝还是犹太教的上帝，一神还是诸神，是力量神还是无名之神？

失去了德性善节制的力量将自身作为目的，彰显自身强力展现力量成为目的，知识转变为人统治自然和人统治人的工具。失去了"德性"这一目的，就失去了界限。没有到达不了的宇宙边界，没有窥探不了的埋藏内心深处的隐秘。只有在海德格尔对技术的沉思中还保留着虔敬与对界限的思索，海德格尔要求人从统治者的中心位置上退下来，成为守护者，用于守护身处遮蔽之中拒绝解蔽的神秘。黑暗作为希腊理性之光的限制，是绝对的他者。

---

① ［德］海德格尔：《"只还有一个上帝能救渡我们"》，载于孙周兴选编《海德格尔选集》，上海三联书店 1996 年版，第 1304、1305、1306—1307 页。

② 同上书，第 1306 页。

第三章

知识即功利

第一节　现代性的隐忧

在《现代性之隐忧》一书中，泰勒叙述了他对于现代性的三个隐忧：个人主义、工具主义理性（instrumental reason）、"自由主义"①。

工具主义理性让目的变得晦暗。工具主义理性成为居中衡量判准的尺度，一切都回到可计算的经济原则上来，用最小的投入获得最大的产出效益，即功利原则。② 由于上帝、精神和自然的等级秩序的瓦解，曾经依靠外在权威来做出决定的事务现在都集中到主体身上，作为"我们"的主体身上。人从神和自然的控制之下获得了解放，看似获得了自由，"社会安排和行为模式在某种意义上就可以嬗变由人"。不再有神圣的目的，我们安排事务的目的是"产生个人的福祉安康"，因此唯一管用的尺度就是工具主义理性的尺度，即按照"效益"进行"代价—利益"计算的标准来做决定。事物失去自身目的，失去在"存在之链"中本来具有的意义，成为供人使用的原材料和工具。③ 工具主义理性的失控应用甚至将"有血有肉"的他人作为自我实现的工具，这种工具主义理性将一切人与事物工具化成可计算的东西，而此种工具化的顶峰就是：人是机器，"按照数字计算机模型来设想人类思维是没有问题的"。支持这种工具主义理性强力行使的原因是：它能让我们控制我们的环境，让我们得到我们想要得到的

---

① 泰勒在书中并未明确地使用"自由主义"一词来表示第三个隐忧，而是使用"关于自由的丧失"或者"柔性专制主义"（soft despotism）这样的词语来描述此隐忧。但是在后面更详细地展开此隐忧的论述过程中将矛头直指美国民主政治，此处使用"自由主义"来表述此种将个人主义与工具主义理性结合对于政治生活造成的危险，"自由主义"有失去自由的危险。

② ［加］查尔斯·泰勒：《现代性之隐忧》，程炼译，中央编译出版社 2001 年版，第 5 页。

③ 同上书，第 6 页。

东西，让我们认为自己是自由的，让我们能够听到"统治之声"，增强了我们的权力感。① 失去了德性节制的理性失去了方向，而工具主义理性已经无法回忆起自己的道德理想，自身的强力成为替代的目的，"太过频繁地服务于更大控制、技术统治的目的"，"用一种过分发达的主宰本能武装起来"让权力的统治无所不在地展现出来。泰勒呼唤"道德资源"以给这种权力的统治以节制，力图恢复一种"更为丰富的道德背景"。② 失去了德性的目的，理性自身强力的无节制直接展现成为替代的目的，目的变得晦暗不明。

个人主义让意义丧失，让道德视野褪色。现代自由是对"古老道德视野"的遗忘。"人们在过去常常把自己看成一个较大秩序的一部分"，这是一个"宇宙秩序"，一个"伟大的存在之链"，人类在自己的位置上与神、与世人同侪共舞，人类的位置在与神与他者的关系之中得到限制。"这些秩序在限制我们的同时，也赋予世界和社会生活的行为以意义"。现代性对人的解放使得个人失去了这样一个更大的视野，使人失去任何限制成为宇宙的中心，而且更为重要的是使人失去了作为道德高贵性的"生命的英雄维度"，"人们在民主的时代往往寻求一种'渺小而粗鄙的快乐'"："人们不再有更高的目标感，不再感觉到有某种值得以死相趋的东西"，"他们的生命中不再留有任何抱负，只有'可怜的舒适'"。伟大目标的丧失使得人们的视野变得狭隘，让生活平庸乏味失去意义，对他人和社会毫不关心。③

此种个人主义原本有其"真实（本真）性理想"（ideal of authenticity），却滑向了价值主观的相对主义："将自我实现作为生活的主要价值，并且似乎很少承认外部道德要求和对他人的严肃承诺。"④

个人主义的"真实性理想"滑向虚无主义的文化运动，这是"一种到今天已经进行了一个半世纪之久的、对所有重要意义视野的否定"。⑤其代表人物是尼采，以及在几种现代主义思潮之中的"今天常被称为后现

---

①　[加] 查尔斯·泰勒：《现代性之隐忧》，程炼译，中央编译出版社 2001 年版，第 119—120 页。

②　同上书，第 122 页。

③　同上书，第 3—4 页。

④　同上书，第 62 页。

⑤　同上书，第 68 页。

代主义者的作家",例如德里达和福柯。泰勒认为,尼采将一切价值都看作自我的创造,"在一个不设立任何标准的世界面前",使用自以为拥有的"不加限制的力量和自由",恣意表现,而"沉迷在自我的审美之中",这种浪漫主义的美学态度"只不过是提高和加强了人类中心论"。①

上面这种文化理论渗透到"大众文化"中,"滑向自我实现理想的自我中心模式"。在工具主义理性的支配性作用之下,不再将他人作为目的而是成为为"我"所用、"自我实现"的工具,现代人的自我唯有走向"原子主义",即"自我实现的原子主义"(atomism of self-fulfillment)一途。也就是说,大众文化滑向一种"社会原子主义"。工具主义理性使得一切都成为可计算的,让人们用工具主义的眼光看待共同体("工业—技术—官僚统治的社会")。在这种工具主义的视野中人活动最为重要的目的就是"自我实现",这无疑"必然助长个人利益至上主义","滋生了人类中心论"。②

自由主义有让自由丧失的危险。个人主义与工具理性联合起来使得我们的政治生活丧失了自由。泰勒将矛头直指美国政治,中立性程序的自由主义与一种个人利益至上主义的观点结合起来,个人的原子主义使得人民的结合方式分裂化,在这样一个分裂的社会中,"其成员越来越难以将自己与作为一个共同体的政治社会关联起来"。③

知识即功利在现代政治中表现为:个人主义—工具主义理性—自由主义。个体失去了生活的意义和道德视野,追求个人自我实现只是个人利益至上主义,甚至把他人作为手段以达到自己的目标。在工具主义理性的居中判准之下,知识作为获得力量的工具将工具的标准作为目的,即实用的功利原则。个人的原子主义最终使得社会分裂化,自由主义有失去自由的危险。

启蒙的理性主义会导致理性的专制主义,而主张文化价值多元论的浪漫主义就是对启蒙理性专制主义的反叛。正如以赛亚·柏林对浪漫主义的评价:"浪漫主义运动带给我们的多样与变化,是新的典范。"浪漫主义许诺了多元性并高扬了宽容的价值,"多样性、多元化(兼容多种不能协

---

① [加]查尔斯·泰勒:《现代性之隐忧》,程炼译,中央编译出版社 2001 年版,第 69 页。
② 同上书,第 66—68 页。
③ 同上书,第 135—136 页。

调一致的理想）、真诚（不一定通往真或善）都成了受推崇的优点"，如此一来，"要用高压手段把异己成分都扫除，恐怕没那么容易"了。① 浪漫主义多元论是对抗现代理性专制的危机的解决方式，但是，这一解决方式也有可能让现代社会陷入"自由主义"的专制之中。

上帝世俗化，上帝被人间世俗因素取代的结果就产生了浪漫主义机缘论。上帝最终和绝对的权威、神性精神的等级秩序统统被瓦解了，可是每个人的思想和感情又无法不依赖于某种确定的形而上学——"形而上学是不可避免的"，"我们不能通过摒弃我们对它的意识而摆脱它"。于是，人们变换了绝对权威的面目，"国家或民族，甚至某个个人主体取代了上帝作为终极权威和决定性因素的位置"——上帝被尘世的、此岸的因素替代。但没有改变的是，"其形而上的结构和态度依然如故"。②

> 浪漫派的态度可由一个概念即 occasio 得到最清楚的说明。这个概念能够译成"机缘"（anlaβ）、"机会"（Gelegenheit），大概也能译成"机遇"（Zufall）。然而，其真正的含义是通过一种对立而获得的：它否定 causa（原因；理由）的概念，换言之，否定可计算的因果性力量，所以也否定一切固有的规范。它是一个消融化的概念（ein auflösender Begriff），因为，凡给生活和新事物带来一致性和秩序的东西——不论它是初始原因的机械的可计算性，还是目的性或规范性的关系，都与纯粹机缘的观念不相容。凡在机遇和偶然性成为原则的地方，对约束力的巨大优势就会出现。③

按照施米特的解释，"occasion"这个词可以用机会、偶然或者机遇这样的词语来描述，其"真正的含义"通过与原因（cause）对立而获得：是对于一切规范的否定。浪漫的主体取代了上帝而占据了中心位置，世界和万物变成纯粹的机缘："最后的权威从上帝变成天才的自我"（das geniale "Ich"），"一切将要发生的事情，一切相继出现的秩序"都"以

---

① ［英］以赛亚·柏林：《民族精神再兴：论民族主义之善与恶》，载于王炎编《直接民主与间接民主》，生活·读书·新知三联书店1998年版，第224—225页。
② ［德］施米特：《政治浪漫派》，冯克利、刘锋译，上海人民出版社2004年版，第15—16页。
③ 同上书，第15页。

奇遇的方式（in einer abenteuerlichen Weise）成为不可计算的"，① 一切都取决于具体的浪漫主义者（Romantiker）的个性。

由于不断出现新的机缘，世界也不断地翻新：

> 它永远是一个只有机缘的世界，一个没有实质和功能性约束、没有固定方向、没有持续性和规定性、没有决断、没有终审法庭的世界，它不停地遁入无限，只受机遇这只魔手摆布。②

在此机缘的世界里，浪漫派将一切都审美化，"把一切都变成表达自己浪漫情趣的手段，能够生出一种可能无害或不真实的幻觉"，就好像现实性变得不再重要，"所有的东西都不再是事物和客体，而是变成了纯粹的接触点"，"万物皆是'一部无结局的小说（Romans）的起点'"。浪漫派与世界的关系在"Romans"这个词上得到说明。而"拜伦、波德莱尔与尼采"是浪漫主义的三位先知。③

在上帝被人取代之后世俗化的结果就是政治浪漫主义，一种是主体化的浪漫主义，个体取代上帝或上帝个体化——以罗蒂的自由主义为代表；另一种是客观化的浪漫主义，国家民族取代上帝——以施米特和施特劳斯为代表。④ 罗蒂将个体的偶然机缘绝对化，当人作为单个的主体替代了上帝的权威之后，浪漫的主体把世界当作他从事浪漫创作的机缘和机遇，他以天才或者超人自我的即兴创造作为正当性的来源；而另一条路向即客观化的浪漫主义机缘论选择的是施米特。与罗蒂这样的主体化浪漫主义者不同，施米特并不着重于个体：

> 资产阶级即是不愿离开那个没有政治风险的私人领域的个体。他依靠自己拥有的私有财产，借个人主义的理由，以个体反对整体。这样一个人能够在享有自由和富足的果实，尤其是"在彻底安全地享用

---

① ［德］施米特：《政治浪漫派》，冯克利、刘锋译，上海人民出版社 2004 年版，第 15 页。

② 同上书，第 17 页。

③ 同上书，第 17—18 页。

④ 政治浪漫主义两条路向的分歧，参考张志扬《偶在论谱系：西方哲学史的"阴影之谷"》，第 248—249 页。

这些果实当中"补偿他在政治上的无所作为。①

　　施米特将作为个体对立面的整体——民族国家——突出出来，以"战争"的眼光安排世界秩序，将"划分敌友"作为政治的本质概念，将生存斗争本体化得到战争之绝对性的"普世"结论。相对于主体化的浪漫主义来说，施米特的问题是：在这浪漫主义的时代中，民族国家的共同生活秩序变成什么样了呢？

　　罗蒂将不断进行反讽和自我创造的"反讽主义者"作为自由个体的典范，这些反讽主义者深刻体会到存在之偶然——对形而上学的本体的"终极词汇"和"真理"持悬置的怀疑态度。诚然，对于对抗形而上学本体论的专制主义来说，罗蒂的理论十分有力。但是，如尼采般高扬个人创造所造成的问题就是让个人沉迷于自身力量的无限制中，甚至将他人作为自我实现的手段，这种个人主义的态度有加强"人类中心论"的嫌疑。罗蒂的反讽理论打破了形而上学真理的专制为多元文化开创了可能性，为不同文化之间的对话敞开了窗口，民主文化虽然不再是专制性的"唯一"一种文化，却因其能够保证宽容和多元而成为"最好"的文化。可是，此种对自由民主文化的支持，是否会陷入一种种族中心主义的自我优越感之中？在破除真理打破一切标准之后，工具主义的实用有效性成为衡量新旧好坏的现实标准，这是现实力量原则的直接展现。张扬个体的罗蒂式主体化浪漫主义，在对抗本质主义方面非常有力，却无法完全排解泰勒的隐忧。

　　施米特敏锐地看到，自由主义依靠"多元价值的自主文化和中立化政治来避免人类自然冲突的恶"，② 企图以文化哲学取代政治哲学。施米特认为文化哲学取代政治哲学的出路是对于至关重要问题的放弃与逃避，为了避免战争避免恶而放弃了对人的生命意义（能真正为之而死的东西）的关切，放弃了对于"好的"政治制度的关切。施米特将注意力集中于人与人之间的斗争是不可避免的这一霍布斯式的自然状态上，用战争—和平—战争（而非和平—战争—和平）的强叙事以战争的绝对眼光来安排世界的秩序，强调区分敌友才是政治成熟的标志。施米特将本来只是"例外

---

①　[德] 施米特：《政治的概念》，刘宗坤等译，上海人民出版社 2004 年版，第 142 页。

②　刘小枫：《刺猬的温顺》，上海文艺出版社 2002 年版，第 218—219 页。

状况"的偶然发生的"战争"本体论化作为绝对的具有决定意义的"政治的本质",这本身就已经打破了机缘论。罗马人施米特信奉的是生存论上的"恶"。在此种生存论的斗争原则下,谁是强力者、谁是战胜者,就按照谁的意志办事。没有德性作为目标的限制,浪漫主义的机缘论所遵循的原则就变成现实强力即正义的力量原则。可以说,将偶然存在的民族国家绝对化的施米特式客观化浪漫主义有滑向现实主义力量原则的危险。

施特劳斯认为施米特做得还不够好。在对施米特的《政治的概念》做评注时,施特劳斯批判了施米特,认为应当将生存论的恶回归为道德上的恶。之所以要做出这样转换的原因是,如果恶是人无法逃避的命运,恶就不再是道德上的欠缺而是"人的自然本性的 guiltless(无辜)",国家是要保护个人的自然权利的,那这种无辜之恶就会受到国家的保护。所以,施特劳斯评论说,"政治——人类之划分成朋友和敌人的阵营——应当把自己的合法性基础归因于何为正当(Richtigen)这个严肃的问题上"。① 而在文化哲学中无法谈论道德问题,因为道德只存在于私人领域是个人的私事。于是,施特劳斯提出的解决办法是重新唤回"普遍、绝对的正当性"——神圣的秩序,② 如果"宗教"和"政治"是超越了"文化"的事实("原初的事实"),那么"神学—政治论"是批判文化哲学的唯一可能方式。③ 施特劳斯回归到哲人—先知教导大众的上智下愚、上尊下卑的等级制秩序,用金银铜铁的柏拉图神话意图将大众民主制还原成扩大的贵族等级制,即使"哲人王"千载难逢,也要培养"帝王师"辅佐护航,世界要服从高贵者的强力意志。值得怀疑的是,虽然强力指向了高贵德性,但是依此强力指向的德性对卑下者的清除是否会以道德净化的伪装行德性灭绝之实,雅典帝国在弥罗斯岛上的种族灭绝就是雅典城邦那高贵德性滑向现实力量原则的铁证。我们当引以为戒。

或许,回到开端,回到苏格拉底所启示的自知无知的智慧才是对抗现代性危机的出路,丹纳·维拉提出了一种苏格拉底式公民的可能性。这是一种不会牺牲个体理智能力的公民身份,也是一种既保持个体独立性又对

---

① [美] 施特劳斯:《〈政治的概念〉评注》,载于《隐匿的对话——施米特与施特劳斯》,朱雁冰、汪庆华等译,华夏出版社 2002 年版,第 207 页。

② 刘小枫:《刺猬的温顺》,上海文艺出版社 2002 年版,第 221 页。

③ [美] 施特劳斯:《哲学与律法:论迈蒙尼德及其先驱》,黄瑞成译,华夏出版社 2012 年版,第 24 页注释 1。

城邦进行检审和省察以避免不义的公民身份。面对雅典帝国所运行的力量原则，苏格拉底希望用自知无知的智慧启蒙雅典公民，将人们对于力量（征服和荣誉）的欲求转向对于灵魂的关心，转向对于善、美好与正义的追求。

第二节　施米特对政治现代性的揭示

> 一个国家在。他的在在何处？在于国家警察拘捕罪犯？抑或在于政府大厦内打字机声响成一片，打印着国务秘书和部长们的指令？抑或国家"在于"元首与英国外交部长的会谈中？国家在。但是，这个在藏身何处？这个在根本到处藏身吗？[①]

一　政治的概念

在自传《托洛茨基和野兰花》一文中，罗蒂不无反讽地自嘲"当有人询问我（呵，常常有人问我）什么是当代哲学的'使命'或'任务'的时候，我总是舌头打结，无以言对"。为什么一个十五岁就进入芝加哥大学的神童大哲当被问到自己这么多年学习哲学的使命时竟如此窘迫呢？无论如何，罗蒂并不是想要主张"哲学从社会意义上讲是无用的"，因为毕竟柏拉图、康德等的工作都说明"理念产生了后果"，思想对于社会还是产生了影响。[②] 问题只是形而上学家试图为世界提供原则基础的努力破产了，如此一来，生活中只有芸芸纷杂的意见呈现，行为也没有共同遵守的"唯一"价值，一切都是偶然相对的。任何对于终极意义的提问都变成虚假的，甚至提出类似这样的问题都是可笑的而使得提问本身变得不再可能。永恒不变的神圣规则沦为笑谈，只余下手段——暂时起作用的"游戏"规则。于是，当面对"哲学的使命"这样的终极问题时，罗蒂自然难免窘迫了。

与此相关，哲学不再是文化的女王，哲学家也不再处于曾经的位置而是与其他学科的专家一样，正如化学家熟悉各种化学物质及各种物质混合

---

① ［德］海德格尔：《形而上学导论》，熊伟、王庆节译，商务印书馆1996年版，第35页。

②．［美］罗蒂：《托洛茨基和野兰花——理查德·罗蒂自传（1992）》，载于《后形而上学希望》，张国清译，上海译文出版社2009年版，第376页。

后如何反应，哲学家熟悉死去的"某些思想传统"能够进行一些思想的混合实验。① 对于社会的意义对于行动的指导意义即使有，如柏拉图、康德、达尔文的思想的确对社会产生了影响，但那只是"偶然意外的"，哲学的社会意义微乎其微，只能够偶然地产生影响，"哲学对于对付纳粹和其他恃强凌弱者没有什么帮助"。②

与其他种类的文化在人类生活不同领域保有各自自身"自主性"一样，哲学也只是社会多元文化的一个门类，具有自身的标准，保持着自身文化的独立自主性甚至到了完全孤立的程度。罗蒂完全放弃了形而上学的幻象，将哲学作为文化的一个类别，哲学无法提供作为根基的知识，在社会团结上又不如文学能够讲述一个充满同情的故事，那为什么还要哲学呢？罗蒂保留下来让哲学发挥功用的地方就是仿文学的功能：重新描述，反讽同一性，揭穿形而上学的虚假，回到最初原则的偶然。

哲学只是文化的一个门类，而"技术和民主制度能够联合起来增进平等，减少苦难"，民主有着种族中心主义的最高价值、是不断自我完善的；技术获得了与民主同等的作为信仰的崇高地位。作为个人有推翻独裁统治的义务，要对他人保持同情以保证人类团结的希望，但个人并没有任何崇高道德，"自由社会典型的性格类型是盲目的、计较的、渺小的、没有英雄气概的"，一切对个人自由的侵犯都被认为是强制的、是邪恶的。而牺牲崇高道德，成为"盲目的、计较的、渺小的、没有英雄气概的"自由人是为了保证个人自由所要付出的"合理代价"。③ 无法对人做出要求是因为没有什么客观道德原则作为基础，"上帝和道德法则都务必被时间化、世俗化和历史化才是可信的"，没有什么永恒原则只能是黑格尔式的历史主义态度，一切都是当下机缘巧合而已。

"人道主义""自由主义的个人主义""技术主义"，"这些'主义'并没有什么错"，"启蒙政治和道德传统也没有什么错"，这些争执只是在民主制度内部多元文化的战争，只要保证"民主"，纵使美国偶然地"在某个时候会滑入法西斯主义"，如罗蒂这样的自由主义者仍然"为它的过

---

① ［美］罗蒂：《托洛茨基和野兰花——理查德·罗蒂自传（1992）》，载于《后形而上学希望》，张国清译，上海译文出版社 2009 年版，第 376 页。

② 同上书，第 372 页。

③ ［美］罗蒂：《民主先于哲学》，载于《后哲学文化》，黄勇译，上海译文出版社 2006 年版，第 174 页。

去感到自豪，并对它的未来寄予了谨慎的希望"。法西斯主义也成为多元文化之一，与其他"主义"一样有着自身的独立自主性，那些拥护希特勒的人，只是一些诚实、正派的人不幸"受了蒙蔽"做了错误的自主选择而已。① 个人和民主国家都是自我成长的，能够改革进步消除那些不好的东西，使得政治中立化，实现民主引领下的各种相对独立的文化区域。专制独裁是最坏的，民主是最好的，只要能避免残酷，则怎么都行，技术是进步获得中立的保证——这就是所要保护的核心价值，这就是自由主义的政治场景。罗蒂希望返回著名小说家米兰·昆德拉那"令人着迷的想象王国"之中，"在那里，没有人拥有真理，每一个人都有权利得到理解……小说的智慧"。②

施米特站在民族国家的基础上走了与罗蒂的个体自由的浪漫主义截然不同的道路：

> 施米特敏锐地看到，自由主义为了避免血腥冲突的人类自然状态，提出了价值中立的政治观，把保存个人性命和财富（自然权利）视为最高的道德，企求靠多元价值的自主性文化和中立化政治来避免人类自然冲突的恶，放弃了对何为"好的"政治制度的关切。③

所以，施米特直接将炮火打向了自由主义的文化哲学。

> 虽然屡遭挑战，但是对用于界定政治和国家的特殊性的分类问题，今天最为司空见惯的真正自由主义答案却依然如故：类就是"文化"，即"人类思想和活动"的整体，它划分为"各种相对独立的领域"，成为"各种文化区域"[纳托尔普（Natorp）]。④

---

① ［美］罗蒂：《托洛茨基和野兰花——理查德·罗蒂自传（1992）》，载于《后形而上学希望》，张国清译，上海译文出版社 2009 年版，第 373—374 页。

② 同上书，第 377 页。"小说"作为 Romans 正显示了罗蒂作为浪漫主义者与世界的联系：偶然与审美。

③ 刘小枫：《刺猬的温顺》，上海文艺出版社 2002 年版，第 218—219 页。

④ ［美］施特劳斯：《〈政治的概念〉评注》，载于《隐匿的对话——施米特与施特劳斯》，第 194 页。

"自由主义最终的自我认识就是文化哲学",① 这种文化哲学将"文化"即"人类思想和活动"的整体划分成各种各样的、相对自主的领域,不仅各个文化领域在彼此关系上是独立自主的,而且作为整体的文化也是自主的。人类思想和活动的各个领域都能和平共处,一个人可以在各个文化领域中作为一个自由的决断者行事,"审美""道德""经济"都是相对独立自主的领域,甚至"战争""专政""革命""技术"都被说成非政治的文化领域,是自我发展不断进步完善的。施米特与这种流行的文化概念分道扬镳要求凸显政治的特殊性,政治即朋友和敌人的划分,它"既不等同于也不类同于……其他('在道德领域是善与恶,在审美领域是美与丑,在经济领域是利与害')那些划分"。因为,尽管在个人主义的自由社会中,一个人能够有自主性"为任何他情愿以身相殉的东西而死",任何重要的事情都可以变成只是"私事",但是在"政治领域中"却不得不为某种外在力量所决定,而且这一力量关乎生死。② 战争作为"最极端的政治手段"让个人完全无法回避,个人在战争这"最可怕的紧急状态"中必须明确自身的处境,即必须正确地划分敌友,"因为战争不但关系到而且一直关系到'肉体屠杀的现实可能性'"。对政治的这一结构性定位,"说明了政治是基础性的,而不是一个与其他领域并存的'相对独立的领域'"。③ 政治"既不等同于也不类同于"道德、审美和经济等领域,政治是"尺度"。④ 在1933年版《政治的概念》中施米特改写扩充了关于政治的权威性这段话,更加鲜明地反对自由主义试图中立化和非政治化的"文化哲学",甚至有些决绝地预言政治作为尺度的地位:

> 一旦出现政治单位,他就是权威性、总体性和至高无上的单位。政治单位是"总体的",首先因为每一事物潜在的都是政治的,并因此受到政治决断的影响;其次因为,人类就其总体而言在生存上是通

① [美]施特劳斯:《〈政治的概念〉评注》,载于《隐匿的对话——施米特与施特劳斯》,第198页。
② [德]卡尔·施米特:《政治的概念(1932)》,载于《政治的概念》,第106页。
③ [美]施特劳斯:《〈政治的概念〉评注》,载于《隐匿的对话——施米特与施特劳斯》,第195—196页。
④ [德]卡尔·施米特:《政治的概念(1932)》,载于《政治的概念》,第123页。

过政治参与而得以理解的。政治就是命运。①

政治作为绝对的"现实性","根本无法以某种理想来衡量",所有用于政治上的理想只是"抽象"而已,所有用于政治上的"规范性标准"只是"虚构罢了"。基于生存论,施米特提出了他那著名的政治标准:"国家的概念以政治的概念为前提",而"政治"的标准就是"划分敌友","战争是敌对性的显现形式"。②

对于政治,施米特的一段话说得直言不讳:

> 政治是借助于人对人"肉体屠杀的现实可能性"来建立的。
>
> 但是,没有任何纲领、理想、准则或利益赋予人们安排他人肉体生命的权利。严格要求人们消灭其他人并随时准备牺牲自己,以便使幸存者能够享有贸易和工业的繁荣或后代人购买力的增长,这纯属阴险狂热的想法。一方面谴责战争就是屠杀,另一方面却要求人们去发动战争,不是杀人就是被杀,以便以此"永远消除战争",这是明目张胆的欺骗。战争、战士之随时准备赴死,以及从肉体上消灭属于那些敌人阵营的人——所有这一切均没有什么合乎规范的意义,只有生存的意义而已。
>
> ……
>
> 这里决不存在什么理性的目的和规范,更遑论真假;决不存在什么纲领,更遑论可否值得效法;也根本没有什么社会理想,更遑论其是否美好,这里既没有什么合理性也没有什么合法性能够证明人类相互杀戮是出于某种正当的理由。如果一个人在肉体上毁灭人类生命的动机不是出于他自己的生活方式在生存意义上受到威胁,那么,这种毁灭行为就无法正当化。这正如战争无法由伦理原则和法理原则正当化一样。如果真正存在着生存意义上的敌人,那么肉体上击退敌人、与敌人战斗就是正当的,但是,这也仅仅在政治意义上具有正当性。

---

① 转引自〔德〕迈尔《施米特、施特劳斯与〈政治的概念〉》,载于《隐匿的对话——施米特与施特劳斯》,第21页。

② "战争"除了对外战争、内战,还有"革命""斗争",如阶级斗争。在施米特看来,非战的和平时期只是战争的"隐形式",不能说战争在和平时期就根本不存在,从而放弃政治的根本"划分敌友"。

……

正义不属于战争概念。①

施米特的眼光实在毒辣。

施米特抛弃了"政治敌人"的人类学始基，无论乐观主义（人性善）的还是悲观主义（人性恶）的人类心理学看法都"不能解决问题"，乐观主义的"人性本善"更是被当作道德的烟幕弹，"被赋予了某种优越性或指控那些恶人的权利"，② 而性恶论则在生存论的意义上被差别对待作为"真正的政治理论"：

> 所有真正的政治理论均假定人性"邪恶"，也就是说，人绝不是一种没有任何问题的生物，而是一种"危险的"动态生物。③

霍布斯的自然状态是反常堕落状态，人对人像狼，丛林原则，"导致一切人对一切人的'战争'"，不得不通过社会契约建立国家。但不要从人类学心理学上理解霍布斯，而是要与政治相联系做生存论的理解。

施米特使用的是生存论政治哲学的腔调：

> 武器的本质在于它是一种从肉体上消灭人类的工具……斗争（Kampf）一词也必须在其固有的生存意义上来理解……人类的整个生活就是一场"斗争"，每个人在象征意义上均是一名战士。朋友、敌人、斗争这三个概念之所以能获得其现实意义，恰恰在于它们指的是肉体屠杀的现实可能性。④

施米特更是引用黑格尔的思想当作自己的思想资源：

> 黑格尔也提出了一个敌人的定义，它基本上不为现代哲学家所注

---

① ［德］施米特：《政治的概念（1932）》，载于《政治的概念》，第 128 页。参考施特劳斯《〈政治的概念〉评注》，载于《隐匿的对话——施米特与施特劳斯》，第 199 页。

② ［德］施米特：《政治的概念（1932）》，载于《政治的概念》，第 143 页。

③ 同上书，第 141 页。

④ 同上书，第 113 页。

意：作为一个在其活生生的整体性中被否定的外人，敌人是德性的（但不是在道德的意义上的，而是就民族的永恒性中的"绝对生命"而言的）差异。"同时，这种差异就是敌人，与此相关，差异充当其对手存在的对立面，充当敌人的虚无，而且这种在两个方面似乎就是战争的危险。这种敌人对于德性来说，不过是一个民族的敌人，甚至不过是一个民族。因为个别性在这里开始出现，所以这对民族来说同样是有效的：个别的民族就有死亡的危险。""这种战争不是家族间的战争，而是民族间的战争，因此仇恨就变得没有差别，并且不再与任何具体个人有关。"①

黑格尔的敌人定义是极其可怕的。德性不是道德上的，而只是就某种德性的共同体来说，非我族类、非我德性的差异就是敌人，对手的个别性就是敌人。差异充当对立面的虚无力量，战争不可避免。而且，敌人是"一个民族的敌人"，敌人很可能就是"个别民族"存在（例如犹太民族）。对一个"差异"民族来说，"仇恨就变得没有差别，并且不再与任何具体个人有关"。这话说得实在是可怕，没想到一个小小的"差别""个别"竟然成了"活生生的整体性中被否定的外人"。但凡是"个别性""差异性"都有被消灭的危险，任何非我族类的"个别民族就有死亡的危险"。

施米特对政治的肯定是因为政治是绝对现实性的，区分敌友是"民族政治生存的本质所在"。而罗蒂所梦想的自由主义民主乌托邦则代表着政治的理想，按照历史主义的进化论，国家朝向这一非政治化的乌托邦不断前进，即便有战争、有恶出现也只是偶然发生的、矫正方向的力量罢了，是朝向这一乌托邦前进的进程中不得已使用的手段而已。施米特似乎并没有完全否弃这一非政治化的理想，他说自己并不知道这种理想是否能实现，"至于这种状况是否能出现，何时出现，我一无所知"。② 但是，施特劳斯敏锐地洞穿了施米特，这根本不是知不知道的问题，而是"他的确憎恶这种理想"的问题。让我们跟随施特劳斯来寻找施米特信念的阿里阿德涅线团：

---

① ［德］施米特：《政治的概念（1932）》，载于《政治的概念》，第 142 页。
② 同上书，第 133 页。

> 如果……朋友与敌人的划分即使作为可能性也不复存在了，世界上将不会再有政治，也不会有国家，只剩下一种与政治无关的世界观，只剩下文化、文明、经济、道德、法律、艺术、娱乐等等。[①]

施特劳斯紧紧咬住"娱乐"不放，如猎犬般注意到在"文化""文明""经济""道德""法律""艺术"这一系列"严肃"的追求压迫之下，施米特让"娱乐"几乎"销声匿迹"。尤其是紧跟着"娱乐"一词的"等等"更是掩盖了"娱乐"是这个系列中的最后一个词，掩盖了"娱乐"一词的"终结性质"（finis ultimate）。施特劳斯的魔眼发现：原来，施米特在刻意隐藏"娱乐"一词。施米特让什么欲盖弥彰？在《政治的概念》第三节"战争是敌对性的显现形式"中，施米特设想了一个政治不复存在的世界，"可以想象这样一个世界照样包含很多或许相当有趣的对立和对抗，各种竞争的谋略，但是却不复存在那种富有意义的对立面，以要求人们去牺牲生命……"在第六节"世界并非政治的统一体，而是政治的多样体"的注释中，施米特举了一个例子，一个与"朋友和敌人的划分"不再相干的但含有"相当有趣的对立和对抗，各种竞争谋略"的活动——象棋博弈游戏。[②]施特劳斯提醒我们注意"或许相当有趣"的"或许"一词所"掩饰同时又流露出"的施米特隐含着的反感：这是"一个娱乐的世界、一个消遣的世界、一个毫无严肃性的世界"，"趣味性和娱乐性"是这一世界的内涵。这是一个你的政治敌人所期望看到的世界，人们追求"娱乐"而忘记了真正重要的严肃的东西。这真正重要的东西是什么呢？施特劳斯循着施米特的线团，在经过了"娱乐"与"或许"之后，找到了迷宫的出口：

> 他之所以肯定政治性乃是因为他在受到威胁的政治状态中看到了

---

① ［德］施米特：《政治的概念（1932）》，载于《政治的概念》，第128页。在《政治的概念》1933年版中，施米特不再使用"娱乐"这个词，而是改为"闲扯"（Unterhaltung）。施米特在《政治的概念》1963年版补注中提到，正是由于施特劳斯《评注》对于"闲扯"（Unterhaltung）这个词的特别强调，使得自己认识到了在1933年时将"该词用在这里完全不够充分"，而且当时的思考也处于"不确定状态"。为了更准确地表达与施特劳斯正确认识到的"娱乐"是与"严肃"（Ernst）相对的概念，施米特决定使用"娱乐"一词。

② ［德］施米特：《政治的概念（1932）》，载于《政治的概念》，第133—134页注释2。

对人类生活之严肃性的威胁。所以，对政治的肯定最终无非是对道德的肯定。①

"所以"之前的一句话是不难理解的，我们可以从施米特与自由主义者罗蒂之间的差异来分析解释。罗蒂为了消除冲突、避免残酷、保护个人自我创造的自由宁愿牺牲道德义务安于平庸，即使自由社会的典型性格是"盲目的、计较的、渺小的、没有英雄气概的"也是"丢卒保车""功大于过"了；而施米特却完全看不上这个"个人主义—自由主义"的平庸社会，强调"民族国家"作为整体的重要性：政治"要摆脱一切任意的私人判断"，有着"超越私人的义务（Verbindlichkeit）特征"，为了"人类生活之严肃性"，为了"那种富有意义的对立面"，为了对"道德的肯定"，寻找"要求人们牺牲生命"的意义，要勇于"放弃现有的安全"。对"政治的肯定"就是对"严肃性"的肯定。"所以"之后的"对政治的肯定最终无非是对道德的肯定"这句结论性的话语依然处于晦暗不明之中，为什么政治和道德相关联，又是"谁的道德"？② 难道自由主义"不道德"？

在较早的《中立化与非政治化的时代（1929）》一文中，施米特开篇就忧心忡忡："我们身处的中欧生活在 sous l'oeil des Russes（俄国人的眼皮底下）"，而且确定无疑的是"以技术反对宗教（Antireligion der Technizität）已经在俄国的土地上付诸实施，这个国家已经崛起，它比任何独裁君王统治下的国家更加极权"。而这个局面的造成是欧洲发展的必然结果，"不但实现并超越了特定的欧洲精神，而且在一个前所未有的顶点上表现出现代欧洲历史的精髓"。③ 下面就听听施米特讲述的"欧洲发展的必然结果""前所未有的顶点"以及"现代欧洲历史的精髓"。

---

① ［美］施特劳斯：《〈政治的概念〉评注》，载于《隐匿的对话——施米特与施特劳斯》，第204—205页。

② 跟随尼采，福柯追问传统形而上学的权力"谁在说话"，谁是主述者，谁是听从者。当面对如何分配财富和权力的问题时，施米特会问"谁来分配，谁的公正"。自然而然，施米特提出"区分敌友"将政治与道德相关，那么，我们也要首先问清楚："谁的主权，谁的专制，谁来决定？"

③ ［德］施米特：《中立化与非政治化的时代（1929）》，载于《政治的概念》，第176—177页。

施米特描述了历史上的几个时代，并将其特点做出了归纳①。

时间	时代特征	"中心焦点"	"精神和公众性的典型代表"
16 世纪	"神学" 时代	"宗教—神学"	"神学家和传教士"
17 世纪	"形而上学" 时代	"形而上学"	"形而上学家分门别类的系统学者"
18 世纪	"世俗化启蒙" 的 "全面大众化时代"	"人道主义和道德观念"	"教士即启蒙作家"
19 世纪	"经济学" 的时代（"走向了精神生活普遍经济学化的道路"）	"产品的生产与分配（消费）"	"经济学家"
20 世纪	"不仅成为技术的时代，而且成为把技术作为宗教信仰的时代"	技术—宗教信仰	大众

施米特强调此种划分并非绝对，后来的时代总是包含着先前，"总是有着多元的（pluralistisches）、已经过时的阶段与之并存"，② 但此种嬗变的中心领域总是显示了"规律"或者说是一种趋势，即"中立化"："每个阶段的更迭——从神学、经形而上学而至道德和经济阶段——同时意味着已经转换中心的各个领域不断中立化"，③ 而此种转换的至关重要一环是技术替代了宗教：

> 我以为，在欧洲历史上发生的所有文化变迁中，最强烈、最重要的当属 17 世纪从传统基督教神学到"自然"科学的转变。
>
> 在我看来，这里的关键在于，神学这个以前的中心领域因其充满争议（Streitgebiet）而被抛弃，人们转向另一个——中立的领域。以前的中心领域不再成其为核心，在这个意义上，它被中立化了。在新的中心领域基础上，人们期望达成最低限度的一致和共同前提，以使保障、明晰、谨慎与和平成为可能。于是欧洲人就朝着中立化和底线化（Minimalisierung）进发，他们接受了那种在后来几个世纪中"一

---

① ［德］施米特：《中立化与非政治化的时代（1929）》，载于《政治的概念》，第178—182 页。

② 同上书，第 178 页。

③ 同上书，第 183 页。

致赞同" 的规律，并以此构筑他们的真理概念。①

人们用基于"共识"的"一致同意"的道德取代了高贵严肃的道德，欧洲精神"斗争"的战场经历了从宗教战争到民族国家战争、再到经济战争这样一个不断中立化以至失去"精神"的进程：

> 欧洲人总是从一个斗争领域（Kampfgebiet）徘徊到一个中立领域，而且这个刚刚获得的中立领域立即就变成另一个斗争战场，于是人们就必须再去寻找一个新的中立领域……宗教战争……演变为……国族战争（Nationalkriege），并最终变成经济战争（Wirtschaftskriege）。②

从这个西方历史发展的内在逻辑中，施米特认识到了一个具有终结意义的绝对"中立化"命题：

> 对技术的信仰在当代广为流行，其根据无非建立在这样一个命题上面：人们在技术中已经找到了绝对的、最终的中立性基础，因为显然没有比技术更中立的东西了。③

欧洲精神到达了中立性的顶点——对于技术的信仰，可终究也逃不过顶点即没落的命运：

> 精神中立性随着技术驶进了精神虚无（beim geistigen Nichts）的港湾。人们一旦脱离宗教和神学、再脱离形而上学和国家，也就排除了一切文化因素，从而达到了让文化死亡的中立性（Neutralität des kulturellen Todes）。④

---

① ［德］施米特：《中立化与非政治化的时代（1929）》，载于《政治的概念》，第183页。
② 同上书，第184页。
③ 同上。
④ 同上书，第186页。

施米特将现代技术与那种"没有生命、没有灵魂"的"机械论"区别开来，与技术的较量不是"有机论与机械论、生命与死亡"的对抗，而是与另一种"精神"的对抗。施米特将这种技术性精神称为"一种空想或魔鬼般的信念"，它使得人们"相信人类的无限力量以及对自然，甚至对人性的控制，相信'自然之边界的消退'是没有限度的，相信人类社会能够不断进步，永远繁荣下去"。① 此种精神的中立性脱离了"宗教和神学"，也脱离了"形而上学和国家"，出卖了"文化"和"心灵"，最终也会出卖进步和繁荣的理想本身，成为"麻醉人的宗教"：

> 技术既能强化和平，也能强化战争，二者的机会相同，除此之外，技术什么也做不到。
>
> 人们以和平的名义来发动最残酷的战争，以自由的名义来施加最沉重的压迫，以人道的名义来制造最可怕的非人道。②

至此，施米特已经讲述清楚了，"欧洲发展的必然结果"就是以斗争追求不断的中立性直到普遍认同的真理："绝对的、最终的中立性"——对技术宗教的信仰。这就是欧洲精神所达至的"前所未有的顶点"。对于这一结果施米特颇为不愿，但也无可奈何，"任何强大的政治势力都会利用技术。由于这个原因，本世纪只好暂时被看作技术的世纪"。③ 那能否战胜此"空想或魔鬼般的信念"，摆脱技术这"麻醉人的宗教"，驶离"精神虚无的港湾"，赎回"文化"和"心灵"获得"正义"呢？可惜，很可能是这一"欧洲发展的必然结果"太过真实，"以技术反对宗教"获得崛起的"比任何独裁君王统治下的国家更加极权"的苏俄正在旁边虎视眈眈，恐惧被征服而臣服的命运如魔鬼般抓住了施米特的心灵：

> 至于最终应该如何理解这个世纪，则取决于人们何时才能知道哪种类型的政治强大到足以掌握新技术，以及哪种真正的敌友阵营能够

---

① ［德］施米特：《中立化与非政治化的时代（1929）》，载于《政治的概念》，第186页。
② 同上书，第187页。
③ 同上。

在此基础上得到发展。①

更强力者、更能"掌握新技术"者获得建造"新秩序"的权力，这不就是尼采"权力意志"的"永恒轮回"吗？苏俄被"我"德意志民族的权力意志替代。之后呢？"强大到足以掌握新技术"的"第三罗马帝国"继续替代进入轮回，再之后呢？……

施米特所论述的"斗争"之"意义"在结尾处达到了顶峰——只有斗争，才能获得人之完整性。这也是权力意志的顶峰：

> 我们认识到精神生活的多样性，了解到精神生活的中心领域无法成为中立性领域，……生命的对立面不是死亡，而是软弱和无助……如果某个群体只是在自己方面看到精神和生活，在另一方面只看到死亡和机械论，就无异于放弃斗争，只能怀抱浪漫的哀怨。因为不是生命与死亡斗争，也不是精神与非精神斗争，而是精神与精神斗争，生命与生命斗争。人事秩序正是从完整地理解了这一点的力量中诞生的。Ab integro nascitur ordo（秩序出于重建）。②

"现代欧洲历史"精神之神髓就是在"精神与精神斗争，生命与生命斗争"中建立新秩序，当然是按照生存斗争胜利者的意志建立精神强大者的秩序。对于正处在苏俄虎视眈眈之下的德意志日耳曼的生存来说，中立性的追求只能是一种政治不成熟的温情表现，而求中立放弃斗争就是"软弱和无助"。

施米特将现代世界描述为一个非政治化的技术宗教时代，驶入了"精神虚无的港湾"。按照施特劳斯的话来理解，这一非政治化中立化的代价就是：放弃了目的即"正义问题"的关切，"转而只关心手段"，导致没有人能够回答"为什么要哲学"、没有人能够"严肃地提出何为正义这个问题"。因为"正义问题"将会导致"一系列无法解决的难题"，围绕目的本身总是争吵不断："围绕什么是正义、什么是善，我们总是在互相争吵，不但与别人吵，而且还与自己吵（柏拉图：《欧绪弗洛篇》，7b-d 以

---

① ［德］施米特：《中立化与非政治化的时代（1929）》，载于《政治的概念》，第187页。
② 同上。

及《斐德诺篇》，263a）。"① 可是，技术则避免了争吵。"技术服务于所有人"，"所有人都利用技术并理所当然地享受技术带来的方便和舒适"，这就"与神学、形而上学、道德甚至经济方面那些可以永远争论下去的问题不同"，技术的问题可以得到清楚的解决，技术"似乎成为一个和平"的中立领域。但是，技术的中立性只是虚假的表面现象："技术永远只是一种工具和武器；恰恰因为它服务于所有人，它不具备中立性"，此种"工具和武器越有用，利用它们的机会就越大"。②

对此技术的中立性，施特劳斯评论道：

> 这种徒有其名的中立性暴露出那种寻求"绝对中立之基础"并不惜一切代价达成一致的企图，何其荒谬。只有以人生的意义为代价达成一致，才有可能不惜一切代价达成一致；因为只有人们不再提出何为正义的问题时，才有可能不惜一切达成一致；不过，如果有人放弃了这个问题，他就等于放弃为人。③

只关心技术作为手段以达到中立性，却牺牲了最重要的目的——人之为人的目的。施特劳斯强调必须重新提出"人生意义"的问题，人才能作为目的而非手段；必须重新提出"何为正义"的问题，人才能真正成为人。区分敌我这一生死攸关的政治问题之合法性基础在于必须提出这个"严肃"的哲学问题即"何为正义"。④

按照施特劳斯的解读思路，我们可以做出如下判断：面对为什么要哲学这样的问题罗蒂尴尬万分无法回答，任何终极的问题都被消解成虚假的问题以致丧失了提问的可能性，只余下暂时起作用的游戏规则；为了对于道德、对于终极意义的寻求必须放弃"游戏"、放弃"趣味和娱乐"，重新提出"什么是善、什么是正义"这样的哲学问题。自由主义者放弃了

---

① ［美］施特劳斯：《〈政治的概念〉评注》，载于《隐匿的对话——施米特与施特劳斯》，第 206 页。

② ［德］施米特：《中立化与非政治化的时代（1929）》，载于《政治的概念》，第 184—185 页。

③ ［美］施特劳斯：《〈政治的概念〉评注》，载于《隐匿的对话——施米特与施特劳斯》，第 206 页。

④ 同上书，第 206—207 页。

追求"严肃"的信念、放弃了寻找"人生意义"的终极目的问题而安于平庸，这是身为罗马人的施米特绝对无法接受的。

二　罗马人施米特

相传，施米特对尼基希说："从渊源、传统和法上讲，我是罗马人"，尼基希也深谙施米特的来历："施米特是在对罗马这个伟大典范的认同和敬畏中成长起来的。"在《罗马天主教与政治形式》一文中，施米特开门见山将矛头直指："有一种反罗马的情绪"，施米特认为没有什么比这种情绪更糟糕的了。法贝尔在其文章《罗马人施米特》中认定像施米特这样的人"一定有一种强烈的亲罗马情绪"。①

施米特的帝国概念是由罗马帝国演化而来，而非盎格鲁—撒克森式的。为什么施米特要做出这样的区分对立呢？因为在他眼中，罗马人是"法的民族"，而"罗马的和平秩序同样得归功于拉丁语言，也就是说，拉丁语的语句同事物本身以及法律秩序相吻合，与之相反，盎格鲁—撒克森语言是海洋般起伏不定的"。如此一来，施米特就将象征着"土地"的罗马精神与象征"海洋"的英美自由精神相对抗。"海洋般起伏不定的语言没有能力统治世界"，② 因为海洋没有"性格"（"性格"这个词从希腊语 charassein 而来，是雕刻、刻入和印入的意思），海洋无法通过劳作得到"雕刻"。虽然海洋有着"鱼、珍珠"等丰富的宝藏，但是没有"需要按照播种和收获这一内在尺度的劳动"："在海中没有田地可以播种，也不能划出固定的边线"，"驶过海洋的船只不会留下任何痕迹"。也就是说，"海洋不存在空间和法律、秩序和定位统一的含义"，"在波涛之上只有波涛"，没有劳动可以刻下任何痕迹。而土地是"最公正的"，只要播种就有收获。英雄们夺得土地并"划上坚固防线"，在土地上建立"长城"这样的界限守护，把和平的秩序与无序分开，将受保护者安全地包裹在界墙之内，使其成为这片土地的子孙。在这个意义上说，"法植根于大地，与大地相连"，它是"大地劳作的报酬"，"作为一条固定的界限"，明显地标志着"秩序"。所以，施米特提议："谁若把'最公正的土地'作为母

---

① 刘小枫选编：《施米特与政治法学》，刘锋等译，华东师范大学出版社 2008 年版，第227 页。

② 同上书，第 230 页。

亲，他一定持反海洋态度。"①

"罗马精神"是"土地与血的精神"。在《语汇：1947—1951 年笔记》中，施米特明确地写下："空间（Raum）与罗马（Rom）是同一个词。"据施米特从词源学上考证，"空间"一词为日耳曼语言所共有，其词根为 rum，意指获得生存的区域。施米特提出的"大空间秩序"就是罗马秩序，而"掠夺土地"就是这"空间上最初的秩序"，它"包含着所有以后具体秩序的起源以及所有以后的法律的起源……从这种'绝对的权利'中演化出所有以后的占有关系和财产关系"。② 施米特把夺取土地和夺取女人等同起来，因为"女人"与"土地"一样，只要男人占有和耕种，就能得到属己的"收获"。施米特所要求的"大空间秩序"按照罗马人的解释即是"夺取土地和女人"，这是属于日耳曼"有血性男人的一种命运"：对"空间"的神魔般地憧憬。

罗马人施米特断言："不会再有和平，只有消除国家间的战争并且带来战争的转型，即世界范围的内战。"而"国家＝主权＝决断权＝结束国家范围的内战（仅由此而得以建立国家）"这一等同公式使得施米特对法西斯持肯定态度，因为它"结束了内战"，"法西斯国家希望带着古希腊罗马式的真诚成为真正意义上的国家"。③

在施米特的政治彻底性中，施特劳斯看出了另外一面："恶能够以腐败、软弱、怯懦、愚蠢的面目出现，但是也能够以'残忍'、本能冲动、生命力、无理性等面目出现。"④ 也就是说，恶是"人性之卑劣"抑或"兽性力量"。施米特把人在自然状态的恶等同于后者"兽性力量"——"把人性之恶看成动物性的无辜之恶"。这样一来，战争，即便是侵略战争也只是"无辜的恶"：异族存在本身就是对我族生存的自然威胁，为了我族生存的需要必须建立以我族为中心的空间秩序，战争不可避免。也只有这样，施米特的政治行为（"区分敌我""战争高于和平"）才顺理成章不必承担政治行动启动后随之而来的罪行。施米特以明确的"同情"口吻谈论"没有道德含义的'恶'"，但是"这种同情无非是对动物强力

---

① 刘小枫选编：《施米特与政治法学》，刘锋等译，华东师范大学出版社 2008 年版，第238 页。

② 同上书，第 232—233 页。

③ 同上书，第 243 页。

④ ［德］卡尔·施米特：《政治的概念（1932）》，载于《政治的概念》，第 138 页。

的推崇而已"。施特劳斯认定施米特仍然是在自由主义的牢笼之内批判自由主义（生存论的性恶论），他提出要回到霍布斯之前，"回到把恶作为道德之卑劣的观点"（原罪）。唯有如此，施米特才能找到出路："'政治理念的核心'乃是'道德要求的决断'。"[①]

至此，就可以将施特劳斯评论的这句话——"所以，对政治的肯定最终无非是对道德的肯定"解释清楚了，说施米特肯定政治的合法性之基础在道德，但这并不是说自由主义者没有道德，肯定政治的希望战斗的人与自由主义者一样的"宽容"，只是在尊重和宽容何种道德上，两方出现了差异：

> 自由主义者尊重并宽容一切"诚实"的信念，只是他们仅仅认为法律秩序与和平神圣不可侵犯，而一个肯定政治本身的人则尊重并宽容一切"严肃"的信念，即定位于战争之现实可能性的一切决断。[②]

施米特和自由主义并不是"死敌"，施米特"对自由主义的批驳只是伴生性和准备性的"，而真正的"死敌"，"决定性的斗争"双方是：

> 斗争的一方"技术精神"和"激发反宗教的世俗激进主义的群众信仰"，另一方则是相反的精神和信仰，它至今似乎依然没有名称。最终，对何为正义这个问题的两种截然相反的回答相互遭遇一起，这些回答均不允许任何妥协和中立。[③]

这不是两种制度之间的斗争，而是两种精神之间的斗争。

在施特劳斯看来，这个问题的解决出路是：需要从"整体的知识"中获得人类事物的秩序。此种"纯粹和整体的知识"不是历史相对的——"不能从'特定的政治现实'和时代状况中获得"，必须回到原初，"回到'尚未损害、尚未败坏的自然'来获得"。

---

① ［美］施特劳斯：《〈政治的概念〉评注》，载于《隐匿的对话——施米特与施特劳斯》，第203—204页。

② 同上书，第208页。

③ 同上书，第209页。

施米特在生存论上讲述斗争的不可避免、政治的决定性,"弱小者面对强大者被剥脱生存的紧张情绪;图强者拼命争夺的血性较量;强大者游刃有余的生存游戏;更是即便无数次的重复牺牲,依然阻挡不了的无动于衷的冷漠——生存论的冷漠"。与施米特有所不同,施特劳斯回归恶的道德意义以避免陷入生存论上"无辜之恶"的不可避免。但是,他和施米特所要对抗的东西是一致的:对抗"技术"中立化的道德虚无主义,对抗"反宗教的民众信仰"。施特劳斯给出的解决出路是回到"整体的知识"中去,这"整体的知识"指的是什么呢?

第三节　施特劳斯对"现代性危机"的诊断与回归

经历二战从德国来到自由的国土,施特劳斯在美国的学术生涯处在美苏两个超级大国争霸的冷战时期。面对可能发生战争的威胁,美国"以持续不断的政治分裂作为抵御世界性专制制度的屏障",以及科学技术被当作"为人的力量服务的征服大自然的工具"而丧失了任何限制,对人和自然造成了全面的剥夺。随着技术理性而来的那些自由学说,"否认关于任何目的或原则之普遍有效性的理性知识的可能性,社会科学将其范围限制在事实领域,而不涉及道德的和基本的选择及原则",更是助长了怀疑情绪。政治哲学放弃了本应该关注的领域,或者做出了错误的观察,政治哲学式微。所以,施特劳斯对现代性的诊断是:对"目的失去信心是特有的现代性危机","西方的普遍危机从根本上说是政治哲学这一特殊学科的危机"。①

一　"神学—政治危机"

斯宾诺莎是"启蒙运动"的现代传人,是这场"在哲学和宗教上反对前现代传统的现代造反"运动的传人。现代造反运动的目的就是要将政治国家从宗教王国中解放出来,"以贬低宗教王国来确保政治王国的无上性和自主性",要用理性的进步观念替代启示的神圣控制力,从而将人从神那里解放出来并将人推高到神的位置,彰显人自身的强力从服从神的被

---

① [美] 列奥·施特劳斯、约瑟夫·克罗波西主编:《政治哲学史》"后记",李天然等译,河北人民出版社1993年版,第1072—1073页。

控制者到替代神成为世界的主宰。宗教不再是统治性的约束力量，不可能是"真理"，更不可能拥有政治权力，而仅仅只有道德教化的功能。斯宾诺莎将自马基雅维利那里流传下来的"宗教批判方法运用到犹太教"，向人们传布自由民主的世俗国家观念，信仰"自由主义、进步、科学、自然道德和自然宗教、世俗国家、大众启蒙"。斯宾诺莎所心仪的无疑是自由民主制国家。施特劳斯对其的评价是："他是第一位既是民主派又是自由主义者的哲学家"，是"自由民主制"这一现代政体的创立者。① 我们可以将斯宾诺莎提出的犹太人问题解决方案归纳为："开明的民族同化主义"，"它可以使犹太人以世俗个体公民身份融入自由民主制"，让犹太人能够在现代政治中获得体面的尊严。② 在这样一个自由社会中，"犹太教徒和基督教徒都是其中平等的成员"。③

如果没有希特勒这一政治方案就真的成功了：

> 在希特勒上台之前，许多德国犹太人相信，他们的问题已经由自由主义在原则上予以解决：德国的犹太人是具有犹太教信仰的德国人，他们和有基督教信仰的或者没有信仰的德国人并不更少德国化。他们假定，德国政府（更不用说德国社会和德国文化）对基督徒和犹太教徒或者说对犹太人和非犹太人的区分是中立的，或者说应该是中立的。④

在达到了宗教解放的自由民主国家中，政府是中立的政府，没有基督教徒和犹太教徒或者非犹太人和犹太人的区分，所有人都是德国的公民，宗教信仰的不同只存在于私人领域。这种幻象被纳粹对犹太人的大屠杀这一苦难现实无情戳破，德国最强大的部分根本不接受这一假设，"谁属于，谁不属于，这应当由大多数人来决定；它是一个权力问题"。犹太人的德国性不是靠他们自己来评判，而是要依靠非犹太教的德国人做出。施

---

① ［美］施特劳斯：《〈斯宾诺莎宗教批判〉英译本导言》，载于贺照田编《西方现代性的曲折展开》，吉林人民出版社 2002 年版，第 249 页。

② 刘小枫编：《施特劳斯与古典政治哲学》，上海三联书店 2002 年版，第 72 页。

③ ［美］施特劳斯：《〈斯宾诺莎宗教批判〉英译本导言》，载于《西方现代性的曲折展开》，第 256 页。

④ 同上书，第 230 页。

米特的区分敌友论在现实政治国家中仍然发挥着作用，自由民主国家的中立政府只是不成熟的幼稚幻想罢了，政治是不可能中立的。[①]

除此之外，自由民主国家这一政治解决方案本身就无法解决犹太人问题：

> 自由主义的成败取决于国家和社会的区分，或者说取决于承认受法律保护而又不被法律所入侵的私人领域的存在，此外还伴有这样的理解，作为具体宗教的宗教属于私人领域。正如自由国家不会"歧视"自己的犹太公民这一点是确定无疑的，国家也没有能力或不情愿在宪法上防止个人或者团体对其犹太公民进行歧视，这一点也是确定无疑的。自由国家并不能为犹太问题提供解决之道，因为这样的解决办法要求对每一种"歧视"加以法律禁止，这等于取消私人领域，否认国家和社会的区别，毁灭自由国家。[②]

自由民主制国家是现代体制中唯一对犹太人表示友好的政体，只有在这个制度下，犹太人才有可能得到有尊严的安置。犹太人试图成为自由民主国家的公民是为了"重树尊严"，但是他们不能像其他自由国家的公民那样通过成为公民重树尊严：在法律面前的平等"不是社会平等"，法律作为理性命令无法触动非犹太人情感这一私人领域，他们依然可以正当地歧视犹太公民。同化的结果并不能够避免歧视。可见，不仅区分敌友的现实政治是残酷的，而且自由主义制度本身就存在着问题，它不但包容犹太人，而且包容对犹太人的歧视。犹太人作为个体同化进入自由民主国家的方案以失败告终。[③]

施特劳斯将犹太人问题看作启蒙所造成的现代性危机。启蒙时代的信念曾经使得人们相信"在历史的进步中，自由主义不仅可保证启蒙的胜利，犹太人及犹太教亦可以在这种胜利中自由地繁荣昌盛"。可是，在政

---

① 参考施特劳斯十分关注的法学家卡尔·施米特对于"政治"的评论："一个处于政治世界中的民族无法逃脱做出这种命运攸关的划分（划分敌友）……一个私人没有政治敌人。"（见卡尔·施米特《政治的概念（1932）》，载于卡尔·施米特《政治的概念》，第 130 页）

② ［美］施特劳斯：《〈斯宾诺莎宗教批判〉英译本导言》，载于《西方现代性的曲折展开》，第 234 页。

③ 刘小枫编：《施特劳斯与古典政治哲学》，上海三联书店 2002 年版，第 70 页。

治领域中，由于"自由主义政治的明显倾覆"——希特勒在德国的胜利；以及在神学领域中，又面临"现代犹太思想最深层的知性回应是否充足的疑惑"，启示在面对技术理性的启蒙之后还是否可能则是一个急迫需求解答的问题。这样一来，犹太精神以及现代西方文明面临前所未有的尖锐挑战，是"前所未有的大灾难及大恐怖"，施特劳斯将这种广泛的困境称为"神学—政治危机"。①

15世纪以后的"文艺复兴""宗教改革"就已经开始了理性对于启示的怀疑，而最关键的对于启示神学的反转就是上帝的世俗化即17世纪开始的启蒙运动。正如施米特所说的那样，"在欧洲历史上发生的所有文化变迁中，最强烈、最重要的当属17世纪从传统基督教神学到自然科学的转变"。这种转变使得"哲人不再被需要了，理念与精神都没有了，哲人与民众，即主人与奴隶的冲突随之消失了，甚至独裁与自由都操着技术的语言已经没有了精神的差别"。② 这就是施特劳斯所说的"对目的失去信心"的特有的现代性危机，也是"政治哲学"这一特殊学科的危机。

二　回归犹太教传统：作为立法者的先知

纳粹现实用生命和鲜血教育犹太人：他们不可能成为纯粹自由社会或者普遍人类社会的一员。犹太人问题真正解决之道似乎只能是："犹太人要和'所有的民族一样'"，"建立一个现代的、自由的、世俗的（但不必然是民主的）国家"。③ 施特劳斯年轻时也是一个政治犹太复国主义者，可是政治犹太复国主义（通过建立国家以重获犹太人尊严的方式）只能是一个勉为其难的办法：

> 文化犹太复国主义最有力地指明了这一点：严格政治意义上的犹太复国主义只关注当前的紧急状态及其解决，它缺乏历史的视角；出身的共同体、血族的共同体同样必须是心智的共同体，是民族心智的

---

① 刘小枫编：《施特劳斯与古典政治哲学》，上海三联书店2002年版，第55—56页。

② 参考墨哲兰《这样的历史是否过去了？——西蒙的问题与现代性危机》，《开放时代》2001年第9期。

③ ［美］施特劳斯：《〈斯宾诺莎宗教批判〉英译本导言》，载于《西方现代性的曲折展开》，第232页。

共同体；没有扎根于犹太传统的犹太文化，犹太国家不过是空壳一具。①

这段话是对于政治犹太复国主义的否定，但也指明了一条可能的路向。没有"民族心智的共同体"，政治国家的建立只能是"空壳一具"。但为了保护犹太人的尊严不受歧视，政治犹太复国主义又是勉为其难必须要走的路，那在什么样的基础上建立"民族心智共同体"呢？当然只能是犹太圣经的启示真理：

> 犹太传统的基础，以及其最权威的地层都表现出它是神赐的礼物，是神圣的启示，而不是人的心智的产物。那些把它解释成和任何其他高级文化相似的文化的主张，岂不是对他们宣称要对其忠实的文化的扭曲？②

作为犹太人基石的是《圣经》《塔木德》《米德拉什》，这些犹太心智不是"人的心智的产物"，而是来自天上，是"神赐的礼物"、是"神圣的启示"。被启蒙精神所操控的文化犹太复国主义将"犹太遗产解释成民族心智、民族天才的产物"，这注定了文化犹太复国主义只能是一种折中的解决方法。施特劳斯直指这种文化犹太复国主义的自相矛盾之处：这种将犹太文化"解释成和任何其他高级文化相似的文化的主张，岂不是对他们宣称要对其忠实的文化的扭曲"？施特劳斯提出，文化犹太复国主义必须转向宗教犹太复国主义：

> 实质性的东西不是文化，而是神的启示。因此，唯一可靠的，也是唯一畅通无阻的解决办法是，抛弃或超越文化复国主义，明确采用宗教复国主义。这就意味着回归犹太信仰，回归我们祖先的信仰。③

---

① ［美］施特劳斯：《〈斯宾诺莎宗教批判〉英译本导言》，载于《西方现代性的曲折展开》，第233页。

② 同上。

③ ［美］施特劳斯：《犹太哲人与启蒙——施特劳斯演讲与论文集》卷一，刘小枫编，华夏出版社2010年版。第399页。

施特劳斯反对文化犹太复国主义的启蒙做法，主张回归宗教犹太复国主义，"首先是犹太教信仰，其次才是犹太复国主义"。① 可是，现代启蒙的科学进步观念已经让神学启示不可能，如斯宾诺莎这样伟大的思考犹太人问题的哲学家已经完全否定了启示的可能，犹太复国主义自然就是根本不可能的事情了！启示在现代理性之光的照耀下是否可能就成了对犹太人来说性命攸关的问题。

斯宾诺莎作为一个犹太人却不遗余力地批判犹太教。施特劳斯的魔眼敏锐地发现斯宾诺莎正是将马基雅维利那里流传下来的"宗教批判方法运用到犹太教"，此种马基雅维利式逻辑就是："为了善的目的（为了摧毁中世纪体制的正当事业）"却"采取恶的手段（讲述关于犹太人的谎言）"。② 施特劳斯进一步解释说，斯宾诺莎的道德谋略是表面一套内里一套："以犹太人为直接的攻击目标，这样，既可暗中展开对基督教更广泛的攻击"——显白与隐微。为什么要显白与隐微呢？施特劳斯将答案直指"恐惧"。③ 斯宾诺莎之所以批判犹太教是为了笼络基督徒，"通过提出反犹太教和犹太圣经的观点，得出能让基督徒接受的反基督教论断"——表面上是反对犹太教，内里也是要将中世纪的基督教作为箭靶，一石二鸟！如此一来，斯宾诺莎可以说是将犹太人从犹太教和基督教的双重压迫中解放了出来。④ 斯宾诺莎政治启蒙的目标不仅将矛头对准犹太教，更是指向了所有宗教——废除宗教，将人从宗教的束缚中解放出来，进而进入自由民主国家，"《神学政治论》的目的是指明通往自由社会的道路"。⑤

施特劳斯将注意力集中在这位"集合了太多恼人矛盾"的启蒙同化方案设计者身上。因为相比较于先驱和后辈，他作为设计者的开端属性更

---

① ［美］施特劳斯：《〈斯宾诺莎宗教批判〉英译本导言》，载于《西方现代性的曲折展开》，第 233 页。

② 刘小枫编：《施特劳斯与古典政治哲学》，上海三联书店 2002 年版，第 68 页。

③ 参考［美］施特劳斯《〈斯宾诺莎宗教批判〉英译本导言》，载于《西方现代性的曲折展开》，第 255 页。施特劳斯的表述是："科亨的下述回答最接近于真理，因为斯宾诺莎的动机是恐惧，的确这是一个'人可以理解'的动机。"

④ 刘小枫编：《施特劳斯与古典政治哲学》，上海三联书店 2002 年版，第 69—70 页。参考施特劳斯《〈斯宾诺莎宗教批判〉英译本导言》，载于《西方现代性的曲折展开》，第 255 页。

⑤ ［美］施特劳斯：《〈斯宾诺莎宗教批判〉英译本导言》，载于《西方现代性的曲折展开》，第 255—257 页。

能够将现代哲学的反神学前提的"暧昧"基础显明出来：斯宾诺莎"预先接受"了从启蒙先辈（培根、笛卡尔、霍布斯）那里流传下来的"从现代科学中发展出来的真理概念"来证明"整个神圣启示的观念根本不可能，而且过于简单"。① 施特劳斯为什么要讲"预先接受"呢？他的意思是，斯宾诺莎预先假定了"他相信（自己的）哲学根本上是对整个世界清楚、明晰从而也是真实的阐释"，用预先假定的"启示真理不存在"（只存在"现代科学中发展出来的真理概念"）最后得到"启示真理不存在"的证明结论。这一"预先接受"的内在逻辑就是先有立场再寻求批判，"斯宾诺莎绝非是在其体系中拒斥启示，而是用其体系本身预设了启示的虚妄"。② 之所以这样做的原因就是要完成启蒙的任务：人取代上帝成为世界的主宰，那么人就不能从外在于人的启示那里寻求世界的答案，这样人只能是被控制者。所以，理性启蒙者必须否认启示的存在。即便没有了上帝的存在，世界和人的生活也是可以得到理解的，这就要求在哲学体系上必须证明人是世界的主宰、是自己生活的主宰，"纯粹被给定的世界必须要被由人在理论和实践上创造出来的世界所替代"。③ 这种倒果为因的荒谬性在施特劳斯的魔眼下显露无疑：斯宾诺莎所要提供的不是结论的证明，他已经从一个"似是而非的假设"前提出发（没有启示真理，只有科学真理）得到了所期望的那个结论（启示真理不存在）。

启示这一奇迹究竟是否可能呢？施特劳斯通过一种以退为进的方式提出了一种非常巧妙的策略。在施特劳斯看来，"上帝的意志是深不可测的"。从经验而来的否证无疑对于全能的造物主是无效的，"上帝的道路不是我们的道路"；由单纯的矛盾律而来的驳斥也是人们自己制造出来的问题而已，"避开矛盾陈述来谈论的上帝是亚里士多德的上帝，不是亚伯拉罕的上帝、以撒的上帝、雅各的上帝"。要想否证对于上帝信仰的唯一方式只可能是诉诸一个"绝对终极的哲学体系"，在这个体系中"我们对于万物的原则有着清楚明白的或者科学的认知"（例如黑格尔的哲学体系）、"不存在任何神秘性的东西"——一切神秘都真相大白了。施特劳

---

① 刘小枫编：《施特劳斯与古典政治哲学》，上海三联书店 2002 年版，第 62 页。

② 同上书，第 64 页。

③ ［美］施特劳斯：《〈斯宾诺莎宗教批判〉英译本导言》，载于《西方现代性的曲折展开》，第 269 页。

斯笃定地否认有这样的东西存在：这样一个哲学体系的存在"至少同《圣经》中的真理一样不可能"。施特劳斯敏锐地注意到，由于无法提出确实有效的证明，所以斯宾诺莎只能使用反讽的方式来达到证明的目的。施特劳斯将斯宾诺莎的这种批判方式戏谑地称为："他们试图通过讥讽的手段使得正统教义的位置在笑声中被颠覆。"①

沿此思路，施特劳斯明确提出了自己的结论：

> 如果人类理性不能证明全能上帝不存在，我相信人类理性将同样不能证明全能上帝存在。②

理性的限度正是这句话所想要表达的意图，施特劳斯正是通过这样的方式在现代启蒙的浪潮中为犹太教信仰留下地盘。施特劳斯用这样的方式回应了"神学—政治危机"，在启蒙的现代性危机中重新为宗教辩护，为犹太教传统找回位置，他自己也从政治犹太复国主义回到了宗教犹太复国主义。

面对现代"神学—政治危机"的施特劳斯提出的解救办法是重回古希腊，返回到那"尚未损害、尚未败坏的自然"，回到开端的绝对性之中。圣经希伯来语中本没有表示"自然"的词，与"自然"类似的词是"方式"（way）和"习惯"（custom）。由于"自然的发现"而一分为二：一方面是自然（physis）；另一方面是"约定"（convention）或"法律"（nomos），而且"自然"先于"约定"。③ 人的法律来源于"自然"但并不是"自然"，"人的法律恰恰由于不同于神圣的或自然的法则而不是绝对正确和公正"，只有真正"自然"才是绝对"正义"。④ 施特劳斯将苏

---

① ［美］施特劳斯：《〈斯宾诺莎宗教批判〉英译本导言》，载于《西方现代性的曲折展开》，第268—269页；刘小枫编：《施特劳斯与古典政治哲学》，上海三联书店2002年版，第64—65页；［美］施特劳斯：《创世纪释义》，载于《柏拉图的哲学戏剧》，刘小枫编，上海三联书店2003年版，第169—171页。

② ［美］施特劳斯：《创世纪释义》，载于《柏拉图的哲学戏剧》，170页。英文原文为 If it is true then that human reason can not prove the nonexistence of God as an omnipotent being, it is, I believe, equally true that human reason can not establish the existence of God as an omnipotent being.

③ ［美］列奥·施特劳斯、约瑟夫·克罗波西主编：《政治哲学史》绪论，第3页。

④ 同上书，第5页。

格拉底作为政治哲学的创始人，"苏格拉底放弃对神圣或自然事物的研究似乎是出于他的虔诚。神不愿让人探究他们不想启示的东西，特别是天上地下的事物。因此一个敬神的人只能探究留待人来探究的东西，亦即人间事物"。① 施特劳斯将先知精神放在苏格拉底身上，人只能知晓神之启示的知识，这是人之限度。为了拯救现代性危机，施特劳斯回到古希腊回到"自然"真正想要的是用希腊理性限制现代理性，直至可以接受神启。而如苏格拉底般的哲人扮演着至关重要的角色，"只有以哲人王为原型的作为立法者的先知形象，才有可能提供一种解决方法"。②

　　犹太人施特劳斯的政治哲学指向的是政治神学，要回到的"自然"是与希腊理性不同的希伯来启示的"超自然"。施特劳斯的启示指向了这样一个神话，即在柏拉图的《理想国》之中，苏格拉底借"腓尼基人的传说"讲述了一个"高贵的谎言"：

> 　　我们在故事里将要告诉他们：他们虽然一土所生，彼此都是兄弟，但是老天铸造他们的时候，在有些人的身上加入了黄金，这些人因而是最可宝贵的，是统治者。在辅助者（军人）的身上加入了白银。在农民以及其他技工身上加入了铁和铜。但是又由于同属一类，虽则父子天父相承，有时不免金父生银子，银父生金子，错综变化，不一而足。所以神给统治者的命令最重要的就是要他们做好后代的护卫者，要他们极端注意在后代灵魂深处所混合的究竟是哪一种金属。如果他们的孩子心灵里混入了一些废铜烂铁，他们决不能稍存姑息，应当把他们放到恰如其分的位置上去，安置于农民工人之间；如果农民工人的后辈中间发现其天赋中有金有银者，他们就要重视他，把他提升到护卫者或辅助者中间去。须知，神谕曾经说过："铜铁当道，国破家亡。"（《理想国》，415a-d）

---

① ［美］列奥·施特劳斯、约瑟夫·克罗波西主编：《政治哲学史》绪论，第4页。

② 参考［美］施特劳斯《哲学与神学的相互关系》，载于迈尔《古今之争的核心问题——施米特的学说与施特劳斯的论题》，林国基等译，华夏出版社2004年版；张志扬《解释与论证：施特劳斯〈神学与哲学的相互影响〉评注》，载于萌萌主编《启示与理性：从苏格拉底、尼采到施特劳斯》，中国社会科学出版社2001年版；刘小枫在《刺猬的温顺》中对苏格拉底两种身份进行了讲解，提出拯救之途即"美好生活的可能性就唯有靠苏格拉底—柏拉图的哲人精神"。

柏拉图想到，虽然有些人可能"不会相信这个故事"，不过"他们的下一代会相信的，后代的子子孙孙迟早总会相信的"。因为，这样做不仅可以使"他们倾向于爱护他们的国家"，还能使"他们相互爱护"。"我想就这样口头相传让它流传下去吧。"（《理想国》，415d）施特劳斯接受了柏拉图这一口传的"隐微"传统，要把它在今天继续传扬下去。

施特劳斯"认为自己是自由民主的朋友"，但"需要对它加以保护以防止外部和内部攻击的威胁"，① 希望能够依靠人文教育抵抗大众文化之毒，使得"大众民主上升到原来意义上的民主"——"扩大为普遍贵族制的贵族"。② 明显可见，施特劳斯是倾向于等级制的，但与希腊理性金银铜铁以知识等级及其对应德性等级有所不同，哲人充当先知"牧羊人"，民众是"羊群"，在得到启示而得救的先知引领下得到救赎。哲人与民众的关系是上智下愚、上尊下卑的统治与被统治、引导与被引导的关系。在启示之下，哲人说，民众听从。哲人是"立法者"，即便成不了"哲人王"，也是"帝王师"，说穿了，就是主奴关系（尼采）。这种关系"不是或不仅仅是"以知识与美德来衡量，"归根结底要以原罪与救赎以显示'神性'的绝对性来衡量"。施特劳斯的政治哲学即政治—神学。

第四节 罗蒂的反讽：无根基的个体与共同体

在《偶然、反讽与团结》一书中，为说明反讽主义者对根基的反讽，罗蒂提到了苏格拉底的提问方式："什么是 X？"③ 如何导向了形而上学的思维方式，我们也可以跟随着这个基本语式重述一下传统的"合法性"（以"什么是真"为例）。（1）"是"作为系词，那么"真"是本来就有了的——这就是传统形而上学的真理观，"真理"＝"什么"（同一性），真理即"是"出来的"这唯一一个"。在这种方式下，真理是被发现的，而不是被创造的，因为真理已经在那了。问题可以变形成"真理是什么"，只要能把"什么"发现出来，真理就找到了。（2）"是"作为动词，"是"即"生成"，那么真理并不完全是被发现的，而是我作为共生

---

① ［美］列奥·施特劳斯、约瑟夫·克罗波西主编：《政治哲学史》后记，第 1074 页。

② 同上书，第 1099 页。

③ ［美］罗蒂：《偶然、反讽与团结》，徐文瑞译，商务印书馆 2005 年版，第 106 页。

的合力参与了创造的过程。"什么"是又不是"真理",当你去问是"什么"的时候,这个"什么"总是无法给出唯一的答案而指向差异性。如苏格拉底的思考方式。(3)"是"作为隐喻词,"是"是一种唯名论而已["反讽主义者是一位唯名论者(nominalist)"①],真理成为一种"说法",成为语言的游戏。"什么"可以是"任何一个"。按照实用性的原则,哪种说法方便合用,说的人多了,这种真理的"隐喻"就转变成约定俗成的"本义"即陈词滥调,于是新一轮的隐喻策略应运而生。② 这样一来,真理作为"一些快速变化的隐喻"已经与"发现"毫不相干,与其说"发现"了真理的一种新说法,不如说"创造"了一个新的语言游戏,更能体现"是"的自由。

传统形而上学的观点认为"真理"是基础,具有"唯一性","真理"是达到"自由"的前提,意味着对于存在之"必然性"的揭示。传统的真理观是"符合论"的真理观,而"自由"的实现正是要求"人的本质"与"存在的本质"即与这唯一的"真理"相符合。③ 传统形而上学的"合法性"与其说是依靠"真理",不如说是依靠"迷信",把"真理"当作永恒固定不变的东西,而那些"发现真理"的真理"拥有者"——"教主""圣王""天才""权威"——也就获得了一劳永逸的统治地位。研究"疯病""监狱""性史"的福柯一眼看穿了这种形而上学"真理"的合法性,与其说与"真实"相关倒不如说与"权力"相关。即让"真理"获得真理"合法性"的根据是"权力","某一"成为"此一",而后"此一"又成为"唯一",于是这"唯一"就有了权力性。谁发现了真理,谁就有了话语的权力,谁就掌握了意识形态的统治地位,可以罢黜百家唯我独尊。揭穿了这个秘密的尼采高呼"上帝死了",对这一(柏拉图的)传统进行了颠覆,拆毁了形而上学"上帝"的伪装转而向"超人"致命一跳,对于"真理"和"自由"做出了与传统截然不同的解释,走上了用权力制造真理的道路。"发现真理"的神话破灭了,传统"同一"的合法性也随之而去。但是,这一反转仅仅只是二值逻辑非此即彼的倒转,

---

① ［美］罗蒂:《偶然、反讽与团结》,徐文瑞译,商务印书馆 2005 年版,第 106 页。

② 参考张志扬《偶在论》,上海三联书店 2000 年版,第 11—14 页。

③ 参考张国清《罗蒂:再现论、反再现论和当代西方哲学主题的转向》,载于《哲学研究》1994 年第 7 期。

从本质主义倒向虚无主义。尼采在这空前的大崩溃中看到了空前的大自由，"我们的航船再度起航，……海洋，我们的海洋又重新敞开了，也许从来不曾有过如此'开阔的海洋'"。[1] 在此之后，在如此"开阔的海洋"上"自由"遨游优先于寻找本固置于中心坐标的陆地——"真理"，从"符合"作为基础的"真理"才能达到"自由"，到"基础"即"限制"，抛弃"基础"意味着抛弃"限制"，抛弃掉任何根基才能"自由"创造。这种无根基状态没有产生奥德修斯对伊塔卡的思念而是标志着一切限制的消失。抛弃根基意味着抛弃了限制，只有这样，人才成为真正自由的个体。后现代的思路就置身于这大崩溃之中：一切所谓的历史、世界、人，都是断裂的、破碎的、残片式的，一切都只不过是"突然发生"的偶然存在而已。但是，门却在这废墟之上敞开了，对于真理的唯一性进行"反讽"，"多元""偶然""不确定"成为中心的语词。人可以自由创造属于自己的叙事，每一个隐喻都有自己的合法性。

　　罗蒂提出的"反讽人"正是这无根基时代中自由的个体；将前人的东西看成过时无用的东西，"反讽人"的唯一标识就是"创（造）新（隐喻）"。一方面，罗蒂认识到了哲学的危险品性，"反讽"毁坏了"根基"破坏了"唯一性"、破坏了任何自称"中心"的东西，甚至对共同体的核心价值都造成了威胁；另一方面，权力无孔不入地渗透到社会的各个孔隙使得生而自由的个体无时无刻不受到威胁，无时无刻不处在枷锁之中，几乎没有任何办法能够逃离。反讽是个体获得自由的武器，要保护个人创造的自由就要维护反讽的价值。于是，罗蒂提出了将公共领域与私人领域加以区分的主张。一方面，在私人领域中保护个体的自由，允许鼓励私人的创造，尽其所能地对已有的一切进行再描述，避免公共权力对私人领域的渗透；另一方面，在公共领域中保护民主的价值，因为只有这种制度能够最大限度地减免残酷的可能。罗蒂提出"民主先于哲学"的口号，希望在公共政治领域对哲学进行限制进而捍卫民主的种族中心主义价值，通过扩大"我们"的范围，将"他人"接纳为"我们"的一员，最大可能地减少残酷。

---

[1]　[德] 尼采：《快乐的科学》，黄明嘉译，华东师范大学出版社 2007 年版，第 343 节。

一　偶然：从真理到罗曼司

（一）形而上学真理的终结

如果没有了真理，不能提供真理的哲学就变成了"胡说"，哲学家都成了信口雌黄的诡辩家，哲学除了终结还能做些什么？从柏拉图那里就开始了对世界的二元区分，实在是有其内在本质的，人要透过纷繁芜杂的现象看到世界的本质，真理就是要去除杂多的现象与实在那唯一的本质相符合，充分发挥理性精神寻找真理是哲学家自我要求的最高职责和首要美德。可现在，形而上学的终结几乎是一个人尽皆知的话题。关于哲学或形而上学，阿伦特使用了"一个早已恶名昭彰的研究领域"这样的描述，甚至哲学家都已经开始公开谈论哲学的终结。[①] 理查德·罗蒂就是这样一个意图终结形而上学的反传统哲学家。他认为，当今的哲学必须跨越传统本体论关于现象与本质的区分，要在认识论上超越传统反映论的限制，没有什么更高的实在，也没有什么存在自身，是时候走出那古老的柏拉图式"主体—客体"图像了。罗蒂放弃了妄图"在一个单纯的一瞥中把握实在和正义（叶芝）"的迷梦，[②] 哈贝马斯将这一转变称为罗蒂治愈了其"柏拉图式的疾病"，完成了"实用主义转向"。[③]

形而上学终结意味着结束，也暗含着新的开端。我们必须理解"终结"究竟为何意，只有如此当我们说起哲学或形而上学的"终结"时，才能如阿伦特坚定认为的那样："我相信会有好处。"阿伦特在谈到"终结"（ends）的时候，并不是说"死亡"（died），如我们说上帝的"终结"并不是说上帝已经"死亡"，而是问题被提出和回答的传统方式不再"言之成理"（plausibility），新的哲学需要提出走出传统的框架，提出新

---

① Hannah Arendt, "Thinking and Moral Consideration", in *Responsibility and judgment*, p. 161.

② 参考［美］罗蒂《托洛茨基和野兰花——理查德·罗蒂自传》，载于《后形而上学希望》，张国清译，上海译文出版社 2009 年版，第 368 页。其中提到"我逐渐断定'在一个单纯的一瞥中把握实在和正义'的整个理念原来是一个错误，对于这样一个'一瞥'的追求一直以来恰好是导致柏拉图误入歧途的东西"。

③ Jurgen Habermas, "Richard Rorty's Pragmatic turn", in *Rorty and his Critics*, edited by Robert B. Brandom, Oxford: Blackwell Publishing, 2001, p. 31, 34.

的解释和答案。① 罗蒂要放弃传统的答案，放弃传统的希望，即在上帝和理性中寻找得到"救赎真理"以显示自身生活真实存在的盲目渴望，而仅仅保留得到"救赎"的希望（"希望成为自己"的浪漫主义主张）——"救赎将通过触及人类想象力的当前限度获得"。② "想象力"而非"理性"确认了思想的边界，与虚假无用的沉迷幻想不同，想象力"是通过提出关于符号和声音的有益而新颖的用法来改变社会实践的能力"，"想象力创造了理性得以运作的游戏"，想象力优先于理性。③ 如何才能够最大地拓展人类想象力的限度呢？文学文化在这方面要更为有效，哲学要走向文学文化，成为文化哲学。

罗蒂将传统形而上学人类处境形象地描绘成一张跷跷板：

实在界——信念和欲望的网络——自我的本质核心。

"在这幅图像中，信念和欲望的网络乃是两端（自我与实在）互动的结果，一方面表现自我，另一方面再现实在。"④ 外部"实在"与内在"自我"都是真理的隐蔽本源。这个传统中，真理是被发现的，是在实在界或自我的本质核心中被发现的，因为它"符合世界"或"表现人性"。

启蒙运动作为转折点，法国大革命在一夜之间改变了世界的面貌："社会关系的全部语汇，和社会制度的整个谱序，可以几乎在一夕之间被取代。"上帝和人性的问题被搁置一边，人们按照自己的意志去安排新的社会制度。同时，艺术不再被视为模仿，成为艺术家的自我创造。政治的乌托邦和艺术的浪漫主义转变，让人们开始认为"真理是被制造出来的，而不是被发现的"。⑤

康德与黑格尔似乎接受了"真理"是被创造的这一思路：康德把现

---

① Hannah Arendt, "Thinking and Moral Consideration", in *Responsibility and judgment*, pp. 161-162.

② ［美］罗蒂：《作为过渡类型的哲学》，载于《文化政治哲学》，张国清译，北京大学出版社 2011 年版，第 102、106—107 页。

③ ［美］罗蒂：《实用主义和浪漫主义》，载于《文化政治哲学》，张国清译，北京大学出版社 2011 年版，第 129—130 页。

④ ［美］罗蒂：《偶然、反讽与团结》，徐文瑞译，商务印书馆 2005 年版，第 20 页。

⑤ 同上书，第 11 页。

象世界的真理即科学认识的真理分派为第二等——当作被创造的，"黑格尔把诗人和政治革命家所提供的真理提升为第一真理"，但是，他们仍然延续了对于主体世界与客体世界的区分。从康德到黑格尔的德国观念论者试图用"非经验的超科学（先验观念）"建立基础统摄信念和欲望来融合主体与客体。康德与黑格尔的方法是往内心走，"把物质视为心灵所构造"，"坚持主张，心灵、精神、人类自我的深处，具有内在本性（或内在的自然）"。不过，这一努力以失败告终，"德国观念论犹如昙花一现，是一个无法令人满意的妥协"。①

语言转向的过程中，人们试图"利用'语言'来代替'心灵'或'意识'"，作为构成信念和欲望的媒介以沟通"自我的本质核心"与"实在界"。然而，这种把语言当作一种媒介做出的替换却是徒劳无功的。对此，罗蒂评价道，"我们仍然在使用主体客体的图像，我们仍然纠缠在怀疑论、观念论和实在论的问题中。因为我们关于意识所问的那一类问题，现在同样可以拿来质问语言"。②

一直以来，我们都是在"浪漫主义和道德主义、观念论和实在论"之间进行此起彼伏的拉锯战，就像坐跷跷板一样。③下面，罗蒂要带领我们从这一"跷跷板"上跳下来，他找到的帮手是戴维森，方法是将语言视为"隐喻"。

罗蒂对戴维森的引用很多，但是戴维森和罗蒂之间还是有分歧的。戴维森曾明确表示了他与罗蒂之间的分歧："罗蒂把西方哲学史看作是在不可理解的怀疑论与企图对之做出回答的跛子之间的一场无胜负的混战。在我看来，从笛卡尔到蒯因的认识论恰恰是哲学事业中的重要一章，它是复杂的，但绝不是毫无启发作用的。"④所以，在下文对隐喻的讨论中，以罗蒂的陈述为主。

首先，为什么选择隐喻的方式呢？在《哲学作为科学、作为隐喻和作为政治》一文中，罗蒂讨论了戴维森和海德格尔关于隐喻的论述。文章一开始，罗蒂就区分了三种不同的哲学观：胡塞尔（科学主义的）、海德格

①　[美]罗蒂：《偶然、反讽与团结》，徐文瑞译，商务印书馆 2005 年版，第 13 页。

②　同上书，第 21 页。

③　同上。

④　[美]唐纳德·戴维森：《"关于真理与知识的融贯论"补记》（1987 年），载于《真理、意义、行动与事件》，牟博编译，商务印书馆 1993 年版，第 192 页。

尔（诗意或隐喻的）、杜威（实用主义或政治的）。在讨论隐喻的问题时，罗蒂首先提出了一个简单的教条主义的主张：知觉、推理和隐喻可以使我们重新编织我们的信念和欲望之网。"知觉和推理都没有改变我们的语言和我们区分可能性领域的方法。它们所改变的是句子的真值，而不是其内容。"但是，如果把知觉和推理当作改变信念的唯一方法，这也就假定了我们现在所有的语言逻辑空间是唯一的了，那么哲学的工作就变成要计算所有句子的真值，确定所有可能的逻辑空间，弄清对可能性领域的模糊理解。最终，哲学成为"数学"。如果哲学的工作在于澄清那些尚不清楚的东西，那么我们就仍然在主体如何表象再现客体的翘翘板上拉锯，就仍然沉溺于"视觉隐喻"这一"死隐喻"之中。"视觉隐喻"以"看"为中心，而且还是"上帝的观点"，想把一切材料和关系置入预设的先验框架（如"超感觉世界、理念、上帝、道德律和理性的权威"）之中。然而，在知觉和推理之后，把隐喻看作重织我们的信念和愿望的第三动力，就敞开了语言、逻辑空间和可能性的领域。海德格尔反对形而上学的"视觉隐喻"，喜欢"听觉隐喻"。罗蒂认为，"听觉隐喻"之所以是"更好的隐喻"，就是因为听觉隐喻暗示：认识并非获得真理、把材料置于预设的框架中，隐喻是逻辑空间外面的声音，"是一个要求改变一个人的语言和生活的号召，而不是一个有关如何把它们系统化的纲领"。①

其次，隐喻如何可能带来这种改变呢？这需要戴维森来帮助理解。

对于语言，戴维森有着与传统不同的认识："他并不把语言当作表现或再现的媒介，所以他能够撇开自我和实在界具有内在本性——存在那里等着被认识的本性——的观念。"② 也就是说，戴维森不把语言视为介于自我与实在之间的第三者，没有表现或再现自我和实在界的内在意义的能力，而只是造成效果。语言不是媒介，语言没有目的，语言的本质是隐喻的。在"知觉"与"推理"之后的隐喻"只属于用法范围"，它根本不能指称或显示意义，只能制造"效果"，有艺术的天分："隐喻是语言之梦的产物"，有打破规则天马行空的创造天分，"蕴含着某种程度上的艺术成功"。因为"一切通过言语所完成的交流活动都假设了创造性的建构与

---

① ［美］罗蒂：《哲学作为科学、作为隐喻和作为政治》，载于《后哲学文化》，黄勇译，上海译文出版社 2006 年版，第 27—28 页。

② ［美］罗蒂：《偶然、反讽与团结》，徐文瑞译，商务印书馆 2005 年版，第 21 页。

创造性的解释之间的相互作用", 而 "隐喻是通过对语词和语句的富于想象力的运用而造就出的某种东西", 这样, 隐喻 "释义的合法功能乃是使懒惰的或无知的读者像有技能的批评家一样具有一种想象力", 想象力是创造和解释隐喻的合法功能。隐喻在其本质上是审美的, "隐喻本身的美或恰当性即它本身所蕴含的力量"。

　　隐藏在隐喻的意义理论背后的是, "这样一个可独立地加以表述的论题: 与一个隐喻相联系的是做出这个隐喻的人想要传递的一种确定的认识内容（意义）, 倘若解释者要得到有关信息的话, 他就必须掌握这种认识内容（意义）"。可是, 这样去把握隐喻意义的理论走错了方向, 还停留在 "指称—对象" 即 "符合—再现" 的传统实在论基础上, 依然把语言当作沟通主客体的媒介。如果隐喻只是命题性的, 那么我们把隐喻使我们注意到的东西投射到隐喻上去就可以了, 但 "玩笑、梦或隐喻就像是一幅图画或是当头一棒, 使我们意识到某个事实——但并不是通过代表（或表达）这个事实来做到这一点"。如同现代艺术那样, 你不能从 "画的是什么" 来理解它有 "什么意义", 不是图像和世界的对应关系, 那种再现论被动接受的认识方式是必须被抛弃的。实际上, 通过一个隐喻使我们注意到的 "另一个东西" 并没有限制, 我们注意到的 "另一个东西" 是非命题性的, 当我们试图要说明一个隐喻所指的 "另一个东西" 时, "我们很快就会认识到我们想要提到的东西是无穷尽的"。戴维森认为, 所谓 "关于一个隐喻的释义的无穷性是由这样一个事实造成的, 即这种释义试图详细说明隐喻使我们注意到的东西, 而对此并没有什么清楚的限度。我对于语言的任何一种用法都会采用同样的说法"。①

　　这样, 我们就离开了传统的语言观——语言的任务在于表现意义和再现事实, 语言不再是介于自我与实在之间的第三者。达米特企图将戴维森归于实在论/反实在论关系中的实在论一方无疑是一种 "误置", 而根据罗蒂的解读, 戴维森已经抛弃了认识论, 仅保留了对作为隐喻的语言的关心。② 语言即隐喻。隐喻对知觉和推理提出了挑战, 以便 "（1）在熟悉的

_____

　　① 参考 ［美］唐纳德·戴维森《隐喻的含意》, 见《真理、意义、行动与事件》, 第193—219页。

　　② ［美］罗蒂:《实用主义、戴维森和真理》, 载于《后哲学文化》, 黄勇译, 上海译文出版社2006年版, 第221、226页。

句子中重新分配真值和（2）发明新的不熟悉的句子"。① 换句话来说，隐喻扩展了句子的用法，延伸了句子的意义。知觉和推理"把真理看作某种已在我们之中的东西"，我们需要做的是用理性认识发现在"那儿"的真理。而隐喻改变了这种真理观念，"真理乃是某个特异的天才才能（想象力）赋予我们的东西"，是非理性（"理性以外的心理原因"，欲望）恣意的机缘创造。语言并不指示客观实在，客观真理无法通过语言得到展现，传统形而上学的真理观是行不通的。罗蒂认为，"这样一种真理概念把听觉隐喻，即一个来自远方的声音，一个发自良心的呼喊，一个发自黑暗的语词，合理化了"。②

如此一来，隐喻成为"一个要求改变人的语言和生活的号召"。因为"信念的大量变化与一个人语词意义的大量变化是不可区分的"，③ 也就是说，如果我们改变了如何谈论的方式，也就"改变了我们想要做的是什么，我们认为我们是什么"。④ 罗蒂将外在实在与内在心灵当作形而上学的东西抛弃掉，剩下的是语言编织的信念和欲望网络，语言不再作为关联者而变成唯一者，人的位置也脱出了本身为居间者的束缚成为语言的使用者而恣意创造新隐喻，这个网络编织的丰富性就是新语汇的产生，即新隐喻的不断被创造。而且，这种编织创造是纯粹偶然性的，也只有这样才能保证创造的绝对自由，"戴维森让我们把语言及文化的历史，想象成达尔文所见的珊瑚礁的历史。旧的隐喻不断死去，而变成本义（literalness），成为新隐喻得以形成的基座和托衬"。这种类比，使得我们的语言和文化都是偶然的结果，"跟兰花及类人猿一样，都只是一个偶然，只是千万个

---

① ［美］罗蒂：《哲学作为科学、作为隐喻和作为政治》，载于《后哲学文化》，黄勇译，上海译文出版社 2006 年版，第 29 页注 2。

② ［美］罗蒂：《哲学作为科学、作为隐喻和作为政治》，载于《后哲学文化》，黄勇译，上海译文出版社 2006 年版，第 29—30 页。如果海德格尔"发自良心的呼喊"是呼喊神的救渡；"远方的声音"是逃匿诸神的招引；"发自黑暗的语词"是大地拒绝光穿透的固执遮蔽，那罗蒂的"合理化"就不合理了。

③ ［美］罗蒂：《哲学作为科学、作为隐喻和作为政治》，载于《后哲学文化》，黄勇译，上海译文出版社 2006 年版，第 28 页。

④ ［美］罗蒂：《偶然、反讽与团结》，徐文瑞译，商务印书馆 2005 年版，第 32 页。改变的不是"我们从哪里来，我们是谁，我们往何处去"，而是"……我们想要做……，我们认为我们……"，这种改变强调的是当下自我的创造。

找到定位的小突变（以及其他无数个没有定位的突变）的一个结果"。①

罗蒂要求我们"不再崇拜任何东西，不再把'任何东西'视为具有准神性，从而把所有东西——我们的语言、我们的良知、我们的社会——都视为时间和机缘的产物"。这样，我们才能够摆脱掉传统形而上学符合论真理观的束缚，达到所谓的"承认机缘值得决定我们的命运"的境界。②

造成信念网络重新编织转换的隐喻是"无根基"的，"没有出处，但其光芒却照亮了新的道路"。"新的、生动活泼的隐喻所能有的最确当的荣誉就是尽快使之成为死的隐喻，就是迅速地使它们成为社会进步的工具。"③ 我们如何创造新隐喻呢？罗蒂给出了非常奇妙的回答：

> 我们可以把"创新"视为当一个宇宙射线扰乱一DNA分子中的原子，从而使东西倾向于变成兰花或类人猿时，所发生的事情。当机会来临时，兰花对其存在必要条件的纯粹偶然而言，仍然是新奇而不可思议的。同理，我们可以把亚里士多德隐喻式地使用"实体"（ousia）一词，圣保罗隐喻式地使用"圣爱"（agapē）一词，牛顿隐喻式地使用"引力"（gravitas）一词，都当作是宇宙射线扰乱了他们大脑中若干重要神经细胞的精密结构的结果。或换一个更具有说服力的说法，他们这些创新都是婴儿期若干古怪插曲的后果——若干特殊精神创伤在他们大脑中留下的若干强迫性怪癖的结果。这些结果都是不可思议的、前所未有的。（着重号为本书作者所加）④

面对形而上学真理的符合论，罗蒂针锋相对坚持隐喻创造的偶然性，游戏般地和必然性开了一个玩笑。面对文化史的目的论必然性——"认为文化的终极目标在于真理的发现或人类的解放"⑤，罗蒂以纯粹的偶然性来对抗，历史、世界、人都断裂开来成为破碎的残片，一切都是突然发生

---

① ［美］罗蒂：《偶然、反讽与团结》，徐文瑞译，商务印书馆2005年版，第28页。

② 同上书，第35页。

③ ［美］罗蒂：《哲学作为科学、作为隐喻和作为政治》，载于《后哲学文化》，黄勇译，上海译文出版社2006年版，第34页。

④ ［美］罗蒂：《偶然、反讽与团结》，徐文瑞译，商务印书馆2005年版，第29页。

⑤ 同上。

的偶然存在而已。

　　隐喻是如何进步的呢？如果真理不是客观的，而是被制造的，那么对隐喻也就没有了绝对客观的标准，说出一个句子就是说出某种既非真亦非假的东西，这个隐喻"既不能被证实也不能被否认，既无法辩护也无法反驳"。① 也就是说，这样一种模式：外部客观存在的真理——符合此真理的认识——表达此认识的话语，其结构和逻辑已经不复存在。那么，个人创造隐喻如何进行本义化，成为一个社会、一个时代的普遍公共特征，并且如何能够保证此种隐喻是"进步"的呢？

　　罗蒂要求我们以戴维森的方式来了解"本义"（the literal）与"隐喻"（the metaphorical）之区分："只是对杂音和记号之惯常使用与不惯常使用（familiar and unfamiliar uses）的区别"，②实用主义者利用传统，"就像我们利用一套工具一样。其中有些工具，即那些'概念的工具'，包括那些一直名不副实的工具，将表明不再有用因而可以抛弃。还有一些可加以改造。有时候可能有必要当场发明新工具"。③ 在这里，罗蒂借戴维森之口提示了一个至关重要原则：实用性。只要一个隐喻方便合用，那么这个隐喻就有可能被不断重复，到处流传。④ 于是，隐喻也就开始了向本义的转换过程。在公共化的过程中，本来私人性的隐喻就会有一个习惯的使用方式，在语言游戏中就会有一个惯常的地位，这样，就变成了一个死隐喻，变成语言中本义上真或本义上假的句子。⑤ 罗蒂提出实用主义哲学的方法就是使用新的方式将事物加以重新描述，创造出实用的并且吸引人的新隐喻，引诱新兴一代去采用。用罗蒂的语调来说："'试一试用这种方式来看它'——或者更明确的：'不要理会显然已经无效的传统问题，换一换下面新的且可能有趣的问题试试看'。"⑥

　　在文章《作为过渡类型的哲学》中，罗蒂将传统追求真理的哲学描绘为从宗教到文化之间的过渡类型，"自文艺复兴以来，西方知识分子经

① ［美］罗蒂：《偶然、反讽与团结》，徐文瑞译，商务印书馆2005年版，第31页。
② 同上书，第29页。
③ ［美］罗蒂：《哲学作为科学、作为隐喻和作为政治》，载于《后哲学文化》，黄勇译，上海译文出版社2006年版，第22—23页。
④ 这种"实用性"背后隐藏的不正是"更好"（在现实中更强力）吗？
⑤ ［美］罗蒂：《偶然、反讽与团结》，徐文瑞译，商务印书馆2005年版，第31页。
⑥ 同上书，第29页。

历了三个阶段：首先，他们希望从上帝获得救赎；接着，他们希望从哲学获得救赎；现在，他们希望从文学获得救赎"。① 对于宗教的救赎，无非"屈从非人类（上帝）的受虐冲动"，随着启蒙的进步早已被打破掉了；对于哲学的救赎，无非"企图以真理取代上帝"，相信"能够得到正当性论证的一组信念"也将满足人类自我救赎的所有需要，这也是需要打破掉的偏见。罗蒂判断，"哲学是不断增长的自我依赖发展过程中的一个过渡阶段"。② 罗蒂希望摆脱这种依赖的幼稚阶段，实现人类自我的成长。通过对于戴维森"隐喻"的探讨，罗蒂达成了用实用主义的方式与传统形而上学决裂的目的，没有隐藏在外在实在和内在自我中的"真理"等待我们去寻找和发现，"知识分子已经丧失了对于哲学的信任"，知识分子不应该再问"什么是存在？""什么是真实？""人是什么？"之类关于"真信念"的形而上学式的"糟糕"问题，而应该问"对于人类设法创造自身，有什么新想法吗？"这样关于创造力的新问题。③ 人的救赎无关于上帝是否存在或者真理是否存在，宗教和哲学都已走向边缘。以往寻求从宗教和哲学中得到救赎的哲学学院文化应该走向文学文化，"救赎将通过触及人类想象力的当前限度获得"，而且这一限度能够被想象力"永远地拓展"。④ 这种文学文化是一种机缘的创造，屈从于时间与偶然，又不断超越早先的限度。

（二）哲学和宗教的罗曼司

罗蒂的实用主义哲学拒斥了传统形而上学。古典哲学家总是盲目地超越自身生活经验和时代思想，在世界或自我中寻找第一原理或第一推动力，试图在他们和非人的现实的直接关系中来描绘自己的生存，寻找生活的意义。尼采把这种希望称为"形而上学的慰藉"。像"真理""知识""语言""道德"之类的观念是被哲学思考追求的对象的"本质"，只要掌握了这些观念，就找到了事物的基础。罗蒂跟随尼采把这些当作传统哲学

① ［美］罗蒂：《作为过渡类型的哲学》，载于《文化政治哲学》，张国清译，北京大学出版社2011年版，第103页。

② 同上书，第107—108页。

③ 对照英文本有改动。Richard Rorty, "Philosophy as a Transitional Genre", in *Philosophy as Cultural Politics*, Cambridge: Cambridge University Press, 2006, p. 92.

④ ［美］罗蒂：《作为过渡类型的哲学》，载于《文化政治哲学》，张国清译，北京大学出版社2011年版，第106—107页。

留给我们的最有害的教条，为什么人类要和非人的现实联系才能描绘自身的生存，为什么与真理的必然性相符合才能获得人自身的自由，从人之外而非人自身寻找能描述人自身的东西不是本末倒置走错了路吗？而且，符合必然性的真理使得多样性必须被约束统一为唯一的"必然性"，这样还能有自由吗？回到人自身来，看看我们还剩下什么。"偶然性"打破了唯一真理的"必然性"，将多样性解放出来，"偶然"成为"自由"的基础，自由摆脱了约束获得了解放。作为本源的外部实在与内在心灵都不存在，语言的表象关联作用也就失去了，失去指称实在的功能转而成为隐喻，不要试图通过寻找隐喻的认识内容去理解隐喻，作为隐喻的语言不能作为指向主客对象的媒介，我们所能做的不是发现真理而是使用语言创造新隐喻，创造对人自身的新描述。正像罗蒂所说的，"世界存在那里"，① 可是"世界不说话，只有我们说话"。② "本体"不存在了，语言从向外指向某一"本体"转而指向人自身，"真理不存在于那里"，就是说"如果没有语句，就没有真理；语句是人类语言的元素；而人类语言是人类所创造的东西"，③ "实在界（reality）的大部分根本无关乎我们对它的描述，人类的自我是由词汇的使用所创造出来的，而不是由词汇适切或不适切地表现出来"。④ 正是抛弃了任何根基，语言不需要符合实在，作为语言使用者的人成为按照自身意志而不为任何实在所限制的自由创造自我的新人，词汇的实用性取代了"词汇的适切"成为新规则，创造新隐喻取代了发现真理成为新人类的任务。

　　文化是一种偶然的存在，是人不断自我创造赋予世界意义的过程，有着想象力的人不断地创造属于人的新语汇，创造更适合的新隐喻，"提出关于符号和声音的有益而新颖的用法"以提升我们改造世界的能力。⑤ 罗蒂特别援引了尼采在《快乐的科学》中的一段话来讲述人的创造力而非沉思赋予世界意义的过程：

---

　　① ［美］罗蒂：《偶然、反讽与团结》，徐文瑞译，商务印书馆 2005 年版，第 13 页。

　　② 同上书，第 15 页。

　　③ 同上书，第 13 页。

　　④ 同上书，第 16 页。

　　⑤ ［美］罗蒂：《实用主义和浪漫主义》，载于《文化政治哲学》，张国清译，北京大学出版社 2011 年版，第 120 页。

（更高等级的人蒙蔽了自己）：他称其本性是沉思（contemplative），因而忽视了以下事实：他也是真正的诗人，是生生不息生命的创作者……正是我们，有思想和感知的我们，一直在真正、持续创造着某些尚不存在的事物：由各种评价、颜色、重量、视角、比例、肯定和否定构成的整个永恒增长着的世界。所谓实际的人类（我们的演员），把我们创造的这首诗不断内化、熟习、转化成肉身和现实——实际上转化成平庸之物。在当今这个世界上凡是有价值（value）的东西并非因其自身天性而是有价值的——天性是没有价值的——倒不如说，价值是被给予的、被授予的，我们（we）就是给予者、授予者！只有我们才创造着与人类攸关（that concerns human beings）的世界！①

罗蒂关注于尼采的浪漫主义"强健诗人"方面，即人自我创造意义的观点：尽管自然不是人创造的，但除非人赋予自然以意义，否则自然"对我们来说毫无意义"。人在感觉器官的帮助下去触及自然，作为"强健诗人"通过"内化诗歌"赋予自然以属人的意义增添了第二个世界，这另一个世界既是对自然的颠覆也是让我们得体生活、与我们生命攸关的世界。罗蒂对此并不满意，他认为关于两个世界的说法是"保守"的解读——"这种解释还不够激进"，因为两个世界的区分，似乎还存在着与人无关的纯粹自然世界（康德的"物自体"）。于是，罗蒂从尼采那里找到了一种更为激进的解释，彻底打破了实在论的哲学幻想：

并不存在所谓"自在之物"（thing-in-itself）的东西……说"自在之物"存在是毫无意义的。如果抛开所有的关系——事物的"属性"（properties）、事物的"活动"（activities）——这个事物就所剩无几了；事物的客观性仅仅是因逻辑所需——为了人定义和交流的需要（将多种多样的关系、属性、活动联系在一起）——为我们所创造的。

① Richard Rorty, "Pragmatism and Romanticism", in *Philosophy as Cultural Politics*, p.110. 并参考 Friedrich Nietzsche, *The Gay Science*, trans. Walter Kaufmann, New York: Random House, 1974, p.301。

"事物在自身之内具有一种构造"，这种教条主义观念是必须完全予以打破的。

事物在其本身之内具有一种构造，与解释和主体性无关，这是一种毫无根据的假设；它预设了解释和主体性是非本质的，预设了一种脱离一切关系的事物将仍然是一种事物。①

尼采是中断"柏拉图传统"的浪漫主义哲学家，他教导我们没有任何关于"自在之物"的东西，实在并不是"一种独立于人类对它的描述的存在"。② 世界在那里，可"世界不说话，只有我们说话"，③ 世界不能与人脱离开关系，当提出"那是什么"（what is that）？的问题时，都应该将这个问题补全为"对我来说，那是什么"（what is that for me）？④ 抛开事物与人的联系去讨论类似"物自身""自在之物""客观实在"这样的词语是没有意义的，所以，我们应该果断抛弃这些形而上学的问题，"我们应当停止追问什么是真正实在的问题"。⑤ 是时候抛开真实世界与虚假世界的区分，把注意力转向人能写出什么样的语言"隐喻"来创造意义和价值了，罗蒂跟随尼采的脚步尝试用浪漫主义修辞的想象力替代柏拉图的逻辑标准。不再试图"向不容怀疑者趋近"去发现真理，遵从逻辑论证的真理不过是修辞技巧之一——对"演绎有效性的服从"，浪漫主义的修辞在逻辑实证的修辞之外画了一个更大的圆圈，让人们不再回首凝望过去叹息失去的美好时光，而是把注意力集中向未来——"不断地努力克服人类的过去，以便创造出一个更加美好的未来"。⑥

尼采创造的隐喻改变了我们与世界关系的图像。第一，尼采戳穿了形而上学的幻象。"尼采宣称上帝已死，等于宣称我们不为更高的目的而服

---

① Friedrich Nietzsche, *The Will to Power*, trans. Walter Kaufmann, New York: Random House, 1968, pp. 558-560.

② ［美］罗蒂：《实用主义和浪漫主义》，载于《文化政治哲学》，张国清译，北京大学出版社 2011 年版，第 125 页。

③ ［美］罗蒂：《偶然、反讽与团结》，徐文瑞译，商务印书馆 2005 年版，第 15 页。

④ Friedrich Nietzsche, *The Will to Power*, p. 556.

⑤ ［美］罗蒂：《实用主义和浪漫主义》，载于《文化政治哲学》，张国清译，北京大学出版社 2011 年版，第 126 页。

⑥ 同上书，第 132 页。

务。"尼采上帝已死的隐喻戳穿了柏拉图的"真理"隐喻，真理只是"一些快速变化的隐喻"（a mobile army of metaphors）。第二，尼采让人自身的力量得以显现，让人自身得以成长，召唤人们不要再懦弱地躲藏在"上帝""真理"的怀抱中依靠外在于人的力量寻找获得救赎的可能。第三，尼采的浪漫主义让每一个人成为创造者。以"自我创造取代发现"，人不要"成为前人的复制，成为同一类的人"，要"以自我为中心"成为自身命运的创造者，作为自我创造着的强健诗人纯粹偶然地创造着浪漫主义诗歌，"把人类历史视为一个接着一个隐喻的历史，会让我们了解到诗人——广义而言，新字词的创制者，新语言的构成者——乃是人类的前卫先锋"。①

从上帝和理性那里寻求救赎都是人类不成熟的阶段，在尼采看来正是由于人自身的懦弱无能才会如寻找"救命稻草"一样抓住不切实际的东西，渴望整合到一种外在于人的东西之中得到庇护和安慰。尼采高呼"上帝死了"，意图不再寻求虚幻的安慰而是直面虚无。跟随尼采，罗蒂完成了浪漫主义的转向，从上帝和哲学中寻求救赎转向从文学中依靠人自身想象力以获得个人救赎。而宗教和哲学不过是"踏脚石"，是人类不断成熟过程中的一些阶段。②

罗蒂将宗教牢牢限制在私人领域中，避免其进入公共领域成为公共讨论的"绊脚石"。宗教必须被私人化的最重要的理由是：与相关宗教共同体之外的人进行政治讨论时，宗教是"终止对话者"（conversation-stopper）。③ 在对话的过程中，如果人们诉诸自己所信仰的上帝，那对话就完全无法进行。现实世界中不同宗教信仰所导致的战争和冲突无数次证明了这一点，宗教在公共领域中运行将导致不可调和的矛盾。在一个多元化的世界里面，我们不应该为了坚持某种虚无缥缈的原则而产生分歧进而失去行动的力量，只要我们拥有相同的目标，我们就并不需要去找到行动背后的第一原则或者基础。人们对于行动的原因可能有多种不同的解释，而各方辩护自己的解释之时又会因为不同的意见而产生分歧，既然我们行动的目标

---

① ［美］罗蒂：《偶然、反讽与团结》，徐文瑞译，商务印书馆 2005 年版，第 29、33 页。

② ［美］罗蒂：《作为过渡类型的哲学》，载于《文化政治哲学》，张国清译，北京大学出版社 2011 年版，第 108 页。

③ Richard Rorty, "Religion as Conversation-stopper", in *Philosophy and Social Hope*, Penguin Books, 1999, p. 171.

是一致的，那么又何必求证这个问题是基于什么原则而具有合理性，我们只要能够更好地行动就可以了。因此，罗蒂提出，将各派系的哲学原则或者个人的宗教信仰悬隔起来比较好，模糊行动的原则，闭口不谈行动的原因，只是朝向共同的目标或者理想前进，所以，"在公共领域讨论政治问题时，信仰者应该把宗教留在家里"。① 罗蒂呼吁，民主社会的公民在进行政治讨论时应该尽可能不要依赖作为"对话终止者"的宗教，要"尽一切可能在不引证不证自明的第一原则的情况下保证对话的顺利运行"。②

但是，宗教的社会作用是极其重要的。跟随罗约翰·斯图亚特·密尔和詹姆斯，罗蒂完成了对于宗教的实用主义转向，不再谈论"实际存在"或者"世界的本来面目"，转而追问"什么事物将有助于创造一个更美好的世界"——如何能够最大限度地增进人类共同体的幸福。③ 在宗教问题上要提倡一种功利主义的信仰伦理学，"假如信仰有益于人的幸福，他就有权利信仰上帝的存在"；④ 否则，也可以不相信上帝存在。罗蒂完成了这样一种转变：宗教问题并非形而上学客观实在的问题，在实用主义那里变成与个人经验相关的社会实践问题，从"我相信上帝，上帝即真理，上帝会救赎我"转变为"我相信上帝，那是我个人的经验选择，他能给我带来安慰"。对于实用主义来说，宗教信仰只是对于"道德人类（moral humans）之未来可能性"的信仰，是对于人类共同体的爱与希望。罗蒂将这种信仰、爱与希望的模糊混合体称为"罗曼司"（romance）。⑤罗蒂认为，我们不需要证明上帝存在或者客观真理存在以表明宗教信仰的正确，我们更应该抛弃任何关于宗教信仰的本体论证明仅保留信仰、希望和爱本身。宗教信仰的意义在于信仰本身——坚信有限的、终有一死的人类能够生活得更好，能增进人类共同体的幸福就是宗教信仰的意义。

罗蒂提出用文化政治学替代那些"不证自明的第一原则"："我的观

① Richard Rorty, "Religion in Public Square: A Reconsideration", *Journal of Religious Ethics* 31 (1), 2003, p.141.

② Ibid., pp.148-149.

③ ［美］罗蒂：《文化政治学和上帝存在问题》，载于《文化政治哲学》，张国清译，北京大学出版社2011年版，第4—5页。

④ 同上书，第6页。

⑤ Richard Rorty, "Religious Faith, Intellectual Responsibility and Romance", *Anerican Journal of Theology & Philosophy* 17 (2), 1996, p.135.

点是，文化政治学应该取代本体论。"① 文化政治学涉及的是"关于我们应当使用什么语词的争论"，② 与语词本身是否指涉客观真理无关，与使用什么语词能够更好地减少残酷以促进宽容增进团结相关；与讨论本体或者"不证自明的第一原则"无关，与创造人类共同体更美好生活的希望相关。就如同我们使用"基因"取代"种族"、使用"大爆炸"取代"上帝"、使用"共识"取代"神圣意志"一样，在讨论人类未来时，我们应该使用"世俗的乌托邦"取代"最终审判"。③ 社会的进步和人类共同体的美好未来才是文化政治学关心的语词，那些陈旧的、过时的语词理应被那些新的、更有用的、有益于人类愿望的语词替代。在这个语言游戏中，"上帝是否存在""真理是否存在"这类的"形而上学的问题是无法讨论的"。罗蒂引述黑格尔的观点作为支持，"哲学无法超越于其时代的社会实践之上"，所以无法提出超脱于时代社会实践之上的"'中立'规范指示物清单"。我们只能够从特定的文化、特定的共同体、特定的社会实践出发使用语词讨论问题，不存在超越时代精神和文化共同体的"'中立'规范指示物清单"。④ 在罗蒂看来，"上帝是否存在"这样的问题不过是柏拉图主义的残余，"本体论—神学"是需要得到治疗的"柏拉图式疾病"。

对人类共同体美好未来希望（乌托邦）的坚信取代了"本体论—神学"的虚假安慰，取消了宗教信仰的神圣性将之等同于诗化的世俗"理想"——坚信人类共同体能够生活得更好，信仰仅关乎于个人的求得安慰的需求而成为民间文化的一部分。宗教只是个人自由选择的结果。并且，由于并不存在某种唯一的"'中立'规范指示物清单"（"只存在一个真宗教，因为只存在一个真上帝"），所以多种规范都是可行的，不同的文化信仰和价值系统都可以获得自身的意义和存在的合理性，"这一个神并不被视为对那一个神的否定，或对那一个神的亵渎"，"存在着多种多样的、

---

① ［美］罗蒂：《文化政治学和上帝存在问题》，载于《文化政治哲学》，张国清译，北京大学出版社 2011 年版，第 5 页。

② 同上书，第 3 页。

③ 同上书，第 9 页。

④ 同上书，第 26—27 页。

相互冲突的但具有同等价值的人类生命形式"。①

　　罗蒂提倡一种浪漫主义的信仰伦理学，以诗化的乌托邦理想替代了"本体论—神学"外在于人的虚幻安慰，以个人的自由选择需要的安慰取代了对客观的形而上学真理的认信，让一神教变成多神教，每个人都有权利崇拜自己的神灵追求个人的幸福，每个人也有责任尊重他人的选择"留出尽可能大的空间让他们追求私人关怀"。② 私人的信仰自由和公共的宽容多元精神得到了充分的展现，宗教仅居留于世俗的个人领域，个人可以选择自己崇拜的神，追求个人的自我实现与安慰；在公共领域，用多神教取代一神教，宗教（和哲学）不能成为政治问题的裁判者，宽容、避免残酷多元共存的乌托邦是人类的希望。

　　脱掉了宗教和形而上学的"上帝"的伪装，从人的外在寻找作为救赎的可能只是人自身懦弱的表现，躲藏在某种东西的背后希望得到不切实际的庇护，之所以这样做是人们无法负担这样一种想法："我们将一直生活、运动和持存于语词之中，语词是有限人类生命回应有限人类需要的产物。"尼采描绘出的人类生存的新景象则是：偶然、有限的存在，偶然、永恒运动的语词，"人类的前卫先锋"直面偶然，用属人的想象力创造属于自己的隐喻，创造属于自己的诗歌——成为强健诗人在世界的虚无坍塌中站立而起。这就是尼采哲学所带来的浪漫主义自由强力，这也是罗蒂实用主义文化哲学所看重的部分。实用主义的文化政治学之所以能够取代柏拉图式形而上学的原因不是它更符合"真理"或"真实"，而是实用主义用想象力画出了比理性更新、更大的圆圈：

　　　　如果说实用主义是重要的，如果在实用主义和柏拉图主义之间存在着实质性的区别，那不是因为在柏拉图主义出错的地方，实用主义却搞对了，而是因为接受实用主义观点将改善文化环境。③

　　在罗蒂那里，文化哲学是哲学前进的方向。在想象力而不是理性研究

　　① ［美］罗蒂：《作为浪漫主义多神教的实用主义》，载于《文化政治哲学》，张国清译，北京大学出版社2011年版，第32—33页。
　　② 同上书，第34页。
　　③ ［美］罗蒂：《实用主义和浪漫主义》，载于《文化政治哲学》，张国清译，北京大学出版社2011年版，第133页。

的帮助下，"把陌生人想象为和我们处境类似、休戚与共的人"，提升我们"对其他不熟悉的人所承受痛苦和侮辱"的敏感度（这显然不是通过研究探讨，而是透过想象力达到的），如此，"我们便可以创造团结"。①想象力创造出人的团结，也创造出人的自由。强调想象力的罗蒂切断了人与某个大写的存在、世界的本来面目的联系，在这大崩溃中有大自由出现，人是浪漫主义的强健诗人，自由想象创造属于自己的诗歌隐喻。如此这种文化景象是"一个永无止境的过程，永无止境地、日新又新地实现'自由'，而不是与一个早已存在的'真理'趋于一致的过程"。②人的存在和文化的存在只是一个偶然，人类无法与一个超越人类之上或之外的东西（上帝、存在和真理）相关联，罗蒂从人在历史、社会、文化的偶然中来观察人类，在个人领域发挥想象力创造隐喻成为强健诗人追求自由，在社会领域敏感他人的痛苦依靠想象力不断扩大"我们"的范围创造出人类团结。

二　反讽：种族中心主义与多元文化

我们生活在一个信息技术将人与人之间的距离无限拉近的地球村之中，中西各种文化的交流碰撞成为每个个体都不得不正视的问题。如何面对异己文化，处理好文化之间的关系成为亟待解决的问题。对于我们自己来说，闭关锁国的时代一去不复返了，也成为不可能的事情，你可以不出去，可是挡不住别人要进来。西学东渐的历史已逾百年，启蒙求进步也已进行了太长时间。西方传统形而上学的真理观认为真理是唯一的而且具有"普世性"，此种真理观隐藏着权力性，隐含着西方文化为中心一元霸权。如果西方的真理是唯一正确的，那我们必须臣服学习，必须启蒙到相同的真理基础之上，否则就不能进步，而不先进就只能被动挨打。一直以来我们也是这么做的，象形文字拉丁化、消灭方言统一语音、简化汉字、让汉字拼音化走向世界文字的共同拼音道路，放弃中医之魂魄望闻问切的诊脉开方转而搞中西医结合让中医科学化将中药"有效成分"提纯批量生产中成药，放弃中国文化自身的风骨我们总是做得比西方还要西方。不破除西方形而上学真理的一元"普世"价值，我们只能承认自身文化软弱无

---

① ［美］罗蒂：《偶然、反讽与团结》，徐文瑞译，商务印书馆 2005 年版，第 7 页。
② 同上书，第 8 页。

力跟随附靠西方学习代表强力的科技别无他路。如此下去，我们自身的文化就丧失掉了，必须依附在与西方文化相同的根基之上才能保证自身的存活；不清算西方形而上学真理隐藏的权力性，最好的结果就是跟随学习全盘西化强大后再争当"基础"。如何在这种中西文化交流中，去除西方文化的唯一"普世性"，还原其为特殊的具体的，如何保护我们自身文化的独立性的同时对他者保持不定向开放就成为我们需要思索的问题。

先把问题提到前面，我们作为异质的文化保有这些问题进入文本看看传统形而上学的思路是如何运行，如杜威和罗蒂这样的西方反基础主义哲学家又是如何改造形而上学哲学，终结传统形而上学对真理垄断的。他们希望能够开创自由平等对话的后哲学文化，令多元文化得以可能，为解决人类现实社会争端提供了一条的途径。他们的愿望能够达成吗？此种后哲学的多元文化能够确实保证东西方各种文化真正的平等吗？如果不能，那也要看清楚这条路又究竟能行到何处？

（一）罗蒂的种族中心主义理论

真理并不存在，而我们生活在一个多元化的世界中，这就是"种族中心主义"（ethnocentrism）得以存在的后现代世界图景。① 下面，让我们看看罗蒂的种族中心主义究竟要表达的是什么意思。

第一，相对于形而上学的绝对主义来说，种族中心主义是一种类型的相对主义。形而上学的真理观认为人们的认识要与客观实在相符合。而罗蒂却认为，传统形而上学的雄心"用永恒的眼睛看"不过是痴心妄想罢了，并没有"自在之物"这种东西，实在并不是"一种独立于人类对它的描述的存在"。② 世界不能与人脱离开关系，抛开事物与人的联系去讨论类似"物自身""自在之物""客观实在"这样的词语是没有意义的，所以，"我们应当停止追问什么是真正实在的问题"。③ 相对于形而上学认为绝对真理存在，罗蒂采取了负面、否定的态度，"对真理没有什么东西好说，除非我们各自把自己觉得最好加以相信的信念看作是真理加以赞

---

① 张国清：《试论罗蒂的种族中心主义观念及其后果》，《浙江大学学报》1996 年第 9 期。

② ［美］罗蒂：《实用主义和浪漫主义》，载于《文化政治哲学》，张国清译，北京大学出版社 2011 年版，第 125 页。

③ 同上书，第 126 页。

扬"。① 种族中心主义是反对形而上学基础主义的, 在这个意义上, 种族中心主义是一种相对主义, 用"我们"当下的文化历史信念作为判断标准的相对主义。

第二, 种族中心主义是有"中心"的相对主义。罗蒂并不想将种族中心主义等同于相对主义, "实用主义没有关于真理的理论, 更不用说相对主义的真理理论了"。② 种族中心主义绝不是毫无原则的相对主义, 它既不是自相矛盾式的"每种信念一样好", 也不是模糊不清式的"'真理'有着无穷多的意义", 而是说"离开了对一个给定的社会——我们的社会——在某一研究领域中所使用的人们熟悉的证明程序的描述, 无论是对真理还是对合理性, 都没有什么东西可说"。③ 罗蒂用种族中心主义这个词表达了一种与相对主义观点不同的有"中心"的相对主义, 并赋予了"我们"这个群体优先性, "要成为一个种族中心主义者, 就是完全根据我们自己的见解工作。对种族中心主义的维护就是说, 没有任何其他见解可以作为我们工作的依据。检验由其他个人或文化提出的信念的办法是, 看其是否能与我们的信念交织在一起。我们能够这样检验它们, 因为任何我们可以看作是一个人或者文化的东西, 都将是我们共享大量信念的东西"。④ 所以, 罗蒂并没有使用相对主义这个词, 而是用了种族中心主义 (或译为团体中心主义) 这个词。

第三, 普特南对罗蒂的种族中心主义提出了质疑, 如果只是用"我们"自己文化的视角去观看, 只是用当下的文化—历史标准去判断, 必然会导致从他者观看的视角的失灵, 种族中心主义必然会走向"唯我论"。进而, 文化相对主义有走向文化帝国主义的危险。用普特南的话来说, "真理 (我所能理解的唯一一个关于真理的概念) 是由我自己的文化的标准所定义的 (他可以进一步做出如下说明, '我还能依靠什么标准呢? 难道是其他人的文化的标准吗?')。这种观点就不再是相对主义的了", 而

① Richard Rorty, *Objectivity*, *Relativism and Truth*: *Philosophical Papers*, Vol. 1, Cambridge: Cambridge University Press, 1991, p. 24.

② Ibid., p. 24.

③ Ibid., Vol. 1, p. 23.

④ [美] 罗蒂:《科学作为亲和性》, 载于《后哲学文化》, 黄勇编译, 上海译文出版社1992年版, 第81—82页。

是走向了文化帝国主义。[①]

第四，在与普特南的争论中，罗蒂进一步澄清了自己的种族中心主义立场。[②] 首先，罗蒂认为自己的种族中心主义观点与普特南的内在实在论的观点是一致的。罗蒂说："我说的实用主义观点，与普特南最近出版的《理性、真理与历史》书中的内在论哲学观几乎完全一致。"[③] 普特南认为，"对于解释范式的全部正当性证明，就在于这个解释范式能够让他人的行为从我们的眼光看来有最低限度的合理性"。[④] 我们对于世界认识是与我们当下置身其中的文化历史相关联的，真理不是建立在一个外在的中立基础之上的，而合理性是文化历史的产物，所以，在普特南看来，"合理性"只能够来源于"我们的眼光"。罗蒂评论说，普特南的这个观点不就是种族中心主义想要表达的嘛，"我们不可能站在我们自己的眼光之外，我们不可能站在由理性自然之光照亮的中立基础之上来观看"。[⑤] 其次，罗蒂认为，普特南在离开形而上学的路上走得不够彻底。普特南指责罗蒂"唯一存在的只有对话"这个断言走向了相对主义，可是普特南的继续追问却表达出了对形而上学的怀旧，"对话是否有理想的终点呢？是否存在一种真正的合理性观念，一种真正的理想化道德呢——即便我们所拥有的只能是我们对它们的理解？"[⑥] 反过来，罗蒂质疑普特南的不彻底性，认为普特南还保存着对于传统形而上学的怀念，"我认为，普特南归根结底又回到了他曾经正确谴责的科学主义那里去了"。[⑦]

第五，罗蒂的种族中心理论为不同文化、不同民族之间的对话提供了可能。与启蒙的自由主义不同的是，罗蒂的政治自由主义并非建立在普遍理性或者人性的客观基础之上，而是无根基的。启蒙的自由主义将协同性

---

① Hilary Putnam, "Realism and Reason", *Philosophical Papers*, Vol. 3, Cambridge：Cambridge University, 1983, p. 238.

② 关于普特南与罗蒂的争论，参见陈亚军《普特南与罗蒂的对话：实在论能给我们留下些什么?》，《世界哲学》2003 年第 1 期。

③ Richard Rorty, *Objectivity, Relativism and Truth：Philosophical Papers*, Vol. 1, p. 24.

④ Hilary Putnam, Reason, Truth and History, Cambridge：Cambridge University Press, 1981, p. 119.

⑤ Richard Rorty, *Objectivity, Relativism and Truth：Philosophical Papers*, Vol. 1, p. 25.

⑥ Hilary Putnam：Reason, Truth and History, p. 216.

⑦ Richard Rorty, *Objectivity, Relativism and Truth：Philosophical Papers*, Vol. 1, p. 27.

（solidarity）建立在客观性的（objectivity）基础上，而罗蒂的种族中心论则不再追求客观性，认为客观性是以协同性为基础的。如果自由民主文化是建立在某种客观基础上的，这种客观基础就是"合理性"的源泉，那么，自由民主文化就成为唯一的合理的文化类型，异质的文化只能够承认自己是"不合理的"文化类型，并建立在相同的基础上才可以。文化与文化之间的对话就不可能发生。所以罗蒂说，那些客观性的追随者"或者将某种特殊的优越性归于其自身所在的共同体，或者假装对其他团体保有一种不可能的宽容"。① 其实，此种建立在客观性基础上的协同性使得多元文化不再可能，不同的文化只能够统一到相同的基础之上，差异的多元文化变成了一致的一元文化。不同民族、不同文化之间不可能有保持差异性的对话产生，只可能用武力征服来达到一致性。罗蒂的种族中心论认为政治自由主义的出现只是一种历史的偶然。如果实用主义者想要为政治自由主义辩护的话，他只能够陷入一种"循环论证"，只能够从"自由社会自身的词汇库中提取"赞誉之词。② 我们甚至可以说，因无法将自由主义建立在一种"普世"的基础之上，故与启蒙自由主义相比，罗蒂甚至削弱了自由主义的"普世"价值。而罗蒂之所以愿意走向这样一种"相对主义"的立场就是为了保护不同民族、不同文化之间对话的可能性，文化之间存在着某种客观基础的设定必将损害交流的可能性。

到此，我们可以得出如下结论，普特南对于罗蒂的种族中心主义的批评是不合适的。罗蒂的种族中心论抛弃了对于客观性的追求，远离了形而上学的基础主义，确实保持了一种相对主义的立场。但是，这种相对主义的立场并不会滑落到对自身立场的盲目确信，走向文化帝国主义。罗蒂的种族中心主义对自身所在的文化传统也保持着怀疑的态度，自由民主文化也是历史的、偶然的，其自身所在的这种文化类型也并非建立在某种客观基础之上。协同性并非建立在客观性的基础之上，不同民族、不同文化之间也不需要统一到相同的基础之上，这样就为不同民族、不同文化之间的交流对话打开了空间。不同民族、不同文化通过交流对话寻找到的交叠共识，寻找到的协同性为一个超民族的共同体的实现提供了可能。

（二）反讽主义者与多元文化

黑格尔在其著名的《哲学史讲演录》第一卷"希腊哲学"的引言中

---

① Richard Rorty, *Objectivity*, *Relativism and Truth*：*Philosophical Papers*, Vol. 1, p. 23.

② Ibid., p. 29.

开宗明义地说：

> 一提到希腊这个名字，在有教养的欧洲人心中，尤其在我们德国人心中，自然会引起一种家园之感。欧洲人远从希腊之外，从东方，特别是从叙里亚获得他们的宗教，来世，与超世间的生活。然而今生，现世，科学与艺术，凡是满足我们精神生活，使精神生活有价值有光辉的东西，我们知道都是从希腊直接或间接传来的——间接的绕道通过罗马……人既已回到自己家中，享受自己的家园，也就转向了希腊人。……那更高的、更自由的科学（哲学），和我们的优美自由的艺术一样，我们知道，我们对于它的兴趣与爱好都根植于希腊生活，从希腊生活中我们吸取了希腊的精神。如果我们可以心神向往一个东西，那便是向往这样的国度，这样的光景。①

这段话对于希腊的推崇昭然若揭。对于有教养的欧洲人，尤其是对于黑格尔这样的有教养的"我们德国人"来说，希腊是心神向往的精神家园，所有今生现世的自由与美好都植根于希腊精神。东方叙里亚的犹太教拿来之后变成了基督教，但是黑格尔并不把宗教当作哲学，"罗马的宗教、希腊的宗教和基督教"并不是哲学，"它们与哲学没有什么相似的地方"。与之可以形成对照的是他"附带提到"的可以被认作哲学但更恰当的称呼是"一种一般东方人的宗教思想方式"，下面就让我们来看看他对中国与印度文化的评价：

> 中国人和印度人一样，在文化方面有很高的声名，但无论他们文化上的声名如何大、典籍的数量如何多，在进一步的认识之下，就都大为减低了。②

黑格尔还是肯定了绝对异于自身（希腊）文化的东方文化的价值，但是这一肯定仅仅只是在"声名"上面，暗含的意思就是和你的"唐诗

---

① ［德］黑格尔：《哲学史讲演录》第一卷，贺麟、王太庆译，商务印书馆1983年版，第157页。

② 同上书，第118页。

宋词"一样形式大于内容名不副实罢了。但是黑格尔在"进一步认识"之后如何得出"大为减低"的结论呢？所凭借的检验标准又是什么呢？从他对孔子的评价中可以看出一些端倪：

> 孔子只是一个实际的世间智者，在他那里思辨的哲学是一点也没有——只有一些善良的、老练的、道德的教训，从里面我们不能获得什么特殊的东西。西塞罗留给我们的"政治义务论"便是一本道德教训的书，比孔子所有的书内容都丰富，而且更好。①

孔子是有文化价值的却还入不了黑格尔的法眼，在此黑格尔亮出了他的评判标准是有没有一点"思辨哲学"，有没有希腊的理性思辨精神成为判断真理与否的标准，那些基于经验的道德教训即便有价值也只是可怜的那么一点，你的所有书加起来还比不上人家西塞罗的一本"政治义务论"——内容更丰富、更好。

易经哲学也没能进入黑格尔的法眼，但是他还是有所肯定：中国人不仅仅停留在感性的或象征的阶段，"也达到了对于纯粹思想的意识"。可是随之话锋一转，"但并不深入，只停留在最浅薄的思想里面"。② 黑格尔做出总结：中国人的智慧原则（抽象变成具体），也是一切中国学问的基础，"只是符合一种外在的次序，没有包含任何有意识的东西"。③

"道"与"无"让黑格尔驻足流连了一番，但中国人的哲学（"无"）与希腊人的宗教（"一"）一样，只是"抽象的开始"。

最后，黑格尔下了定论：

> 中国是停留在抽象里面的；当他们过渡到具体者时，他们所谓具体者在理论方面乃是感性对象的外在联结；那是没有（逻辑的、必然的）秩序的，也没有根本的直观在内的。④

---

① ［德］黑格尔：《哲学史讲演录》第一卷，贺麟、王太庆译，商务印书馆 1983 年版，第119—120 页。

② 同上书，第 120 页。

③ 同上书，第 123 页。

④ 同上书，第 132 页。

没有理性思辨，你离哲学思考还差得远，最多也就是与宗教想象相关联的简单抽象（"无"与希腊宗教的"一"），这种宗教的内容"没有能力给思想创造一个范畴（规定）的王国"，只能是"枯燥的"。是什么让黑格尔摆脱"枯燥"获得此世精神生活丰富性、拥有家园那湿润泥土气息的？黑格尔在希腊发现了什么呢？思辨理性。这也是黑格尔用来批判其他异己文化的武器。说得重一点，没有思辨理性，没有得到充分发展的我——黑格尔的绝对精神，那你只能是劣等的文化，除了心神向往自愿臣服于这唯一根基，别无他路。

传统形而上学的真理观无法摆脱其意识形态根源，这一点，马克思看得一清二楚："把特殊的东西说成是普遍的东西（真理性），再把普遍的东西说成是统治的东西（权力性）。"让"真理"获得真理"合法性"的根据是"权力"，"某一个"成为"这一个"成为代表者获得普遍性，而后"这一个"又成为"唯一的一个"，于是，原本只是特殊的"某一"成为"唯一"，这"唯一"就有了意识形态性，拥有了权力。谁发现了真理，谁就有了说话的权力，也就顺理成章地掌握了意识形态的统治地位，自然号令天下莫敢不从。而"自由"的实现正是要求"人的本质"与"存在的本质"即与这唯一的"真理"相符合，这样来看，形而上学自由所诉诸的根本不是什么真理客观性而是赤裸裸的权力。在黑格尔那里，思辨理性作为唯一真理，如果不符合这一真理你如何获得自由，你当然只能够使用思辨理性的话语来说话，也就是说，你只能够按照我说话的方式来说话。黑格尔评论那些异于希腊文化的其他文化不就是基于这一点嘛，禁不住"思辨理性"的一瞥，徒具"声明"而已。而东方文化面对这样的结论要不从自己的传统里面寻找比希腊更多的"理性思辨"，与黑格尔比试一下谁更有"理性思辨"；要不就只能臣服于真理（而非西方）学习仿效先进。可是，这样一来，中国文化自身的"原创性"就消失不见了。抑或宣称中国就是与西方截然不同的是特殊的，任你是普遍性也无法同化，待得自己做大做强了，还怕别人不承认吗？这样下去，对抗争夺也就是长久不衰成为必不可少的了。这一思路依然循着剥夺剥夺者的路向，你方唱罢我登场，只是权力的交替而已。

在形而上学的历史上曾经出现过一个接一个的本体，无不宣称自身的真理性，从外部实在到内在自我无所不包。在《哲学史讲演录》中，黑格尔将形而上学史戏称为"一个堆满头盖骨的战场"，一个本体杀死了另一个本体，同时自己的脚也迈入了坟墓，要替代你的已经走到了你的面前。黑格尔自己也加入了这个战场，自以为掌握了根基——思辨理性绝对精神，可以挥斥方遒无往不利。却没看见，那提着剑的人已经上路了。

在《哲学的改造》中，杜威描述了他对于哲学起源的认识以及形而上学的根基：

> 人必须寻究事物的理由，断不能因习惯和政治的权威而只管承受。应该怎样办呢？发明一种研究和证明的方法，将传统信念的本质放在一个不可动摇的基础上，发明一种思考和知识的方法，纯化传统而无损于其道德和社会的价值，进一步更由纯化而增强其势力和权威。简单地讲，就是使从来靠习惯维系下来的东西不复依靠过去的习惯，而以实在和宇宙的形而上学为基础，使它复兴。①

杜威对形而上学的权力性和意识形态性有深刻的认识，这一认识取决于他对于哲学起源的看法：哲学的任务就是为了维护"传统信念的本质"以便"无损于其道德和社会的价值"，进一步讲清楚一点就是为"纯化而增强其势力和权威"。"如果我们承认哲学，过去表面上是研究终极的实在，骨子里却想保存社会的传统中所包含的宝贵精粹"，② 即哲学起源于对于传统权威的维护。形而上学的基础并不是被发现的，而是依靠"发明"创造——"发明一种研究和证明的方法"，形而上学的基础是预先放在那边，然后才被发现的。在形而上学中，我们只是发现了预先安插好的东西，"意义和价值"只是解释者"安插"进去然后又不断地"抽离"出来，解释者作为发现者似乎理所当然地获得了自由具有了权威。由此来看，形而上学只是维护"传统信念之本质"的"甜蜜的谎言"。由于人"断不能因习惯和政治的权威而只管承受"，必须要为所承受的痛苦"寻究事物的理由"，所以就创造了形而上学基础，进而就可以让"习惯和政治的权威"理所当然地在形而上学的地基上得到"复兴"而重新成为"权威"，而且其势力和权威还由此"纯化而增强"。表面上看，形而上学

---

① ［美］杜威：《哲学的改造》，许崇清译，商务印书馆 1989 年版，第 9 页。

② 同上书，第 14 页。

取代了"习惯"成为新地基，但是维护的"权威"却并没有得到改变，人该如何承受还是依然如何承受，只不过承受有了"理由"——由形而上学提供了"不可动摇"的基础和系统的"方法"论，以使得你更加心甘情愿地"承受"。

形而上学的源头并不是"公正不倚"的，虽然基础是"实在和宇宙形而上学"，"主张完全的知性独立和合理性"，但是"往往掺杂着一种不诚实的因素"，形而上学的传统背后隐藏着"权力性"。古希腊柏拉图、亚里士多德开创形而上学时，形而上学就不是什么"科学"；当"中世纪基督教欲谋自己的系统的合理表现而利用古典哲学，尤其是亚里士多德哲学，以诠释自己的义理时"，非"科学"性、权力性就表现得"更为显著"；"当黑格尔假借唯理的唯心论的名义以辩护当日为科学和民众政治的新精神所威胁的学说和制度时亦有同样特征"。杜威给出的结论就是："那些伟大的体系也不能超脱党派的精神"，形而上学的虚假性及其隐含的政治权利性一览无余。①

杜威认为，对于哲学的改造要从反对形而上学开始。形而上学将世界做了简单的二元区分：

> 一切古典派哲学在两个存在的世界中间划了一个固定的和根本的区别。一个相当于普通传统的宗教超自然的世界，而由形而上学描画成为至高终极的实在的世界。……与这个须经哲学的系统修炼才能了悟的绝对的本体相对峙的，是日常阅历普通的、经验的相对实在的现象世界。②

杜威将这种经验与理性、此岸与彼岸的二元区分看作"影响哲学性质的古代概念所具有的一个最深特质。哲学妄自以为论证超越的、绝对的或深奥的、实在的存在和启示这个终极的、至上的、实在的性质和特色为己任"。杜威反对形而上学的二元区分，认为哲学应该要放弃掉对彼岸存在的追求，转而关注经验的现象世界，"引导人到日常生活和特殊科学所启示的'实在'"。他主张要保留社会信念和希望保留传统形

---

① ［美］杜威：《哲学的改造》，许崇清译，商务印书馆 1989 年版，第 11 页。
② 同上书，第 12 页。

而上学对于习俗权威（"传统信念里摘出的道德核心"）的维护作用（"哲学的起源是出自权威的传统"），但是这种维护不是如形而上学那样要建立在理知材料的基础之上，而是"发源于社会的情绪材料"（这种"权威的传统"原是"受制于在爱憎和感情的兴奋满足的影响下活动着的人的想象作用"）。① 哲学的任务与传统形而上学一样并没有改变，哲学要为政治服务，成为政治的基础。这样，杜威完成了对于哲学的改造，提出了新哲学：

> 当哲学缔构在形而上的尊荣地位时，或许是荒谬而非实在的，但当它与社会的信念和社会的理想的斗争结合起来，意义就非常重大。哲学如能舍弃关于终极的、绝对实在的研究的无聊独占，将在推动人类的道德力的启发中，和人类想获得更有条理、更为明哲的幸福所抱热望的助成中取得补偿。②

杜威对于形而上学的改造其实仍然保留着形而上学的倾向，希望哲学科学化，能为政治提供"理智的方法"或"科学的方法"。③ 但是，杜威试图使哲学同当代社会的问题——"社会的信念和社会的理想的斗争"结合起来，与解决生活的最迫切问题联系起来，以此来赋予哲学一种崭新的意义。这种方式无疑给了罗蒂很大的启发。杜威所维护的习俗权威——传统信念里的道德核心是：民主。杜威曾经说过：

> 民主是一种生活方式……受制于对人类在适宜的条件下做出明智判断和行动的能力的信仰。

他继续说道：

---

① ［美］杜威：《哲学的改造》，许崇清译，商务印书馆1989年版，第13页。

② 同上书，第14页。

③ 这种方法在《哲学的改造》中被定义为"伟大而日益发展的观察、实验和反思推理诸方法的简称"，或者说成观察事实、建立假说以及检验结果的三重技法。对于杜威这种哲学科学化的形而上学倾向，可参考张国清《民主、科学与哲学——罗蒂对杜威哲学的解读》，《复旦学报》2006年第1期。

　　我没有杜撰这个信仰。我从我的周围环境中得到了这个信仰。民主精神使那些环境充满活力……因为相信民主也就是相信商议、讨论、说服、争论和形成公共舆论的作用，从长远来看，除了相信常人具有对由有效担保人保证的事实和理念的自由表现做出常识反应的理智能力以外，那个信仰还具有自我纠错的能力。①

　　在这里，民主并非一种政治制度，而是一种生活的方式，发源于"情绪材料"（人的想象作用），是一种信仰。杜威从他"周围环境中得到了"民主这个信仰，民主是整个美国"社会的信念和社会的理想"，也就是说，杜威是在一个以"民主"为"社会信念和社会的理想"的社会中长大成人。对于"民主"这一上升到信仰的生活方式的捍卫究竟是要维护何种从美国社会"传统信念里摘出的道德核心"呢？"因为相信民主也就是相信商议、讨论、说服和形成公共舆论的作用"，民主制度保证了自由，"民主的核心和最终保证在于邻居们在街头巷尾进行自由集会，反复讨论读到的未经审查的当天新闻，以及朋友们在会客厅进行的自由交谈的聚会"，自由就是这一从"传统信念里摘出的道德核心"。而民主的目的"就在于解放和发展一切个人的能力，而不管个人属于什么种族、性别、阶级或经济地位"。② 自由是对于每一个公民的自由，无论种族、性别、阶级或经济地位，这些集会的参加者不是由精英分子所组成，而是由每一个职业和每一个社会阶层的公民所组成，在集会中经过商谈产生的公共舆论将对国家权力和市场运作起到监督作用。自由为各种不同的职业、不同的阶层、不同文化背景的人们提供了说话的权利，打开了交流的空间，使其能够自由而充分地与其他感兴趣的知情的人们商讨各种事情，而不会存在某种形而上学的权威——固有世界结构或固有人类精神结构——限制交流和对话商谈的进行。自由强调平等对话与交流而非服从某一权威，为每一个个体提供了自由发展的机会。在这种情况下，黑格尔当然也就无法强迫别人只有使用他的思辨理性话语才能进行交流了。而且，国家不再作为权力的核心而转变为协调者扮演"乐队指挥"的角色，"乐队指挥本人并

---

　　① 转引自［美］罗蒂《后形而上学希望》，张国清译，上海译文出版社2009年版，作者序言。

　　② ［美］杜威：《哲学的改造》，许崇清译，商务印书馆1989年版，第147页。

不演奏音乐，但他协调众演奏者的活动"。① "乐队指挥"的角色将多元主义带入国家政治概念之中，国家不再是权威，而是只起协调的作用，要受到公共舆论的监督。杜威否认存在任何形而上学式的固定不变的善，而主张善是不断"发展"和变化的过程，民主作为当前的生活方式当前的善也是要不断发展进步的，杜威说民主这一信仰具有"自我纠错的能力"："克服民主的弊端的有效方法是更多的民主。"②

杜威改造了哲学，使得哲学不再屈服于外在于经验的某个"权威"，使用"想象力"取代"理性"，将哲学与当代社会的现实生活问题联系起来，用对民主自由的信仰推翻了对于形而上学本体权威的"迷信"，为更自由、更广泛、更周密、更深入、更有成果的商谈创造了更适宜的条件，把文化从神学思考和形而上学的桎梏中解脱出来，为文化的多元主义打开路径。

杜威是罗蒂"最为敬仰的哲学家"，也是罗蒂"最愿意成为其弟子的哲学家"。③ 杜威在其《哲学的改造》中就曾试图改造追求客观真理的哲学，但也完全没有抛弃形而上学只是希望将之改造后为社会所用："当哲学缔构在形而上的尊荣地位时，或许是荒谬而非实在的，但当它与社会的信念和社会的理想的斗争结合起来，意义就非常重大。"④ 杜威对于哲学的改造，主张用"经验"现象取代"理性"实在，罗蒂认为这其实仍在二元论的内部反驳二元论，使用形而上学的"经验"取代形而上学的"理性"，并没有跳出二元论之外来对二元论进行描述。此外，杜威希望建立一种经验的科学——观察事实、建立假说以及检验结果的三重技法——来取代传统形而上学的纯思辨，以便为政治提供科学的方法，企图使哲学成为社会变革的工具。这种做法让罗蒂觉得杜威并没有完全摆脱形而上学，而只是在诊疗性姿态和建构性姿态之间摇摆，杜威"从来不满足作为一个治疗者，他还试图做些建设性的工作"，"不论好坏，他都想要

---

① [美]杜威：《哲学的改造》，许崇清译，商务印书馆1989年版，第158—159页。

② 参考列奥·施特劳斯和约瑟夫·克罗波西共同主编的《政治哲学史》杜威部分。罗蒂也持同样的态度："自由民主社会已然包含它自我改良的制度"，自由民主也是"最后一次概念上的革命"（见《偶然、反讽与团结》，第92页）。

③ [美]罗蒂：《实用主义，后现代主义，相对主义和政治学》，载于《后形而上学希望》，张国清译，上海译文出版社2009年版，第87页。

④ [美]杜威：《哲学的改造》，许崇清译，商务印书馆1989年版，第14页。

写出一个形而上学体系"——罗蒂提醒我们，杜威有重新陷入形而上学的危险。于是，罗蒂希望重读杜威，断绝杜威那种"经验形而上学"的倾向，转向为一种对文化发展的研究。罗蒂希望代杜威写出一本叫作《自然与文化》的书替代《经验与自然》。①

罗蒂告诉我们，哲学不再能够提供真理，只是从"宗教（上帝）"救赎到"文学（想象力）"救赎的中间类型（期望从"客观真理"中得到救赎）。启蒙的哲学计划已经失败了，不存在客观实在或者"自然和理性取代上帝"的可能，但是启蒙的政治计划并没有失败，"在地球上创造一个天国，创造没有等级制度、阶级或残暴行为的世界"。② 另外，罗蒂也看到，像尼采这样追求自我创造的浪漫派哲学家并不总是对避免残酷有积极作用。尼采并不想要避免残酷，也对民主的理想不感兴趣。对于尼采来说，"民主似乎是平庸化人类存在的方式"（"祈求低级动物般的幸福形式"），是"人民的基督教"，"是被剥夺了精神高尚性的基督教"。不过，在罗蒂眼中，"尼采瞧不起民主，只是一个偶然例外"③，只不过是文化的偶然现象。罗蒂的办法是区分出两个不同的领域，现今的哲学（正如黑格尔所说的）只是"在思想中对其时代的把握"并不能提供客观真理，只能够发挥文化的功能，依靠想象力创作出"私人的完美"形象——"亦即自我创造的、自律的人生"究竟是什么样子，引导着人们的私人追求；在公共领域，社会并不是建立在"理性"或者"客观真理"的基础之上，"思想和社会进步的目标，不再是真理，而是自由"，也就是说，如何"努力使我们的制度和实务更加公正无私，并减少残酷暴虐"就是社会的唯一任务。罗蒂对尼采做出了浪漫化的功利主义解读，并将其放在私人领域的哲学家一类，是人类自我创造精神的代表；在公共领域，起作用的是"马克思、密尔（J. S. Mill）、杜威、哈贝马斯和罗尔斯"，他们不提供人

---

① ［美］罗蒂：《杜威的形而上学》，载于《实用主义哲学》，林南译，上海译文出版社2009年版，第90页。参照英文本：Richard Rorty，"Dewey's Metaphysics"，from *Consequences of Pragmatism*（*Essays*：1972-1980），Minneapolis：University of Minnesota Press，1982，p. 85。

② ［美］罗蒂：《实用主义，后现代主义，相对主义和政治学》，载于《后形而上学希望》，张国清译，上海译文出版社2009年版，第105页。

③ ［美］罗蒂：《作为浪漫主义多神教的实用主义》，载于《文化政治哲学》，张国清译，北京大学出版社2011年版，第34—35页。

格模范，只教导我们如何成为公民的一份子促进社会的团结。①

　　罗蒂在《后形而上学希望》的序言中谈到杜威时说："杜威常常被称作'美国民主哲学家'。不过这种称呼的重点应当放在'民主'而非'美国'上"，甚至提出自己的《后形而上学希望》一书就是追寻"杜威思想"的尝试。② 罗蒂之所以支持民主并不是如同启蒙理性所宣称的那样有着超越时间的普世自明的真理作为基础，而是如杜威一样，相信民主制度能够真正带来自由平等，通过新闻出版、自由思想演讲集会、大学公共教育、自由投票等方式，使得不同的人群不同的意见都能够发出声音，依靠说服而非强制的手段解决分歧。但是，由于不满杜威希望哲学为民主提供科学方法论的做法，罗蒂改造了杜威哲学提出"民主先于哲学"的命题。这个命题的含义是，人们对于自由民主的讨论不需要涉及有关人性和自我的基本哲学主张，自由民主离开哲学的前提依然成立。罗蒂的"自由主义社会"是没有"哲学基础"的，没有所谓的真理，只有新旧价值、新旧词语的对抗。

　　罗蒂与其他大多数自由主义者（如启蒙自由主义）在目标和价值上并没有什么不同。③ 但罗蒂认为启蒙理性主义词语（如真理、理性和道德责任）所描绘的自由民主已经成为自由民主前进的障碍，而他的词语（隐喻和自我创造）则更加有利于自由民主社会的延续和进步。④ 启蒙的自由民主和人权将自身建立于普遍理性和共同人性基础上，可是这一基础——普遍的理性和共同的人性已经破产，而失去基础的后果好像会导致民主自由和人权的不稳定，那么一种没有根基的自由民主和人权如何可能呢？进而，这种没有真理和人性作为根基的自由民主和人权是否足以成为社会的凝合剂进而筑就我们的国家呢？还有，国家之间以带去自由维护人权为借口对其他国家进行经济和军事制裁及文化侵略的行为是否会得到遏制？反过来，对于自由和人权的不尊重是否会变得理直气壮？罗蒂创造的新的自由民主隐喻相对于启蒙理性的隐喻只不过是在一个特殊的时间和地点的另一个故事，那么必然是

----

① ［美］罗蒂：《偶然、反讽与团结》，徐文瑞译，商务印书馆2005年版，第4页。

② ［美］罗蒂：《后形而上学希望》，作者序第1页。

③ 参考 Randall Peerenbom，"The Limits of Irony: Rorty and the China Challenge"，*Philosophy East and West*，Vol. 50，No. 1，2000，pp. 57-59。文中将罗蒂的反讽自由主义与传统自由主义在目标和价值上做了系统的比较。

④ ［美］罗蒂：《偶然、反讽与团结》，徐文瑞译，商务印书馆2005年版，第67页。

一个更好的故事吗（在他自己看来是最好的一个）？但是，根据罗蒂的反讽理论，这个故事也仅仅只是一个文化偶然性理论。正如他一再强调的弗洛伊德的主张，我们自己（的理论）"只是大自然所做诸多实验之一，而不是大自然的设计之极致实现"。① 正是这种对于理论自身的反讽，使得罗蒂的理论更加中听，使得他的主张比较容易令人接受。

《独立宣言》中的一段话对于我们来说并不陌生："我们认为以下真理是自明的，人人生而平等，他们被他们的造物主赋予了某些不可剥夺的权利，其中包括生命、自由和追求幸福的权利。"这段话的内在逻辑是，把平等自由和权利交付给一个"普世"自明的真理，而这一真理又由于造物主的出现而拥有"普世"自明的力量。可是，如果没有造物主的出现，那么真理的"普世"自明的力量是否会消失呢？如果没有这种"普世"自明的真理，那么我们的生命自由权利是否会丧失保护只能被践踏呢？我们可以看出这个论证在逻辑上有不合理之处。罗蒂的问题是，既然这些民主的价值是好的，那么是否这些价值上必须有一个超越时间和偶然性机缘的基础呢？罗蒂认为答案是否定的，我们完全可以抛弃这些已经破产的形而上学假设。正如他对宗教所作的保存希望的罗曼司的改造一样，抛开那些对"普世"理性真理的要求，只保留那些核心的信念和欲望——生命平等和自由权利。

罗蒂所捍卫的自由就是标准的"布尔乔亚（资产阶级）自由"，但与其启蒙前辈相比，这种自由是无根基的，它"并不建立在诸如人类普遍共同追求的目标，或人权，或理性的本性，或人类福利，或任何其他东西等的观念上"。也就是说，这种自由不能归结于某种超越时间和偶然性的基础，其"真正深刻的基础是历史的"，"是历史事实告诉我们的"。② 这就与《独立宣言》中被允诺的自由权利区别开了。罗蒂对"自由主义"的定义转借自朱迪斯·史克拉尔（Judith Shklar），将"自由主义者"定义为相信对他人残酷是最糟糕的事情的那些人。但罗蒂并不满足于这一"自由主义者"的定义，为了与朱迪斯·史克拉尔相区别，罗蒂提出了"自由主义的反讽主义者"：

（1）对于她所使用的终极语汇有着彻底的、持续不断的怀疑，因

---

① ［美］罗蒂：《偶然、反讽与团结》，徐文瑞译，商务印书馆2005年版，第69页。
② 同上书，第120页。

为她为其他语汇——她所遭遇的其他人或书所使用的终极语汇——所感动；（2）她认识到在其现有语汇中所形成的论证不能承诺支持，也无法解决这些怀疑；（3）当她对其处境做哲学思考时，她并不认为她的语汇比其他语汇更接近实在，也不认为这种语汇与某种独立于她之外的力量相联系。有着哲学化倾向的反讽主义者认为在语汇之间所做的选择，不是建立一个中立的和普世的形而上学语汇，也不是试图透过现象到达本质的努力，仅仅只是用新语汇反对旧语汇。①

保持怀疑、破除中心，使得对他者能够保持不定向的开放（把自己的终极语汇作为"之一"），"容许尽可能多的不同的个人目标得到实现，以增加人类的幸福"，罗蒂倡导的"同情"隐藏其中。坚守偶然性，没有真理，没有中立的原则评判他者。可是，这样一来新语汇反对旧语汇时如何说明自身的合法性，"新""旧"是如何体现了"进步"？罗蒂将偶然进行到底，认为新语汇被大家接受本义化成"死隐喻"也是随机的，是碰巧罢了。新语汇最后还是以"实用性"作为判定，我偶然创造的新隐喻方便有效，你则选择更方便合用的。罗蒂认为这些"反讽主义者"处在一种"超稳定的"（meta-stable）境界，"由于始终都意识到他们自我描述所使用的词语是可以改变的，也始终都意识到他们的终极语汇以及他们的自我是偶然的、纤弱易逝的，所以他们永远无法把自己看得很认真"。②

面对人无法定义自身的这种状态，罗蒂采用了一种实用主义的态度，自我作为信念和欲望的网络没有一个一般的"意义规则"或"道德原则"，而是"以一种细胞借以调节自己以适应环境的压力的试错法重新编织着自己"。③ 哲学不需要为道德寻找基础，只需要专注于（资产阶级自由下）实用主义的工作：避免残酷，避免大多数对少数人的暴力，为个人创造设计制度保障。

罗蒂的"后形而上学希望"是，最小化对他人的残忍，同时最大化个人自我实现的机会。如果避免残忍是罗蒂反讽自由主义的左膀，那么自

---

① ［美］罗蒂：《偶然、反讽与团结》，徐文瑞译，商务印书馆2005年版，第105—106页。

② 同上书，第106页。

③ ［美］罗蒂：《后现代主义的资产阶级自由主义》，载于《后哲学文化》，黄勇译，上海译文出版社2006年版，第185页。

我实现就是其右臂，但这条右臂相对于左膀更加灵活，对罗蒂来说也更加重要。罗蒂反对形而上学自我观，跟随弗洛伊德强调自我的偶然性，解开了形而上学对自我价值的束缚。① 将尼采作为先行引路者，对一切价值进行重估，人可以自由地创造自己的隐喻——"生出自己"（giving birth to oneself）。借此，罗蒂要求我们把生活看成一出戏剧，我们自己是戏剧诗歌的作者和主角，我们可以以自己去掌握自己的生活，宣称我们生命中发生的一切都是"我意愿"。②

与启蒙的自由主义不同，罗蒂之所以支持民主并不是因为某种超越时间的"普世"自明的真理作为基础，而是因为这种制度最小化了残酷并允诺了个人自我创造的空间。通过民主制度所允许的"自由的讨论"——如新闻出版自由、自由思想演讲集会、大学普及高等教育、投票选举等——让人们能够聆听不同的声音，思考不同的意见，也能发出自己的声音。如此，既为我们书写自己的故事提供了自由的空间，同时也确保了最小化对他人的残忍。罗蒂对这些启蒙理想的辩护并不是希望这些"自由的讨论"通过"无扭曲的沟通"达到一个"普世"真理，这种交流仅仅能产生一次文化偶然性叙述，仅仅是在特定的信念观点和在特定的时期、特定的社会中的价值观。③ 罗蒂认为，"自由主义社会"是没有"哲学基础"的，只有新旧价值、新旧词语的对抗，"所谓自由主义社会，就是不论这种自由开放的对抗结果是什么，它都赞成称之为'真理'"。罗

---

① 弗洛伊德在"心理学导论"系列演讲第十八讲末尾这样评价自己的工作：

我的"心理分析理论"（psychoanalysis）给予了人类幼稚的自傲和自恋第三次沉重的打击，第一次是哥白尼的"日心说"，第二次是达尔文的"进化论"，心理分析理论所揭示的是：地球不仅不是宇宙的中心，人类自身也不是上帝造物中特别关照的物种，即便人的头脑、自我这些一直被视为人类最珍贵的理性，不过是人类从原始的"潜意识本能"的一种最近的、尚且是变幻莫测的发展的结果，它们甚至控制不了寓于其中的身体。

去除了人处于宇宙中心和神圣性的幻想，自我不再一个超验本质也没有超验的目的，人的存在被打碎成为偶然性的碎片。

② ［美］罗蒂：《偶然、反讽与团结》，徐文瑞译，商务印书馆 2005 年版，第 45 页。参考［德］卡尔·洛维特《从黑格尔到尼采》（李秋零译，三联书店 2006 年版）一书中对于"尼采克服虚无主义的尝试"的解读，永恒的命运在时间中的展开："你应该"（基督教，启蒙理性）——"我意愿"（虚无的"自由的荒野"）——"我是"（自我创造）。这关系到浪漫主义能否走出虚无主义的陷阱。

③ ［美］罗蒂：《偶然、反讽与团结》，徐文瑞译，商务印书馆 2005 年版，第 120 页。

蒂将自由主义社会的核心概念归结为："若只涉及言论而不涉及行动，只用说服而不用暴力，则一切都行（anything goes）。"①

罗蒂用无根基的自由取代了形而上学的真理，使得自由民主不再需要依附于某一个形而上学的基础，但是过去公共责任和个人兴趣之间的张力却依然存在——最小化对他人的残酷，同时最大化自我实现的空间。一方面罗蒂赞同福柯，认为社会制度束缚了个人，现代社会更是把"古老的前现代社会所无法想象的种种束缚"，强加在个人身上，扼杀了自我创造和个人规划的空间。②另一方面，个人的自我创造会威胁到最小化对他人残酷的社会责任，在某种意义上，私人的反讽"潜藏着强烈的残酷性"，会带来对他人的侮辱。③罗蒂认为在理论上个人自我实现和社会希望（正义）之间有着不可调和的矛盾，没有办法统一起来。④罗蒂的办法是在个人与公共之间划开界限，将反讽私人化，限制在个人的范围，而社会的唯一目标就是避免残酷。⑤在实践上，罗蒂建议说，"希望各政府全心全意

---

① ［美］罗蒂：《偶然、反讽与团结》，徐文瑞译，商务印书馆 2005 年版，第 77 页。在《政治哲学史》（列奥·施特劳斯、约瑟夫·克罗波西主编：《政治哲学史》，李天然等译，河北人民出版社 1993 年版）第三十八章中谈到了"虚无主义及其根源"：

就形而上学方面来看，虚无主义指的是无物持存，不是说存在绝对的虚无，因为那是荒谬的，而是说不存在不变的基础，即不存在自柏拉图以来西方传统设想构成变动不居的经验之基础的上帝或存在。……若一切事物变动不居而无某种不变的根据或基础，便难以看到真理、正义和道德何以是可能。如果没有存在，或上帝死了，像尼采主张的那样，那就只有生成变化，而没有固定的准则或永恒真理。……形而上学的虚无主义的结果因此是道德的虚无主义。否定永恒的上帝或存在，必然破坏一切有关善恶或贵贱的固定的或不朽的标准，因而必然破坏普遍道德律或人之优秀的自然标准基础。照此看来，一切准则都是历史的和相对的，都不过是一些偏见或意识形态，是用以维护某些集团、种族、等级或阶级之显而易见的权利。

问题是，罗蒂的"一切都行"（anything goes）会不会陷入某种程度的道德虚无主义之中？

② ［美］罗蒂：《偶然、反讽与团结》，徐文瑞译，商务印书馆 2005 年版，第 91 页。

③ 同上书，第 127 页。

④ 同上书，第 168 页。

⑤ Joseph Grange 对于罗蒂将个人与公共领域截然区分的做法表示出了担忧，认为此种做法在避免残酷作为社会的凝合剂上太过薄弱，必须"重新认识形而上学的重要性"。见 Joseph Grange, "The Disappearance of the Public Good: Confucius, Dewey, Rorty", *Philosophy East and West*, 1996, Vol. 46, No. 3, p. 351. 罗蒂对 Joseph Grange 的批评做出了回应：一种不建立在形而上学基础上的民主是否可能？具体内容见罗蒂《偶然、反讽与团结》，徐文瑞译，商务印书馆 2005 年版，第 121 页以下。

致力在让人民恣意支配自己的私人生活与让苦难尽量减少之间，寻找到最佳的平衡点"。而且，在罗蒂看来，"这建议大抵已是最终的定论了"。①至于实际的具体做法，罗蒂也没有什么详细的制度设计，只是希望启蒙的舆论能够提供帮助，而启蒙的工作离不开哲学家的反讽和小说家对苦难的描述以激起同情。

与启蒙理性相比，罗蒂并没有对自由主义许诺更多。由于缺乏基础性的修辞，自由主义有分解成怎么都行的相对主义的危险，由于没有理由支持自由主义的价值高于其他价值，或者去支持罗蒂的关于人权文化的优越性要大于其他文化的理论，甚至在反对残酷方面也没有优越性——有些批评认为，在公共实践领域，反讽的自由主义作为社会的凝合剂实在不够厚实。与其启蒙先辈相比，罗蒂的立场甚至削弱了自由主义。罗蒂告诉我们不要放弃自由主义的希望，自由主义的希望不需要披上"普世"论断的形而上学外衣，"自由社会的观念与哲学信念联系在一起在我看来是可笑的。将社会凝结在一起的，是共同的语汇和共同的希望"。②反讽的自由主义者并不需要形而上学的基础去为自由主义辩护和反对残酷。即使对于自由、人权或者避免残酷只能循环论证——只能"用我们文化的一个特色来显示另一个特色的好处"，或者"利用自己的标准来偏颇地比较我们的和其他的文化"——一个人仍然能够为这些作为其自身价值的价值进行辩护。③

罗蒂的实用主义方式使得民主不需要基于"普世"的形而上学主张，破除了同一性的神话，建立了一种后哲学文化，罗蒂使用反讽的自由主义来描述这种后哲学文化。

一方面，每个人都有一套最终语汇，罗蒂要求他的反讽自由主义者对其当时所使用的最终语汇持反讽的态度。不存在任何称作"（大写的）哲学家"的人，只剩下"兴趣广泛的知识分子"，他们"没有任何特别的'问题'需要解决，没有任何特别的'方法'可以运用，也没有任何特别的学科标准可以遵循，没有任何集体的自我形象可以作为'专业'"，而只是使用"新语汇反对旧语汇"，"乐于对任何一个事物提供一个观点，

---

① ［美］罗蒂：《偶然、反讽与团结》，徐文瑞译，商务印书馆 2005 年版，第 92 页。

② 同上书，第 122 页。

③ 同上书，第 84 页。

希望这个事物能与所有其他事物关联"。①

　　另一方面，后哲学文化是自由的。"以对任何种族中心主义的怀疑而自豪，以拥有能力去增进诸遭遇者的自由性和开明而自豪"，② 不同文化国家都可以说出属于其自身的独特的话语，"为各种文化、各种政治主张的遭遇和对话提供了平等的机会"。罗蒂倡导的这种后哲学文化"不以自己的大一统而沾沾自喜，而以对亚文化的多元性的宽容而自豪，以乐于听取诸近邻文化的心声而自豪"。③ 罗蒂的反讽自由主义文化使得其所有成员都能够以其自身各种各样的声音，表达不同的愿望和目的。

　　显然，对于文化偶然性的认识，破除中心、反对同一性的"普世"意识形态话语、反对存在某一客观的真理标准并用这一标准评判其他模式的做法，主张通过交流合作而不是武力和经济制裁来解决文化差异，保有开放乐观的希望。在剥掉形而上学基础主义之后，一个更加彻底的反讽主义者将会愿意认识而且愿意承认公共价值和公共制度的偶然性，在跨文化的交流中会更加虚心开朗而且较少可能将个人的信仰和叙事强加给他人以造成对他人的羞辱。

　　当然，对文化偶然性的认识并不能妨碍罗蒂对自身文化的种族中心主义的坚持——"自由主义和人权文化"是比非"自由主义和人权文化"更好的文化类型。罗蒂认为，要说明自由主义和人权文化优于非自由主义文化的最好办法不是通过哲学争论，不是要劝说别人放弃所持有的观点，甚至斥责对方为异类，而是要求助于同情。不是要讨论天赋人权的理论或者指出人是理性的动物或者求助于道德自律这样的终极语汇，而是当苦难（侮辱）发生的时候，注意到它的存在。④ 罗蒂敦促我们来讲述一个非自由主义者也能有联系的故事，一个个体生命和他忧伤的富于情感的故事，比起人们在痛苦和侮辱方面的相似性，传统上的差异（部落的、宗教的、种族的、风

---

　　① ［美］罗蒂：《哲学和后哲学文化》，载于《后哲学文化》，黄勇译，上海译文出版社 2006 年版，第 14 页。

　　② Richard Rorty, *Objectivity*, *relativism*, *and truth*: Philosophical papers, Vol. 1, Cambridge: Cambridge University Press, 1990, p. 2.

　　③ Richard Rorty, *Objectivity*, *relativism*, *and truth*, p. 14.

　　④ ［美］罗蒂：《偶然、反讽与团结》，徐文瑞译，商务印书馆 2005 年版，第 131 页。

俗习惯的等）是微不足道的。① 在这方面，文学要比哲学做得更好。

罗蒂提出"民主先于哲学"的口号想要说明政治并不需要哲学作为基础，之所以西方自由主义和人权文化不需要一个哲学的基础，是因为在避免残酷方面做得更好。可是，罗蒂对民主文化的种族中心主义坚持究竟是因其偶然地出生在这样一种文化中，还是这种文化是最好的呢？相应地，"偶然"地生活在别处的我们如何选择呢？两种截然不同的处于偶然之中的文明相遇时，起到决定作用的会是什么呢？取消掉"唯一"的形而上学，使得真理"不再具有客观性、合理性、与客观实在相一致等含义"，确实敞开了对话的大门，但是这种种族中心主义的坚持只是让真理变成了"在自由公开的遭遇中获胜的东西"，② 在哪方面获胜呢，有利于个人反讽自我创造还是有利于激起同情、深化协同、保证团结？如何评价获胜呢，这不是又得回到实用功利的老路上？罗蒂这种种族中心主义的坚持背后隐藏的不就是"最好"嘛。

73 岁高龄的罗蒂冒着酷暑追随杜威的脚步连续走过北京、黑龙江等七个城市之后，来到中国之行的最后一站上海，在接受早报记者采访的时候，罗蒂说："在我看来，民主和自由就像阿司匹林一样，对所有人都有用。"如果"民主"如罗蒂所说的那样是"种族中心主义"的，是一种自我维护，那还有什么文化不是种族中心主义的呢？

对于坚持美国自由民主的种族中心主义，罗蒂给出的理由是：民主制度限制了国家权力的无孔不入的渗透，个人的反讽打破了一切作为真理的"同一"合法性，破除了一切可能的限制，"偶然""多元"取代"唯一确定""只能这样"。人可以自由创造属于自己的叙事，每一个隐喻都有自己的合法性，个人的创造有无限的可能性，最小化了对个人完善发展的可能限制为个人自由创造"新语汇"打开了空间。对私人领域来说，民主保证了个人创造的自由；与此同时，罗蒂将个人与公共领域区分开来，避免个人的反讽造成公共领域的残酷，提出"民主优先于哲学"正是要将反讽的残酷限制在私人领域，哲学可以怀疑一切但是在公共领域"民主"与对他人"同情"是不能够被怀疑的终极价值。

---

① ［美］罗蒂：《偶然、反讽与团结》，徐文瑞译，商务印书馆 2005 年版，第 273 页。

② 参考张国清《试论罗蒂种族中心主义观念及其后果》，《浙江大学学报》1996 年第 9 期。

没有实用性，没有力量，什么能够促使"新语汇"替代"旧语汇"，权力的更迭成为我们不得不背负的命运，正如尼采一语点破的：权力的永恒轮回。平等只能成为彩虹般美丽的口号。如罗蒂对于"民主"的坚持是种族中心论的自我维护，没有文化自身的强大，文化之间的平等对话交流将是不可能的事情。挖掘我们自身文化的源头活水，复兴我们自身文化的生命活力也是我们亟待进行的自我维护。问题不是要不要强力，而是强力的指向：是如黑格尔那样指向思辨理性是唯一最好的，其他文化如同路边的花花草草，只是我历史车轮碾过的脚注而已？还是大而化之群龙无首，保证各种文化能够切实多元发展？

在黑格尔那里，"唯一"的真理作为标准规范了所有文化的表达方式，与这一真理不合的都没什么意义，凡是没有得到充分发展的"思辨理性"都是低等的文化，其他文化除了让自己更加"思辨理性"化，到最后比试一下谁更思辨理性谁就能够获得胜利处于更高级的位置。反讽对于黑格尔的西方文化中心论确实是一个强有力的反击，各个文化不再需要按照符合"真理"的那一套语言说话，破除了单一文化霸权的妄想，使得各种文化能够使用其自身语汇进行阐述，为多元文化提供了可能的方向。但是这并不能保证各种文化处于平等的地位，"民主"信仰处于对话的核心位置，民主作为"万能药"不是治疗病入膏肓的你的"最好"良药吗？有科学技术支撑的自由民主的美国文化当然处于"最好者"的地位，虽然不自居于"唯一者"的位置，然而以退为进指向"唯一者"，引领"唯一者"，当仁不让地占据"最好"的优先地位。[①]"最好"的民主取代了形而上学"唯一"的真理，而无法取代的是"力量"，除了待到文化自身的强大再争得承认之外没有更好的出路。在跨文化交流对话中，中国文化的"和而不同""独立互补"能否显现出自身精神境界的差异以给西方文化中心论以限制呢？

三　用协同性（solidarity）[②] 替代客观性

（一）无根基的个体与共同体

种族中心主义者用协同性替代客观性，不再为政治自由主义的价值寻

---

①　参考张志扬《"唯一的""最好的"，还是"独立互补的"？——"西学东渐"再检讨》，《现代哲学》2007 年第 2 期。

②　团结有中心，协同无中心。

找某种超越历史机缘的外在基础。实用主义的世界图景破除了形而上学所提供幻象的慰藉，实用主义者拿掉的第一个为我们的理智传统所习惯的幻象就是：赋予共同体的成员资格的是某种天赋的或者外在的"权利"。①由柏拉图—康德—罗尔斯创建并延续的理性主义传统是罗蒂重点批评的对象，他们认为正义的基础是理性的原则，个体是理性的，理性赋予人权利让人成为共同体的一员。

柏拉图将人设定为具有理智、激情和欲望三种内在品质。理智在最高层，激情在中间层，而欲望在最低层，个体灵魂的秩序是理性统治激情和欲望，也就是说，只有服从于理性的支配才能够成为一个正义的人。柏拉图用个体灵魂与城邦作为大写灵魂的一致性建立理想国，城邦作为大写灵魂的秩序是哲人王统治护卫者和工匠（生意人），这三个层次也相应分别对应理智、激情和欲望（《理想国》，441d）。柏拉图建立了幻象—实物、意见—知识的形而上学知识论图示，并将之对应到城邦政治领域建立了上智下愚、上尊下卑的城邦等级统治秩序。整个西方哲学的理性主义形而上学传统是由柏拉图开启的。

跟随柏拉图，康德和罗尔斯也是将个体的理性能力作为获得共同体成员资格的必要基础。康德明确主张如果没有一个外在坚实基础的话，那么一切"确实的东西"都会不牢固，"哲学必须把它所有认为确实的东西首先奠基在事实上，否则，这样认为确实的东西就是完全没有根据的"。②康德将服从道德律令能够做出自主理性选择的个体作为基础，甚至将国家也当作一个三段论结构，国家的"立法权、执法权、司法权"分别是这个三段论的大前提、小前提和结论。③罗尔斯的在"无知之幕"背后的个体也是一个理性自主选择的个体，这个个体能够跳脱出其置身的社会关系和角色做出自主的选择。罗尔斯的正义理论就是建立在这个既有理性，又能够讲道理的个体之上，"正义原则可以视为理性人愿意选择的原则，通过这种方式，某些正义观将得到解释和辩护。正义理论是理性选择理论的一部分，或许是最重要的部分"。④

①　Richard Rorty, *Objectivity, Relativism, and Truth*: *Philosophical Papers*, Vol. 1, p. 31.

②　［德］康德：《判断力批判》下卷，韦卓民译，商务印书馆1985年版，第149页。

③　［德］康德：《法的形而上学原理》，沈叔平译，商务印书馆1991年版，第139—140页。

④　John Rawls, *A Theory of Justice*, *Revised Edition*, Cambridge, MA: Harvard University Press, 1999, pp. 14-15.

　　罗蒂十分清楚地认识到柏拉图—康德—罗尔斯的形而上学理性主义传统对于客观性的渴望：人类为了摆脱自身的局限性，而渴望将自己与一个更大的事物（比如上帝、理性、事物本质、真理等）连接起来。可是，这种渴望本身不就是虚幻的嘛，所提供的慰藉不过起到了让人类自我麻醉的作用。罗蒂对此感到奇怪，难道说"我们作为生命体的类似性必然附带着某种非生命体的东西"嘛，"这些东西将我们种群与非人类的实在本身相关联并给予了我们种群以道德尊严"？①

　　罗蒂是这个柏拉图—康德—罗尔斯传统的反叛者和颠覆者。罗蒂从尼采那里得到了实用主义的真理观：真理就是"一些快速变化的隐喻、代称和拟人化——简而言之，某些人与人之间的关联，在经过了诗化或者修辞化地增强放大、转换变调、润色修饰并且经过了长时间使用之后，对这个人来说就似乎是不可动摇的、可以作为标准的、必须履行的东西了"。②人类对于客观性的追求只是无法承受自身的有限性，想要避免直面破碎、分离的境况，逃离时间和偶然性而设立的一种幻象罢了。人类的生存需要直面虚无的勇气，尼采惊醒了人们追求虚幻客观性的迷梦，将真理作为"一些快速变化的隐喻"，明确了真理并不存在这一事实。

　　罗蒂让个体处于偶然、分离的状态之中，绝不为了寻找虚幻的慰藉而与一个更大的事物相连接，并不存在普遍的理性、普遍的人性，能够让人们在这个基础上达到团结。而个体的这种分离状态未尝不是好事。这种分离代表着个体的自由，并没有一个先天的本质或者外在于语言和历史的秩序需要去符合，人获得了最大程度的自我创造的自由，"永无止境地、日新又新地实现'自由'，而不是与一个早已存在的'真理'趋于一致的过程"。③人不要"成为前人的复制，成为同一类的人"，要"以自我为中心"成为自身命运的创造者，作为自我创造着的强健诗人纯粹偶然地创造谱写出自己的诗歌。罗蒂给出的作为未来人类典范的，并非哲学家而是诗人，"把人类历史视为一个接着一个隐喻的历史，会让我们了解到诗人——广义而言，新字词的创制者，新语言的构成者——乃是人类的前卫

　　① Richard Rorty, *Objectivity, Relativism, and Truth*：*Philosophical Papers*, Vol. 1, p. 31.

　　② Nietzsche, "On Truth and Lie in an Extra-Moral Sense", in *The Portable Nietzsche*, ed. and trans. by Walter Kaufmann, The Viking Press, 1954, pp. 46-47.

　　③ ［美］罗蒂：《偶然、反讽与团结》，徐文瑞译，商务印书馆 2005 年版，第 8 页。

先锋"。①

对于个人偶然降生其中的共同体来说，个人并没有理由要服从。对于个体来说，并没有某种先验的本质需要去符合；对于共同体来说，也不存在什么超出偶然性的本质烙印在个体身上，"不论是个人独具的印记，抑或是特定历史条件下的社会诸成员所共有的印记"都是偶然的。②

首先，理性的权威地位是不存在的。弗洛伊德教导我们，理性并非人类行动的指导者，反而更有可能的是，掌握"我们过去个人独特的若干关键性的偶然"更能够阐释我们现在的行为。③ 罗蒂得到的结论是，"可能根本没有一个称为'理性'的核心机能"，理性只不过是"偶然与偶然之间相互调节的机构"。④ 理性是语言选择的偶然，非理性也是语言选择的偶然，它们都是在人类适应环境的过程之中所产生出来的不同方式。而且，并不存在理性更高贵而非理性（情感和欲望）较低级的柏拉图式区分，这些分野不过是"陈旧过时且笨拙不堪的工具，是我们应该摒弃的语汇的遗迹"。⑤

其次，当理性的权威消失之后，以理性为基础统合公共领域与私人领域的努力也必将是徒劳无功的。将理性作为人类道德义务的来源是不切实际的，"我们对他人的责任，仅仅是我们生活中公共的部分而已"，但是如果说这个部分"具备任何先天自动的优越性"的话，就言过其实了。这个公共的部分必须与"我们私人的情感和自我创造的努力"相竞争。如果这个部分有任何成就的话，也只能是个体"愿意放弃自己的自由的偶然成果"。⑥ 所以，罗蒂说："举凡诗、艺术、哲学、科学或政治方面的进步，都源自于私人的强迫性观念与公共需要间偶发的巧合。"⑦

最后，个体拥有自我创造的自由。性别、语言、外表、种族、国家，这些使个人成为一个特殊个体的因素都是偶然的。相应的，个人的道德观念、信仰和政治信念都是塑造出来的，而非先天固有的。我们完全可能出

---

① ［美］罗蒂：《偶然、反讽与团结》，徐文瑞译，商务印书馆 2005 年版，第 29、33 页。

② 同上书，第 56—57 页。

③ 同上书，第 51 页。

④ 同上书，第 50 页。

⑤ 同上书，第 67 页。

⑥ 张国清、伏佳佳：《人性的偶然》，《学术月刊》2015 年第 9 期。

⑦ ［美］罗蒂：《偶然、反讽与团结》，徐文瑞译，商务印书馆 2005 年版，第 56 页。

生在不同的地方，说另一种语言，阅读截然不同的书籍。柏拉图的理念、黑格尔的绝对精神、启蒙理性的自由民主话语都只是文化特殊性的叙事，都是特定的时间特定地点特定人群书写的个人隐喻，以后还有可能出现新的隐喻和别的描述。人没有先天的本质，关于人类本性主张的人权文化或者原伦理学的道德真理主张并不是对人的先验本质的描述，并不存在任何强制性的义务加诸在个体身上。在这个意义上，个人是没有"祖国"（motherland）的，个人可以自由地塑造自身成为想要成为的人，他可以成为"世界公民"。

实用主义所打破的第一个形而上学慰藉是：客观性是人性的基础，为了摆脱人在自然中的局限性而将人与某种比人更大的非人事物比如理性、本质、真理等联结起来，并以此强制个体服从于某种道德上的义务与约束。实用主义的世界图景展现了，个体并没有理性的先天本质去符合，也不存在某种理性的先验原则赋予人在共同体之中的权利，私人领域和公共领域并没有统合的理性基础。罗蒂实用主义哲学所产生的效果是，让个体解放出来，获得了自我创造的自由，个体不需要与某种超出人类之外的本质相符合，共同体也不能够强加某种道德上的义务与约束给个体，他可以自由进行自我创造，成为他想要成为的人。

实用主义的世界图景所拿掉的第二个为我们的理智传统已然习惯的形而上学慰藉是："我们的共同体是不可能完全灭亡的。"试图逃避时间和偶然性的想法也影响了我们对于共同体的态度，我们总是认为自己所在的民族或者种族是不可能完全灭亡的，"即便我们的文明被毁灭了，即便关于我们政治的、知识的或者艺术的共同体的一切记忆都被抹去了，这个民族仍将命中注定地重新获得那些让这个共同体获得荣耀的美德、洞见和成就"。①

第一，罗蒂反抗形而上学传统，不再伪造基础，作为共同体的民族国家是没有任何基础的。

真理不是客观性的问题，而是协同性的问题。即便真理并不存在，人们也一样可以通过协同性来制造客观性。罗蒂让协同性成为客观性的基础，即便失去了客观性，人们"仍然能够爱他们自己，将他们自己看作是善的，对他们来说达成协同性就足够了"。② 罗蒂提议，我们要站在种族中心主义的视

---

① Richard Rorty, *Objectivity*, *Relativism*, *and Truth*：*Philosophical Papers*, Vol. 1, p. 31.

② Ibid., p. 32.

角上来看待作为共同体的民族国家，"我们应该将我们的共同体感当作是没有任何基础的，除了共享的希望以及这种共享所创造的信任之外"。①

在《筑就我们的国家》中，罗蒂清楚地阐明了国家是没有任何基础的，"美国如何从哲学上证明自己是合理的"这个问题是不需要关心的，我们要用实用主义的态度去回答"哲学可以为美国做什么"这个问题。② 对客观性的追求是虚幻的，客观性是建立在协同性的基础之上的，"客观性是人类主观上的共识，并非某些非人类事物的准确再现"。没有任何"参照系"或者"理想国家"的标准来让国家去符合，文化左派用"永恒的眼睛"观看现实国家并做出道德批判的做法对现实国家的进步并无任何帮助，他们对于国家的批判并没有让国家变得更好，只是让自己成为国家历史进程的旁观者。国家只能够通过自身的实践来寻找自己的道路，要想解决现实的分歧，不可能依赖于人之外的某种客观基础，解决方式只能够是政治协商的，"人们必须利用民主制度和程序来调和各种不同的需要，从而在更多的事情上达成共识"。③

与柏拉图—康德—罗尔斯创立并延续的理性主义传统相分离，罗蒂勇敢地将国家的基础抽掉，将政治自由主义建立在无根基的基础之上。可是，无根基是否会不稳固，罗蒂将自由与民主建立在无根基的基础上，难道不会削弱自由主义的价值吗？其实，有根基也会不稳固。例如，启蒙自由主义将自由的价值建立在理性或者普遍的人性观念的基础上，可是这个基础本身就是虚假幻象，如果这个基础不稳，那么建基其上的价值自然就无法得到保证。设立一个虚假的基础，并将我们珍视的价值建基其上，寻找一种看似稳固的自我慰藉，这是缺乏知性真诚和胆小懦弱的表现。罗蒂勇敢抛弃任何基础，大胆承认并不存在任何真理，绝不伪造基础的行动更加展现了知识分子在面对虚无时的真诚与勇气。

而且，即便没有基础，我们也能够为自由主义的价值进行辩护。即便并不存在一个超越时间和偶然性的基础来为政治自由主义进行辩护，即使只能循环论证，只能"用我们文化的一个特色来显示另一个特色的好

① Richard Rorty, *Objectivity, Relativism, and Truth: Philosophical Papers*, Vol. 1, p. 33.
② ［美］罗蒂：《筑就我们的国家》，第22页。
③ 同上书，第27页。

处"，这些自身具有价值的理想仍然能够自我辩护。① 即便我们不能够援引"外在的标准去证明"，但我们却可以通过诉诸"实践中的优势来证明"。② 我们会从历史实践之中发现，缺少这些核心价值，人们将"不能实现他们私人的救赎、创造他们私人的想象或按照他们所邂逅的新人和新书来重新编织他们自己的信念与欲望之网"。③ 自由主义允诺了个人最大程度自我创造的自由，并能够最大可能减少残酷的发生。对自由主义的价值辩护是种族中心主义的，却又能够通过历史实践来得到证明。

第二，罗蒂继续引导人类用想象力走向更大的共同体——一个超民族的国际联盟。

协同性并非以客观性为基础，而是客观性以协同性为基础，将人与人之间联系起来的，并不是某种客观的基础，而是对于痛苦的共通感，"纯粹作为人类，我们没有共同联系。我们和其他人类共通的东西，与我们和其他动物共通的东西，并无二致，那就是感受痛苦的能力"。④ 在社会领域中，人类可以依靠想象力敏锐地感受到他人的痛苦，不断扩大"我们"的范围，进而创造出人类团结。罗蒂引领我们想象一个更大的人类团结的共同体，"不是透过研究探讨"去与客观性相符合，而是用我们对于痛苦的共通感受，"透过想象力，把陌生人想象为和我们处境相似、休戚与共的人"，"逐渐把别人视为'我们之一'，而不是'他们'"——扩大"我们"的范围。⑤ 通过"详细描述陌生人和重新描述我们自己"，将一个小的共同体扩大，宽容接纳更多的人进入，最终形成一个更大的共同体。这个更大的共同体的边界是不确定的，甚至可以包括全人类。

罗蒂用"作为较大忠诚的正义"来描述这个更大共同体的道德主张。并没有理性原则或者普遍的人性来保证道德的"普世"性，在现实生活中，道德是偶然的和人为的。与康德和罗尔斯截然不同，罗蒂构建了并非建基于理性"普世"原则之上的新道德图景。一方面，罗蒂借用了沃尔泽的道德厚薄理论，"道德起初是厚重的，从文化上是完整的，充分地产生共鸣的，只是在一些特殊情况下，在道德语言转变为特殊目的的情况

---

① ［美］罗蒂：《偶然、反讽与团结》，徐文瑞译，商务印书馆 2005 年版，第 84 页。

② Richard Rorty, *Objectivity, Relativism, and Truth: Philosophical Papers*, Vol. 1, p. 29.

③ ［美］罗蒂：《偶然、反讽与团结》，徐文瑞译，商务印书馆 2005 年版，第 120 页。

④ 同上书，第 252 页。

⑤ 同上书，第 7 页。

下，它才使自身变得稀薄起来"。① 我们可以这样理解沃尔泽的道德厚薄理论：对较小团体的忠诚是一种"厚重的"道德，而对一个较大团体的忠诚是"稀薄的"道德。另一方面，罗蒂借用了贝尔在《道德偏见》中的思考，"道德不是发端于义务，而是发端于一个密切紧凑的团体如家庭或氏族中间的相互信任关系"。② 罗蒂综合沃尔泽和贝尔的观点，讲述了一个共同体之间相互碰撞融合的故事：当一个共同体与另一个共同体相遇的时候，当一个氏族和其他氏族相遇的时候，每个共同体都拥有着各自"厚重的"道德同一性的信念，但是每个共同体也倾向于向对方证明自身行为合理性的欲望，当这些欲望和信念出现"交叠共识"之时，"合理性"就产生了，"一个新的、补充性的道德同一性"就创造出来了，道德就变得"稀薄"了。在两个共同体交流对话的过程中，"使你忠诚于一个较小团体的东西也许给你去联合建立一个较大团体的理由"；而且，随着团体的不断融合的发展，对于由较小团体的情感认同向较大团体的忠诚的转换可能是非暴力的，这也是一个"厚重道德"稀薄化的过程；最终，你可能会"同等地忠诚于"那个较大的团体，"甚至更加地忠诚于"那个较大的团体。③

与将正义建立在理性或者普遍人性原则之上的康德—罗尔斯式主张相比，罗蒂的"作为较大忠诚的正义"是更为合理的"权宜之计"。④ 如果相遇的是两种"普世"的正义原则，两个共同体都坚持自身的"道德同一性"是"绝对正义"的，那么对话是不可能进行的。只有如种族中心主义者那样，在我们开始怀疑自身所使用语汇的绝对正义性之后，在对话中相遇的就不再是两种"绝对真理"或者"绝对正义"的原则，而是两种有差异的地方性知识的碰撞，对话才有可能开展，我们会将对话中产生的"交叠共识"称为"真理"。不同的个体、不同的种族、不同的政治共同体之间才有可能通过交流和对话去建立一个更加宽容的更大的共同体，我们有可能会形成一个"全球道德共同体"，这是一个超越民族国家的国

---

① Michael Walzer, *Thick and Thin*: *Moral Argument at Home and Abroad*, Nortre Dame: Nortre Dame University Press, 1994, p. 4.
② ［美］罗蒂：《作为较大忠诚的正义》，载于《文化政治哲学》，张国清译，北京大学出版社 2011 年版，第 51 页。
③ 同上书，第 59—60 页。
④ 同上书，第 62 页。

际联盟。①

罗蒂认为，达到人类团结这一目标的方式不是"研究探讨"，不是寻找"上帝意志的知识""道德律令""历史法则""科学事实"这些客观性的东西并与之相符合，而是通过"详细描述陌生人和重新描述我们自己"，通过对痛苦的感同身受来建立连接。② 在这方面，哲学论证不是一个好办法，更多要依靠对小说、诗歌、漫画等艺术作品的描述来提升我们"对其他不熟悉的人所承受的痛苦和侮辱的"敏感度，用共同的"希望"——"一个公平文明的社会的梦想"——来增强凝聚力，创造出团结。③

与形而上学的基础主义相分离，罗蒂割断了人与某种人类之外的事物如真理、存在、上帝之间的联系，不再因惧怕人类自身的有限性而渴望一种比人类更大的东西的慰藉，只是从历史、社会、环境等因素来观看人类自身和共同体。不再将客观性作为协同性的基础，而是将协同性作为客观性的基础。个人不再具有某种先天的本质，不再受到理性或者普遍人性原则的约束，而成为一个绝对自由的个体，通过自我创造成为任何一种他想要成为的人。共同体也是没有基础的，不需要与某种外在权威的"神圣和永恒"相符合，它可以高唱自我之歌，创造自身的"神圣和永恒"。④ 共同体不再以种族、疆界为界限，通过对人类苦难敏锐地感同身受，各个不同民族、不同群体的人们连接成为一个更大的共同体，这是一个超越民族国家界限的国际联盟。

对于文化偶然性的认识，破除中心，反对同一性的"普世"意识形态话语，反对存在某一客观的真理标准并用这一标准评判其他模式的做法，主张通过交流合作而不是武力和经济制裁来解决文化差异，保有开放乐观的希望。可以说，剥掉形而上学基础主义之后，罗蒂的反讽自由主义和种族中心论的思想更容易在其他地区得到认同。

---

① ［美］罗蒂:《作为较大忠诚的正义》，载于《文化政治哲学》，张国清译，北京大学出版社 2011 年版，第 63 页。

② ［美］罗蒂:《偶然、反讽与团结》，徐文瑞译，商务印书馆 2005 年版，第 7 页。

③ ［美］罗蒂:《筑就我们的国家》，第 78 页。

④ 同上书，第 17 页。

（二）扩大"我们"范围的困难

在丹纳（The Tanner lecture）讲座上，艾柯对于罗蒂使用"我们/我"①的方式进行解读颇有微词，认为罗蒂对他的《福柯的钟摆》的解读有过度解释之嫌，断定罗蒂这种随"我"所欲的使用只是"断章取义"。②让我们来看看罗蒂的解读是如何引发了艾柯的不快。在《实用主义之进程》一开始，罗蒂就强调使用"我"的方式对艾柯的小说进行解读：

> 我认定艾柯一定是……
> 我将这部小说当作反本质主义的论辩来读……
> 我认为，这种观念意欲强调……
> 细而言之，我将这部小说诠解为……
> 我认为艾柯是在力图摆脱……③

直到得出："以上面的叙述作为标准，我就可以将艾柯看作是我们实用主义者的同道人"，但是罗蒂马上很尴尬地意识到，由于一直使用"我"的方式进行阅读，"艾柯可能认为我对他小说的解读只是一种使用而不是'诠释'"，"我"（罗蒂）不是按照"他"（艾柯）的方式进行阅读，"我"只是"使用""他"来说明"我"的想法，"他"自然无法认

---

① ［意］斯蒂芬·柯里尼为《诠释与过度诠释》（［意］艾柯等《诠释与过度诠释》，斯蒂芬·柯里尼编，王宇根译，生活·读书·新知三联书店 1997 年版）一书所作的导论《诠释：有限与无限》中提到，罗蒂经常使用第一人称复数"我们"这个词，对于罗蒂来说，这次词有着"一种魔咒般的魅力——'我们所感兴趣的是'，'我们实用主义者'，'我们戴维森主义者和我们费施主义者'"，但是其实，"所论问题的具体内容表明"，罗蒂"完全是在故意套近乎"。罗蒂是按照"我"而非"我们"的方式进行讨论，即使复数"我们"也是指"罗蒂论者"。斯蒂芬·柯里尼进而询问为什么罗蒂要按照"自己的兴趣和利益对不同观点进行判别和裁决"，就是说，罗蒂为什么要按照"我们"——罗蒂论者所感兴趣的东西来决定什么是"有趣"，来决定什么是"一种活动或研究的价值与意义"。

② ［意］艾柯：《诠释与过度诠释》，斯蒂芬·柯里尼编，王宇根译，生活·读书·新知三联书店 1997 年版，第 173 页。

③ ［美］罗蒂：《实用主义之进程》，载于［意］艾柯等《诠释与过度诠释》，斯蒂芬·柯里尼编，王宇根译，生活·读书·新知三联书店 1997 年版，第 109—110 页。

同"我"。除非"他"成为"我"。① 艾柯在"回答"中也注意到了罗蒂所使用的"我"的阅读方式实际上是"充满了个人的激情与偏好",于是,将罗蒂的上述满是"我"的表述看作"充斥着委婉地表示歉意的措辞"。②

艾柯的思路是这样的,罗蒂只是用"强力"来得到你想要的解释事实,得到你想要的结果,所以你用这么多"我"正是强调你的解释的"我属性"(表示仅仅是一家之言),希望不要对"他"(被解释者艾柯)带去太多解释的暴力。艾柯并没有仅从"读者视角出发"把这种充斥着强调"我"属性的表达式看成"断章取义"——"只是关心小说的某个方面,有意忽视其他方面",而是也从"作者的视角出发"体会到罗蒂的"我"表述其实是在对身为"作者"的艾柯"委婉地表示歉意的措辞"。

罗蒂指责艾柯不应该将对文本的"使用"与"诠释"区分开来,"使用"与"诠释"之争的根本在于:文本是否具有某种"本质"。如果有,就是以某种方式去发现、阐明那个本质,对文本的诠释即按照文本的本义进行解释;而"使用"就是说,没什么本质只有为了不同目的按照不同方式去使用。在罗蒂看来,强调"诠释"当然是形而上学的基础主义在作怪,罗蒂要求使用反讽彻底放弃这种力图发现"文本的真正本质"的想法,放弃寻找符号与符号之间有着何种内在的本质关联,而只是去使用这些符号,得到形形色色的"表述",创造各种不同的新词汇、新概念和新术语。罗蒂正是按照这种思路来诠释《福柯的钟摆》的:

> 我认为,艾柯是在告诉我们,他现在可以自由自在地欣赏恐龙、桃子、婴儿、符号与隐喻,而不必切破它们平滑的表皮去寻求其内在的深层含义。最后,他自愿放弃了对于"规则"、对于"符号之符号"的长期探索。③

---

① [美]罗蒂:《实用主义之进程》,载于《诠释与过度诠释》,斯蒂芬·柯里尼编,王宇根译,生活·读书·新知三联书店1997年版,第114—115页。

② [意]艾柯:《诠释与过度诠释》,斯蒂芬·柯里尼编,王宇根译,生活·读书·新知三联书店1997年版,第174—175页。

③ [美]罗蒂:《实用主义之进程》,载于《诠释与过度诠释》,斯蒂芬·柯里尼编,王宇根译,生活·读书·新知三联书店1997年版,第112页。

　　语言失去了具体的所指物，没有什么内在深层本质意义，成为能指符号——为了不同的目的而呈现出来各种不同的表述，这些不同的表述并不会因某一种更真实更忠实于"被描述物体"而更正确。每一种表述，每一个新语汇都因其对于"某种外在目的的满足程度"而获得价值，优劣仅仅在于在使用过程中满足外在目的程度的不同。

　　艾柯承认罗蒂的"使用"确实开放了文本的意义空间，"我通过他（罗蒂）的诠释对自己的小说有了一些新的认识（我想别人也可能做到这一点）"，但是艾柯对"根本就不存在文本的本义"一说表示怀疑，提出"作品意图"这一概念作为意义之源，认为"作品意图"既不受制于"作者意图"，也不会对"读者意图"的自由发挥造成阻碍。艾柯赋予"经验作者"以特权：在诠释"自己的"作品时享有某种特权，可以裁断哪些诠释是"合法诠释"。一个文本写出之后具有自身的意图，获得了摆脱"经验作者"之意图的能力。这意味着，语言摆脱了人独立出来，获得了自身的呈现能力。"经验作者"不再作为文本的主人，不再是使用语言为文本立法的主体，退居转换成为守护者（具有某种特权的解释者），能够保护"合法的诠释"——"将某些诠释摒除于'合法诠释'之外"。艾柯设定"文本意图"这一想法的目的是：在保持文本开放性、保证对文本进行多种解读的可能性的前提下，要求"按照文本的需要，以文本应该被阅读的方式去阅读文本"，文本要求寻找它的"标准读者"。当然，肯定"经验作者"的意图并不是设定唯一一种解读方向，而是要保证文本开放性。但是，读者也不能按照自己意图随意使用文本，对文本的"使用"做出限制："标准读者"要按照文本自身的要求去阅读，避免过度的诠释。而且，保证"经验作者"在解读自己的作品时具有特权，这一举措表明艾柯进一步要求"标准读者"要尽量按照"作者意图"去理解文本。艾柯要求我们不要按照"我"（经验读者）的意图去理解文本，而是要尽量按照"作者意图"去理解，避免由于"个人的激情与偏好"而"不无偏激地阅读文本"，造成过度诠释产生解释的暴力。正是在此意义上，艾柯将罗蒂那种凸显"我"的阅读看作"充塞着那么多委婉地表示歉意的措辞"。

　　这样一来，在保证文本开放性的同时又限制了文本解释的意义空间以避免出现任意的阐释，要求尽量按照"作者意图"去理解文本。艾柯认为，为诠释设立某种界限是可能的，"我们的知识具有'关系的'特质，我们无法将事实与我们用以表达这些事实的语言分离开来"。对于艾柯来说，"世界存在那里"，虽然"世界不说话，只有我们说话"，但是"语言"与"事实"总还是有些"关系的"，不能够完全分离开来。即使每个人都能读出不同的贾宝玉，但贾宝玉绝对不会成为哈姆雷特，诠释的空间必须得到限制。罗蒂将语言的能指与所指剥离开，通过能指意义的解放而无限扩大了语言意义的空间，可是却会出现过度的诠释产生解释的暴力，对被解释者造成残忍。罗蒂对艾柯的解读就是一个例子，艾柯作为经验作者所体会到的"断章取义"与罗蒂"委婉地表示歉意的措辞"都是对这种无限制解读的危险性的警惕。罗蒂总是要求别人同情地理解他的实用主义，为什么解读别人的时候就这么"不同情"了呢？或许，罗蒂应该意识到试图扩大"我们"的范围把"他人"变成"我们"这一行为本身就隐含着暴力；或许应该把方向掉转过去，把"我们"变成"他们"在他们的位置上对他们进行思考，按照作者自身意图（文本意图）的指引阅读文本才能减少解释的暴力。

无疑，罗蒂对于形而上学"唯一"真理的反抗是卓有成效的。但是，在对抗相对主义和虚无主义方面，罗蒂难免陷入相对主义和虚无主义的泥潭：一切只是在特定时间、特定地点、特定条件之下的当下兑现。实用主义以"结果"的"有用""有效果"作为合法性的标准，当下现实有效是一种现实强力原则，实用原则就是一种现实强力的原则，以效用评价其意义和价值难免成为功利性原则：合法性就是强力行使的效用，哪种隐喻更有效用（使用人数更多、更流行、创造更多效益）就更有合理性。难道行为应该以其产生的"效果及扩大的影响"作为评价这一行为的价值和意义的标准吗？高贵的行为难道是因为获得了成果和达成了目标——成功，才是高贵的行为吗？即使无法"当下兑现"、即使一事无成，高贵的行为难道不会因其自身的高贵而闪耀光芒，难道不会因其自身就蕴含着价值吗？

如果将最大化效益（功利原则）作为合法性的判准，那就有可能出现这种为了达到有效果的目的而任意使用他者的风险，为达到与"我"相同得到"我们"的团结而任意诠释他人的作品，将他人作为实现自己理论的工具。人是其自身的目的，而非手段。艾柯有作为其自身而得到理解的权利，罗蒂不能为了"团结"将"他者"（艾柯）变成"我们"（实用主义者）以"实用主义之进程"来过度诠释艾柯，不能因为这种"结果"更"有趣"更有"效用"甚而更有助于"团结"就将艾柯作为自我实现的手段（能不能不是这种把"他人"变成"我们"的"同一性"的"团结"，能不能是保持"差异性"的"和而不同"）。这种"我们"即"我"的团结必然会对他人造成残酷，实际上贬低了另一个"个体"的尊严和价值。

第五节　丹纳·维拉的回归：苏格拉底式公民

当代对现代性危机的一个基本诊断就是：个人主义的横行无忌造成了人们对政治的冷漠和道德沦丧。所以，一切能够重回共同体、回到积极参与式公民生活的努力都"理所应当地"成为应对现代性危机的解决办法。这显然是长期兴盛的社群主义及相关的"公民政治理论"的基本立场，从某种意义上说甚至也是流行了更为长久的施特劳斯派的基本立场。

施特劳斯应对道德虚无主义的现代性危机的方法是：重提多数人和少数人的区分，分别施行显白和隐微的不同教导。多数人不应该沉溺于哲学怀疑中，而应当具有政治德性。即公民应当是勇敢的、忠诚的、守法的，这些才是维护共同体生活的重要道德德性；而个人主义的、怀疑的理智德性让少数哲人拥有就够了。共同体秩序的建立并不单纯依靠法律，还需要建基在公民的道德品性和习俗之上才能够稳固。少数拥有怀疑能力的哲人要成为城邦的教育者和立法者，用"甜蜜谎言"来"引导"民众以重塑共同体道德，建立"金银铜铁"这样一种"上智下愚"的等级秩序以维护共同体生活的稳定。可以说，施特劳斯恢复了亚里士多德式的城邦政治等级秩序：少数拥有怀疑能力的哲人位居顶层，领受哲学家教导的、拥有共同体道德的"绅士型"公民则处于中间层，而欠缺思的能力、无法接受哲学教导的多数民众在最下层。在公共事务领域，多数人只需要服从那些在公共政治中有经验的人就可以了，也就是说，多数人只要服从少数人的智慧和判断就可以了。这表明，为了共同体的稳固，施特劳斯希望大多数人拥有道德正直，接受哲人的显白教导；而理智正直是少数人的能力，只有他们才能够接受隐微教导。

桑德尔、麦金泰尔、查尔斯·泰勒等社群主义者批评新自由主义导致了个人主义和消费主义，希望通过彰显家庭、社群和国家的价值，让个人重归社群之中，成为集体成员。确实，自由主义的"权利优先于善"能够保护个人权利免受国家权力的侵犯，有助于建立人与人之间的平等关系。但是，这种以个人偏好为导向的价值原则也在某种程度上削弱了人与人之间的联系、削弱了团结的价值。对"自我"的强调有可能会将"共同的善"当作对个人的任意约束而加以拒斥，造成了让人分离为"原子化"个体的危险。换言之，自由主义对个体自由的追求就可能会让整个社会进入尼采式的道德虚无主义状态。社群主义者认为，我们无法抛开"我们"来谈论"我"，每个"个体"都是社群性的存在，对某些东西的内在信念和共同承诺构成了我们的存在。如果抛开这些共同的东西，我们就无法成为我们自己。社群主义者批评自由主义对于善的中立态度，强调共同的善。① 这种共同的善并非取决于个人偏好的聚合，而是评价所有个人偏好的公共标准。② 于是，群体所追求的正向的道德目标就成为城邦公民的道德德性标准。为了一个比个人、自我更大的东西服务和牺牲就成为好公民的标准。

一时间，西方政治哲学界"反自由主义"的、"社群主义"的思想大盛。③ 然而，面对大潮，依然有一些思想家坚持"反潮流"的立场。这些思想家也是古典学者，但是他们从古典哲学中读出了不同的东西。丹纳·维拉（Dana Villa）是这样的思想者中独立思考、深刻而尖锐的一位。在他看来，施特劳斯过于精英化（将思的能力归于少数人），而社群主义（桑德尔等）太相信共同体。似乎，为了应对公民不参与和道德沦丧的现实境况，一切能够重新让公民积极参与到共同体的政治生活中的做法都变成了理所应当的。可是，这样做是否会导致一种无法批评的民族主义情绪？人民"无思"地参与到政治行动中是否会制造出更大的恶呢（20 世纪中期已经有了很多现实例证）？在维拉看来，这些"主流"政治哲学进路共同的缺点是：将共同体的价值放在了个人的价值之上，将公共服务放在了持异议者之上，将信仰放在了怀疑之上，从而削弱了个体的价值。所

---

① 有关讨论可参考应奇编《自由主义中立性及其批评者》。该书收入应奇、刘训练主编《当代西方政治哲学读本》，江苏人民出版社 2007 年版。

② ［加］金里卡：《当代政治哲学》，刘莘译，上海三联书店 2003 年版，第 385、401—402、407 页。参考桑德尔《自由主义与正义的局限》，万俊人等译，译林出版社 2001 年版。

③ 参考应奇《从自由主义到后自由主义》，生活·读书·新知三联书店 2003 年版，"引言"第 2—6 页。国内对西方公民身份理论研究现状的介绍亦颇有规模，可参考肖滨、郭忠华主编《西方公民理论书系》，吉林出版集团 2010 年版。

以，维拉主张一种能思的、持异议的、持续不断怀疑的公民身份，这种公民身份的代表性人物就是苏格拉底。在现代，我们依然需要苏格拉底的自由反思来抗衡无思服从的恶。

一　什么是苏格拉底式公民？

与罗蒂不同，丹纳·维拉并没有将反讽限制在私人领域。维拉认为政治需要面对哲学的怀疑和检审，只有哲学能够节制政治的不正义。他展现出了苏格拉底的反讽在公共政治领域中的作用。在《苏格拉底式公民身份》一书中，维拉就检审了当今社会的主流意识形态——社群主义。维拉认为，即便每个人都是社群性的个体，但这并不代表共同体精神是值得颂扬的事情。社群主义对于嵌入性的赞美有可能导致过度，共同体成员之间的"纽带"有可能会变成"捆绑"，会使得人们丧失跳脱出"情境"并对当下"情境"进行批判的可能，导致理智能力的牺牲。他创造了一种不需要牺牲理智能力的公民身份，即"苏格拉底式公民身份"。[①]

维拉惋惜地说，"与公元前 5 世纪的雅典一样"，苏格拉底的反讽诘问法一样不受欢迎——"可能更加不受欢迎"。社群主义—民族主义的意识形态极具统治力：社群主义的"社群性的自我"有权利要求待在其社群网络中不被打扰。更为讽刺的是，自由主义的国家中立性原则使得任何批判都成为不可能的，因为对某一传统、宗教和生活方式的尖锐批评都会被认为是违反宽容和尊重这一原则的。即便允许批判，也只允许在"情境"内部进行"关联性"批判。[②] 这种做法其实预设了一种盲目的自我认同：我预先生活在具有伟大的道德传统和高贵文化的历史之中，即便现在有任何问题，必然并非这一传统自身的问题。更有可能的是，当今对自身伟大传统出现了理解上的错误并做出了歪曲的实践，只要重新回到自身伟大传统的源头之中、重新找回那些失落的经典并做出恰当的阐释，那么，一切问题都能够迎刃而解。

诚然，每个民族的文化和传统都包含非常美好的东西，可是，是否

---

① ［美］丹纳·维拉：《苏格拉底式公民身份》，张鑫焱译，华夏出版社 2016 年版，第325—326 页。

② 同上书，第 324—325 页。

也可能包含某些不好的东西呢？如果只是简单地转向自身民族传统和文化经典中被遗忘的智慧就有可能重新获得正义，这是否只是一种一厢情愿地盲目相信呢？而且，盲目相信自己民族和文化传统的优先性是否会导致更深层次的狭隘呢，并可能会引发道德的愚蠢、自满和最终的不正义呢？

维拉并没有像罗蒂那样将反讽限制在私人领域之中，正因为他看到了共同体有可能就是恶的来源。维拉从西方历史的灾难中得到的教训是：国家对道德真理的垄断会导致恶的发生。国家对道德真理的垄断造成了人民的盲从，人们往往不经思索反射性地相信"自己的民族、共同体或群体与德性或真理建立了优先的联系"，却遗忘了至关重要的一点——从道德上来说，"每一个民族都有着许多应当羞愧之处"。这种反射性的爱国主义是一种"日常的"排他性倾向："将我们的政策和行动看作是必然正义的，而将我们的敌人的政策和行动看作是必然邪恶的。"① 也就是说，灾难不是偶然出现的，而是在公民生活中以"我们"为中心的日常性灾难。

维拉从苏格拉底那里学到的是反讽诘问法的负面消解能力。苏格拉底在市场上和遇到的每一个雅典公民交谈，询问什么是善、美好和正义的问题。通过交互诘问，苏格拉底反讽掉对方自以为是的答案，却又不给出一组"正确答案"以提供慰藉。不是苏格拉底故意不说出答案，而是因为他自己也不知道：在"什么是德性"这个问题上，人是无知的。苏格拉底想要揭示的是，对话者所承认的道德的普遍性命题往往是不牢固的，对话者只是自以为是地盲目相信了共同体或者习俗传统所公布的道德标准，却从不怀疑反思。苏格拉底敦促他遇到的每一个人"关心自己的灵魂"，就是敦促他们削弱权威、净化意见，自己承担起道德自我塑造的责任。正是在这个意义上，苏格拉底让每一个雅典公民成为自我的塑造者，成为自主选择的公民。也正因为苏格拉底经过不断的怀疑反思，能够跳脱出情境来观察自己，认识到自己并不拥有任何关于善的专门知识，所以"德尔菲"的神才说他是最有智慧的。苏格拉底所做的工作是破坏性的，而且是一种持续的破坏性工作。因为不断会有新的幻像出现，所以怀疑和反思的工作需要持续不断地重复进行，交互诘问的对话（无论是内部还是外部的

① ［美］丹纳·维拉：《苏格拉底式公民身份》，张鑫焱译，华夏出版社 2016 年版，第322 页。

对话）"都必须在一种每日进行的基础上重新开始"。①

苏格拉底的公民生活坚守了"未经反思的生活是不值得过的"这一箴言，维拉相信反思的能力是每一个公民都具有的能力。与社群主义的积极参与的公民身份相对，维拉创造了一种适度疏离的、批判型公民身份。但是，这种反讽批判的公民身份是否会对共同体的安全造成威胁呢？罗蒂所担心的反讽的残酷性和对共同体团结的破坏又如何能够得到限制呢，这个顾虑不是让罗蒂不惜将反讽限制在私人领域之中吗？这也是维拉要面对的问题。

苏格拉底的反讽诘问法当然会对城邦共同体产生破坏作用，可是，这种风险是城邦必须要承担的，因为这种怀疑和反思的活动净化了城邦，提升了公民的灵魂，避免让人们成为城邦精神的无思服从者，沦为城邦恶的帮凶。但维拉也提醒我们，苏格拉底作为城邦的牛虻，其行动是要让雅典城邦变得更好，而不是要颠覆城邦。苏格拉底并未因被判处死刑，就对城邦心怀仇恨，甚至颠覆城邦。维拉特意解释了《克力同》中苏格拉底对于雅典法律的服从，因为这似乎不是作为城邦异端的苏格拉底会做的事情。苏格拉底并没有逃亡到"斯巴达或者克里特"（《克力同》，52e-53a），而是在雅典饮下毒芹汁甘愿赴死。苏格拉底坚守思与行动的适度疏离，并没有让自己的哲学思考转变为现实中热切的革命行动。因为这是他所热爱的城邦，只有雅典的民主制度提供了自由交谈空间，这是苏格拉底反讽诘问法得到施展的最佳场所。② 苏格拉底并没有像安提戈涅和梭罗一样，让自己的哲学思考直接造成对于政治的威胁，苏格拉底的理智良心也包含对于行动后果的关心和承担。所以，苏格拉底宁愿自己赴死，也不愿毁灭城邦，不会让内在对"道德纯洁性的追求成为积极政治行动的主导原则"。③

看起来，维拉创造的"苏格拉底式公民身份"与自由主义的适度疏离的、自主选择和批判的公民身份理想几乎没有什么不同。其实并不完全是这样，消解性理性在公共政治领域中的使用是维拉独特的创造。正是看到了政治幻像的不断生产、共同体成员无思服从所生产的恶，维拉得出了

---

① ［美］丹纳·维拉：《苏格拉底式公民身份》，张鑫焱译，华夏出版社 2016 年版，第322—323 页。

② 同上书，第 52—53 页。

③ 同上书，第 59 页。

政治需要受到哲学的检审和省察这个结论。这种公民身份强调用个人的理智能力反讽掉共同体精神制造的虚假道德幻像，具有极强的破坏性，也与社群主义将共同体道德内化、积极参与型公民身份形成了鲜明对比。维拉创造了一种不需要理智牺牲的、适度疏离于共同体的公民身份类型。

二　对苏格拉底遗产的继承与背叛

在提出"哲人型公民身份"之后，维拉还从这一角度重新解读了约翰·斯图尔特·密尔、弗雷德里希·尼采、马克斯·韦伯、汉娜·阿伦特和列奥·施特劳斯对于苏格拉底遗产的继承与背叛，从而丰富了我们对政治思想史的认识。最终，他还讨论了苏格拉底式的理智正直应用到现代性公民身份中的可能性。

密尔在《论自由》中将苏格拉底的"诘问法"推进到对话和辩论的社会领域中，认为这种方法的真正受益人不是参与对话讨论的人，而是所有观看者，因为这种方法充分展现了所有观点和认识的片面性，使得多元宽容的理解成为可能。维拉认为，密尔充分继承了苏格拉底的负面性实践——用"无知之知"省察自己和遇到的每一人——并将之"社会化"了。但是在《代议制政府》中，密尔又将公民参与作为政治教育的关键。在这里，密尔则继承了柏拉图式的政治技艺观：统治是一个需要"技艺"的活儿，不仅需要专门的研究学习，而且需要对统治对象做出科学的把握。也就是说，在政治的舞台上，需要的是更多接受了专门训练的专业人士进行统治。维拉评论道，密尔只是将苏格拉底的诘问法作为一种针对精英政治家的训练方法。

在维拉看来，尼采关于真理的视角论是对苏格拉底的负面性智慧的最为精妙的哲学阐释。他的"重估一切价值"的工作，正是对苏格拉底的负面性工作的继承与推进。可是，让维拉感到不满意的地方是，尼采宣称"真理是我们不可或缺的一种错误"，认为每一个人都只能生活在某种幻象的"真理"之中。为了创造"健康的"生活，必须划定"一个轮廓分明受限定的视域范围"，[①]将理智正直的能力限定在少数"自由精灵"

---

① Freidrich Nietzsche, "On the Utility and Liability of History for Life", in Nietzsche, *Unfashionable Observation*, trans. Richard T. Grey, Stanford: Stanford University Press, 1995, p. 90. 中译文参考尼采《不合时宜的沉思》，李秋零译，华东师范大学出版社 2007 年版，第 142 页。

身上。

　　维拉认为，韦伯的反权威主义路向在《科学作为一种志业》中有很好的表现：理智正直的教师要抵制成为先知和"煽动民众者"的诱惑。可是，让维拉感到不满的是，在《政治作为一种志业》中，韦伯又"复魅"将拯救科层制统治的希望留给最佳煽动者——"超凡魅力的领袖"。韦伯完全不顾忌共同体精神所可能造成的道德风险和潜在的恶的后果，甚至宣称某种"较小"之恶有着正当性：任何政治行动都不可避免或多或少地使用暴力，都会危害到灵魂的救赎，所以要用"责任伦理"为"终极目的伦理"套上现实的轭，伟大的政治家要"爱自己的国家比爱灵魂更多"。这种马基雅维利式的"必要性"让维拉感到深深的痛惜，祛魅精神被一种有意的幻象取代。

　　维拉评论说，阿伦特和施特劳斯都不够尊重个体的理智和怀疑能力，他们对这种能力的使用条件和使用人群做出了限定。阿伦特在《思与道德关切》中对苏格拉底的思有着高度的赞扬，对这种思的负面性和消解性做出了细致的政治哲学分析，"当每个人都无思地被其他人所做的和信奉的东西裹挟而去时，那些能思者就从隐藏状态凸显出来，因为他们对同流合污的拒绝是引人注目的，并且因此变成一种行动"，她甚至将这种思的能力作为有可能阻止大屠杀的唯一方式。① 但是，阿伦特对这种消解性思的使用做出了严格的限制，即只能在当所有东西都被"裹挟而去时"这种紧急情况下才能够使用。维拉认为，之所以做出这样的限定是因为阿伦特仍然想要保留共同体的共同意识，她回到了伯利克里的雅典将积极参与的公民作为好公民的标准。

　　为了反抗历史主义与相对主义，施特劳斯跟随柏拉图伪造城邦火光"哲人王"。为了让哲人能够在城邦中安全地生活，必须让大多数人保持温顺和平静，哲人用"善意的谎言"统治城邦。感染了苏格拉底式消极理性的民众是最为可怕的，他们会翻转高贵与卑贱的自然等级秩序，造成哲人的死亡和城邦的颠覆。所以，一个保护性的视域是必须的，维护城邦稳固的是习俗传统、宗教和爱国主义的宣传，而不是哲人的怀疑。民众完全对理性的说服免疫，因为他们欠缺理智正直的能力。在政治事务中，强

---

　　① ［美］汉娜·阿伦特：《思与道德关切》，载于《责任与判断》，陈联营译，上海人民出版社 2011 年版，第 153—154 页。

迫、欺骗、神话是不可或缺的。大多数人需要洞穴，少数有思考能力的人能够参与哲学生活。施特劳斯跟随亚里士多德将政治社会变成了一所德性的学校，它的任务是要通过反复灌输、谎言欺骗、立法规训支撑等级制以稳固"哲人王"的统治。

可见，这些伟大的思想家有一个共同的倾向性：他们都在某种程度上继承了苏格拉底的理智正直和怀疑观念，却又认为这一能力只属于少数人，不应当将它使用在政治领域之中。从苏格拉底的审判和死亡开始，哲学与政治就分道扬镳了，正如阿伦特那极具戏剧性的话语所描述的那样："哲学与政治之间的鸿沟历史性地开端于对苏格拉底的审判和定罪，这一事件成为政治思想历史的转折点。"① 哲学需要理智正直、需要怀疑精神、需要个人思考；政治需要维系火光、需要相信服从、需要团结一致。似乎，理智正直是少数人才能拥有的能力，而在城邦政治文化中那些可避免的幻象也是不应该被清除的，因为对少数哲人来说清除幻象是件好事，而对于大多数人来说则不是。从这些伟大的哲学家那里，维拉看到的是令人悲观的一致结论：哲人型公民身份在今天已经不再有意义。

然而维拉并不认可。

三　为什么现在更加需要苏格拉底式公民？

上面，我们介绍了维拉的"哲人型公民身份"思想，以及西方政治思想史上的大师们对这一遗产的继承与背叛。真正让人感到惊奇的是：这些大师其实都意识到了理智正直的重要性，但是最终却又或多或少地限制了其使用范围（文化领域或者少数人拥有），都希望在政治领域中促进传统的公民道德德性，民众只需要无思服从这些道德德性就好了。维拉感到政治思想史的这种"共识"有相当危险性。

在我看来，维拉将无思服从作为恶的成因是很有道理的。"无思"并不是指性格鲁莽，而是指人们在共同体中好模仿的性格。习俗、传统和大多数人的意见成为共同体的生活标准。可是，很多标准是未经省察的，生活在共同体中的普通人"无思"地遵从这些标准，模仿多数人的行为，

---

① Hannah Arendt, "Philosophy and Politics", *Social Research* 57, No. 1, 1990, p. 73. 中译文参考 [美] 汉娜·阿伦特《哲学与政治》，载于贺照田编《西方现代性的曲折展开》，吉林人民出版社 2002 年版，第 339 页。

就有可能造成恶的后果。所以，让多数人无思听从于共同体、服从共同的道德规范，并非道德保障。维拉的这个想法也可以从许多当代心理学发现中找到旁证。下面，我将列举三个非常有名的社会心理学实验，来表明即便在所谓自由民主的现代，个人还是会很容易无思服从个人权威、集体权威和制度权威，沦为恶的生产者。

如果只是希特勒这个恶魔让德国人陷入了疯狂，那么纳粹应该不会在其他国家出现——至少在自由民主的美国应该不会。真是如此吗？犹太人斯坦利·米尔格拉姆（Stanley Milgram）在第二次世界大战后的美国斯坦福大学进行了"服从"实验。发布广告时，米尔格拉姆隐藏了实验真正的目的，宣称是做"记忆研究测试"（"盲测"——被试者并不了解实验真正的目的），每小时付给被试者四美元（金钱因素对实验结果无影响），招来的被试者是工人、职员、教师等普通人。实验是这样设计的：被试者模仿老师，当学生答错问题时对其进行电击惩罚，电压从 10 伏开始，渐进累加到 450 伏，最大电压还有特意表示危险的"×××"标志。实验过程中，实验人员扮演的"学生"故意答错，被试者"老师"对其进行电压惩罚。随着电压的升高，"学生"开始喊叫、求饶，甚至做出昏厥的表现。被试者"教师"不忍继续进行实验，问实验的主试者该怎么办，穿着"白大褂"的主试者严厉命令"教师"继续，一切后果由实验者承担。实验正式进行之前，实验人员预测不超过 1% 的人会实施 450 伏的最大电压惩罚，因为那只是虐待狂才会做的事情。可实验的结果却让人大跌眼镜，65% 的被试者都服从了穿"白大褂"的实验助手的命令，施行了最大电压惩罚。[①] 这一社会心理学实验说明，普通人会无思服从于权威，在纳粹德国发生的事情会在任何一个国家发生。

普通人也逃不过多数人意见这一集体权威的控制。所罗门·阿施（Solomon Asch）的从众实验就表明了个人在面对群体压力时对集体权威的服从。这个实验非常简单，一张图片画着标准线 X，另一张图片上画着三条垂线 a、b、c，询问被试者哪一条线与标准线等长。被试者 7 人一组，前 6 人都是实验人员假扮的，真正的被试者被安排 7 号位置。前 6 人抱团给出错误答案，第 7 人在群体注视的压力下会给出正确答案吗？实验表明，75%的人至少有一次从众行为。受到干扰的被试者的最终正确率是63%，这意味着有37%的人发生了从众行为。而没有受到干扰的被试者（对照组）在单独回答时的最终正确率为99%。① 这个实验说明，人们很可能会盲目屈从集体的意见，即便他们明明知道集体意见是错误的。

制度和习俗的权威是人们几乎无法逃脱的隐形权威，人们正是在如此这般的习俗传统中生活成长的。这种权威的控制既很难意识到，也几近无法反抗。试想"瘦"如何成为美的标准、"大眼睛、尖下巴"如何成为美的标准，人们为了减肥无所不为、为了符合大多数人认为的美动刀削骨在所不惜，这不正说明了某种习俗权威对人们的影响嘛。菲利普·津巴多（Philip Zimbardo）的"监狱实验"揭示了制度对人的影响。每天 15 美元请斯坦福大学的学生做角色扮演试验，随机指定一部分人扮演警察，另一部分人扮演囚犯。这些原本正常的普通学生穿上制服后就"入戏"了。在不到 7 天的时间里，阿布格莱布监狱的"虐囚"事件就在这群普通大学生中发生了。那些扮演"警察"的学生对"囚犯"（另一群普通学生）进行了体罚、殴打、侮辱、性侵犯，让"囚犯"头戴黑袋、徒手清洁马桶、用棍棒殴打、不准吃饭睡觉上厕所……"警察"与"囚犯"的制度竟然在短短 7 天之内就让心理正常的普通大学生变身为最残忍的警卫。② 无思服从的人、制度化的人成为恶的生产者。

理智正直的能力是如此重要，而且大众政治时代尤其需要民众拥有这种能力以防止对权威无思服从所制造的恶，政治思想史上那些大师们对理智正直能力的精英化限定是相当危险的。难道思的能力仅仅只能归属于某些特定的群体——职业的思想者或者优秀的人吗？维拉给我们带来的启示是重新面对这个问题：思的能力究竟属于少数人还是多数人？

其实，苏格拉底在雅典城邦中省察的对象是每一个人，"对遇到的每一个人我都会做这件事，无论青年抑或老年，无论外邦人抑或同胞，但尤其是对你们，我的同胞们"（《申辩》，29d-30a）。即便是教导"隐微和显白"的施特劳斯，不也对所有人传达自己的"隐微"教导嘛。那么，

---

① ［美］迈尔斯:《社会心理学》（第 8 版），侯玉波等译，人民邮电出版社 2006 年版，第 157 页。

② ［美］菲利普·津巴多:《路西法效应》，孙佩妏等译，生活·读书·新知三联书店 2010 年版。

正像苏格拉底的教导没有区分多数人和少数人一样，那些能够"听到"的人，那些能够跳出自身境况的人，那些没有因群体、宗教或者民族的"共同意识"的限制而导致思的能力永久发育不良，甚至畸形的人，都是哲人智慧教导的对象。哲人没办法选择教导谁和不教导谁，每个人都是潜在的"能思"的个体。正是在这个意义上，英雄并非那些具有超常能力的出类拔萃者，而是那些跳出自身视域限制的能思的普通人。

最后我想提一下的是：米尔格拉姆对"服从实验"有很多的后续研究，其中有一个实验，两个演员扮演的"假被试者"拒绝服从"权威"的电击命令并退出实验，选择继续服从的人从 65% 降到了 10%。[①] 这说明，只要有一两个人能够避免做不义之事，就会有更多的人选择不服从权威，就会有更多的人能够避免沦为恶的工具。平庸的人能够行平庸之恶，平庸的人也能够成为英雄，每一个对群体规范持异议者都有成为英雄的可能。平凡的人跳出了自身的境遇做出了"不平凡"的事情（只要拥有思的能力），而且，这种行动不是一种完全脱离了共同体的、以个人为中心的激进的行动——如安提戈涅那样（应当保持思与行动的适度分离），他/她就是英雄。

第六节 弥罗斯岛对话与"力量"的循环

纳粹失败了，但民族国家依然如故。施米特的"种族生存论""区分敌友论""战争高于和平论"喊得固然明目张胆，可是谁又不是偷偷摸摸紧锣密鼓呢？一个民族国家采取什么样的"主义"与制度没有什么必然联系，"内部的自由民主一点不妨碍国际上的独断专行，同样，内部的专制独裁照样可以在国际上大谈多元平等"。施米特与希特勒联系是"偶然"机缘，但是与民族国家相连，却是必然的。施米特告诉我们"政治就是命运"，区分敌我是不可避免的，尤其是对于有血性的男人来说，斗争是高贵的精神而臣服是比死亡还要卑鄙的行为。为了扩张版图获得生存空间的侵略战争不仅是必要的而且更是合理的，因为"为了我族生存的需要必须建立以我族为中心的空间秩序，战争不可避免"。犹太人施特劳斯的答案是：恢复上尊下卑、上智下愚的贵族等级制是克服现代性危机的唯

---

① ［美］库恩：《心理学导论》，第 758 页。

一出路，世界必须听从高贵的上等人意志安排，甚至，"奴隶"被"主人"杀死也不是什么罪行，只是净化罪恶。

除了经历权力意志的永恒轮回，不断重复苦难、明日"奴隶翻身做主人"之外，还能怎么办呢？"既然痛苦是快乐的源泉，那又何必因痛苦而悲伤"（歌德）？

据说，立法者梭伦在云游归来后对雅典人说：

> 公民们，我知道，你们中的一些人，常常因为我们的祖先曾经无情地毁灭了特洛伊古城而感到羞愧，我也知道，你们中还有些人的内心还生活在荷马的阴影之下，认为在特洛伊战争中，希腊人过分地表达了人的力量，是对神的蔑视，因而担心神的惩罚，这样的担心大可不必；作为你们的领导人，我本人游历了目前正在世界上存在着的所有文明，我也对已经消亡的文明进行过仔细的考察。对于目前还活在这个世界的各个文明，我不能确定哪个更古老，埃及人、波斯人、腓尼基人以及我们希腊人事实上都可以平等地宣布自己是神的后代；但是，在所有这些文明不间断的兴起衰落中，我发现一个不变的法则：一个文明之所以能够成长壮大，是因为这个文明内部孕育着强烈的帝国力量和征服欲望；而这些理想和欲望一旦消失，则整个文明必将干枯、死亡。要么征服，要么被征服，这是所有文明的生存法则。文明和自由并不是自我证成的，在人类事务中，能够自我证成的东西只有征服。我个人已经享尽天年和荣誉，死亡已经离我越来越近，我也更加直接地走向诸神，我越来越明确地感觉到，文明和自由只有通过征服和被征服的过程才能论证自己、认识自己，这是神为人类规定的法则；我们希腊人是世界各民族中最热爱自由的人，我们对自己的文明的骄傲也超越了所有民族，正因为如此，我们的祖先才遵循神的指引勇敢地拿起武器，击败了强大的赫克托。一个帝国的诞生首先意味着要在混沌不清的人群中，清楚地划分出征服者和被征服者、划分出敌人和朋友；对于被征服者来说，遭受奴役是一个痛苦的经历，但是好人不应当反抗一个合格的征服者；对于征服者来说，建立并维系一个帝国，这个经历将更加痛苦。帝国本身蕴藏着死亡的种子，在人世间，没有一个帝国可以永恒。我们的祖先将特洛伊人的城墙夷为平地，在将来的某一天，同样的命运也会降临到雅典头上。永恒这个词

属于神，而不属于人。所以，终究要灭亡命运并不能妨碍人凭借自己
的力量把自己的文明推向伟大。因此，一个政治家如果他能做到两件
事情，就算是伟大：1. 想想自己的祖先；2. 想想自己的后代。①

强者征服成了"不变的生存法则"。"好人不应当反抗一个合格的征
服者"，一个"好人"能做到如此，恐怕才是"真好人"！梭伦确实想到
了希腊伟大的祖先，《荷马史诗》参加特洛伊战争的那些伟大英雄，可是
后代呢？雅典灭亡了，谁跟着来听他的演说呢？罗马人、英国人、美国
人……中国人？

弥罗斯人身为斯巴达的移民不愿意隶属雅典帝国而希望"保持中立态
度，不左袒任何一边"，雅典出于自身的安全利益考虑，先礼后兵地派军
队劝说弥罗斯人离开向来所属的斯巴达拉西代蒙人，加入"雅典同盟"。
而谈判的原则就是"力量即正义"：

> 雅典人：因为你们和我们一样，大家都知道，经历丰富的人谈起
> 这些问题来，都知道正义的标准是以同等的强力为基础的；同时也知
> 道，强者能够做他们有权力做的一切，弱者只能接受他们必须接受的
> 一切。②

弱者服从强者难道不是最自然的正义吗？弥罗斯人祈求：

> 弥罗斯人：你们不赞成我们守中立，做朋友，不做敌人，但是不
> 做任何一边的盟邦吗？③

> 我们相信神祇会保佑我们，也和保佑你们一样，因为我们是代表
> 公理而反对不义；我们的同盟者斯巴达，丢开别的不讲，为了荣誉的

---

① 转引自林国荣《罗马史随想》，上海三联书店 2005 年版，第 58—60 页。此段文字并未标注
外文文献出处，且古典学界并未听闻梭伦讲过这样一段话，但其内容有批判借鉴意义，固仍引用。

② ［古希腊］修昔底德：《伯罗奔尼撒战争史》，谢德风译，商务印书馆 1985 年版，第
414 页。

③ 同上书，第 415 页。

缘故，也会援助我们的，因为我们有同族关系。①

我们不愿意在仓促之间抛弃自我们城邦建立以来享受了七百年的自由。我们把我们的信心寄托在神灵赐给我们的命运上，那个命运一直到现在是维护着我们的；我们把我们的信心寄托在人们的援助上，那就是说，斯巴达人的援助；我们要努力保全我们自己。但是我们请求你们允许我们做你们的朋友，而不做任何方面的敌人，请求你们允许我们订立一个对于你我都适合的条约，然后撤退。②

弥罗斯人以"自由"、与同族的"信义"和"代表公理而反对不义"的神圣至善为由拒绝了雅典人。

于是，谈判失败。雅典人离开时甩下一句话：

好的，从你们的决策来看，你们好像把将来看得比现在的形势更有把握些，把不可靠的将来看成真确的事实。……你们既然把一切都押在斯巴达人、命运和希望这一孤注上面，把信心寄托在他们中间，你们终究是会上当的。③

让希腊人"惊讶"的不是在面对强大对手时小国寡民弥罗斯人对于至善之正义的坚定，而是"愚蠢"：

如果你们有脑筋，你们就不是懦夫……问题在于怎样保全你们的生命，而不去反抗过分强大的对方。④

我们祝贺你们的头脑简单而不嫉妒你们的愚笨。⑤

---

① ［古希腊］修昔底德：《伯罗奔尼撒战争史》，谢德风译，商务印书馆 1985 年版，第417 页。

② 同上书，第 420 页。

③ 同上。

④ 同上书，第 416 页。

⑤ 同上书，第 417—418 页。

这种不光荣的产生，不是由于他们的不幸，而是由于他们的愚蠢。……你们要晓得，向希腊最大的城邦低头……那不是一件不光荣的事。①

雅典人心想：你们把"信心""孤注一掷"在"信义、命运和希望"这些不可靠的东西上，而不是最可靠的现实"力量"上，真是愚不可及！

在同年的冬季里，"弥罗斯人无条件地向雅典人投降了"，"凡适合于兵役年龄而被俘虏的人们都被雅典人杀害了；妇女及孩童则出卖为奴隶"。②

历史总是充满了反讽。

距此不久，两年后，雅典人在伯罗奔尼撒战争中战败远征军全军覆灭，雅典帝国逐渐衰亡。算是兑现了弥罗斯人的预言警告：

在我们看来（因为你们强迫我们不要为正义着想，而只从本身的利益着想），无论如何，你们总不应该消灭那种对大家都有利益的原则，就是对于陷入危险的人有他们得到公平和正义处理的原则，这些陷入危险中的人们应该有权使用那些虽然不如数学一样精确的辩论，使他们得到利益。这个原则影响到你们也和影响到任何其他的人一样的，因为你们自己如果到了倾危的一日，你们不但会受到可怕的报复，而且会变为全世界引为殷鉴的例子。③

雅典人的回答冷静得近乎冷酷：

谈到我们，纵或我们的帝国到了末日，我们对于将来的事变也是不会沮丧的。一个国家所害怕的，不在于被另一个惯于控制别人，如斯巴达一样的国家所征服（虽然我们现在的争端和斯巴达无关），而在于一个统治的国家被它自己的属民所攻击而战败。

---

① ［古希腊］修昔底德：《伯罗奔尼撒战争史》，谢德风译，商务印书馆 1985 年版，第419页。

② 同上书，第 421 页。

③ 同上书，第 414 页。

　　和你们的友好，在我们的属民眼光中，认为是我们软弱的象征，而你们的仇恨是我们力量的表现。①

雅典帝国灭亡了，可没有灭亡是：

　　我们对于神祇的意念和对人们的认识都使我们相信自然界的普遍和必要的规律，就是在可能范围内扩张统治的势力，这不是我们制造出来的规律；这个规律制造出来之后，我们也不是最早使用这个规律的人。我们发现这个规律老早就存在，我们将让它在后代永远存在。我们不过照这个规律行事，我们知道，无论是你们，或者别人，只要有了我们现有的力量，也会一模一样地行事。②

　　权力意志是永不灭亡的永恒轮回，现实就是这样，而道德的判断总是后叙随之而来的。如果规定正义的源出不是"至善"而是"力量"，是"知识即力量"而不是作为至善之德性的话，弥罗斯的历史只能不断重复。再高贵的谎言也还是谎言。

---

① ［古希望］修昔底德：《伯罗奔尼撒战争史》，谢德风译，商务印书馆 1985 年版，第 415 页。

② 同上书，第 417 页。

结 语

界限的智慧

"知识即德性—知识即力量—知识即权力"的路向反映出一种倾向：知识从目的（德性即"善"）转变为手段（力量、权力），即知识"工具化"作为统治自然和人的手段。手段取代目的而设立了自身的标准，成为工具主义理性———一切以功利原则为标准。人最终物化成为原子。

可以从三个方面的转变来理解这一路向：

从"目的"转变为"手段"。按理说，手段应该是为目的服务的，也就是说目的"善"规约着作为手段的"善"。可是手段在运作过程中将自身作为目的，反而否弃了作为"善"的目的。如果将技术仅仅作为手段而不断地形式化中立化，那是对技术本质的遗忘，技术解蔽将自身设置为目的，而造成了对于目的——善的遮蔽。

从"本体"转变为"方法"。在对形而上学的消解中，本体也被消解了，从历史主义的终结到历史相对主义到相对主义、功利主义，最后到虚无主义，要么将真理的兑现推迟到无限遥远的未来，要么将权宜的规定当作真理，要么根本否弃本体或终极真理。本体被取消之后，一切都是随时间地点不同而不同的当下即得，本源"至善"成为虚无缥缈的幻想。

从"整体"转变为"门类"。哲学不再是学科之王担当"整体"的职能，自然科学揭竿而起批判哲学神学而独立门户，其他的学科以及社会学科纷纷效法从哲学中独立出来，哲学丧失了"整体"成为与其他学科并列的"门类"，有着自己独门的话语体系。

没有本体、没有真理、没有终极价值、没有整体，一切都是破碎断裂的，这就是现代性运动（后现代是现代性的延续）的后果。一切都以就事论事的功利原则为标准，正义为现实强力的功能尺度所左右。重新获得希腊理性之光的自我限制视野是非常必需的，人必须成为自律的个体才能自我救治，现实的强力行使必须为至善所节制，只有在这样的界限状态中进行思考才能获得真正的智慧。

现在，我们就能清楚地看到文章开头提到的那些问题的脉络和方向。

（1）作为现代性本位原则的"个人"，究竟应该无限"单子化"，还是必须成为共同体中"自律的个体?"

相信自己力量的俄狄浦斯其实连"自己是谁"都不知道，在自我的毁灭之后终于领受了"认识你自己"的真正启蒙，成为一个具有自我意识的人的代表，这一自我意识建立在人类自律的基础上；罗蒂追求自我创造的浪漫主义将他人作为自我实现的手段而自己成为任何原则的支配者难免造成对自身的反讽，要求别人"同情"地理解自己，可自己却只是强力"使用"。把"他者"变为"我们"的方式在艾柯身上展现出了同化的暴力，令艾柯反过来同情地理解罗蒂的表达，将罗蒂充满"我认为……"的表达作为"道歉"；安提戈涅的僭越罪不能归因于个体或民族国家孰是孰非的"二值选择"，苏格拉底这位看到了"善理式"领受了神律却服从城邦法甘愿赴死的哲学家是我们的榜样，在"出离与返回"洞穴的行动中成为"自律的个体"、成为承担者，即海德格尔式的二重承担才是出路：单向度地坚持"超常强力成形"弥合无法弥合的裂隙难免走入"形而上学"的"牢笼"，受到反讽——"裂隙无法弥合"；而单向度地坚持"超常强力行使"就会跌入"虚无主义"的深谷（尼采），受到反讽——"权力意志的永恒轮回"，必须克服两者而"出入其间"，指引强力的走向。人作为一个承担者，单方面的固执勇敢而强力出格有鱼死网破的毁灭危险，承担"技艺"的罪业、探究强力的限度而节制，达到自我意识而自律的高度才能获得自我救治。

（2）构成世界格局的"正义"原则，究竟是秉承强力功利的自然法，还是应该受到出自德性"至善"的约束？

培根的《新工具》强调经验归纳万能，人之力量失去了来自启示智慧的限制。培根的"野心"就是面对宇宙来建立并扩张人类本身的权力领域，对万物建立起人自己的帝国，做自然的主人。如此一来，知识从智慧形式转变为智力成为操作性的技术（实验）。福柯跟随尼采破灭了形而上学发现真理的神话，用自我创造的超人去恣意创造真理。主体获得了对真和假的无条件支配，此种主体不但失去了任何限制，而且本身就支配着任何限制，人的力量得到无限制的延伸。知识成为人对人实行统治的工具，正常人以制造疯癫而成为正常人，使得权力的生产和再生产继续下去，即尼采的谱系："权力意志"的"永恒轮回"。

罗马人施米特在生存论上讲述战争的不可避免、政治的决定性，更强力者、更能"掌握新技术"者获得建造"新秩序"的权力，他对战争的肯定是生存论上赤裸裸的"丛林原则"，人是野兽；犹太人施特劳斯的"哲人王"说穿了就是主奴原则，世界必须听从高贵的上等人意志安排，用强力意志虚构道德基础，但是，即使再高贵的谎言终究也只能是谎言，进入尼采的权力意志的永恒轮回落入"剥夺剥夺者"的悖论受到自身的反讽，每一个"最强大的"都逃脱不了被替代的命运。

弥罗斯岛上的对话还萦绕在耳边，弥罗斯人依据"神圣的道德法则"而非"力量较量的自然正当"预言了雅典帝国的灭亡，可是下一个"雅典帝国"又在遵循同样的力量法则，以技术强力获得建造新秩序的权力。虽然弥罗斯的对话发生在古希腊，但不正影射了现代政治？弥罗斯的历史只能不断重复。

（3）在一个存在多种不同文化类型的世界中，究竟是接受西方意识形态即"西方皆普遍"而其他非西方文化必须以西方马首是瞻，还是还原西方文化仍不过是诸神形态、不过是民族文化的特例，与其他类型的民族文化一样遵循独立互补的对话原则？

黑格尔使用"唯一"的真理——思辨理性原则来评判异己的文化，凡是没有得到充分发展的"思辨理性"都是低等的文化。为了更高级、更进步，其他文化除了让自己更加"思辨理性"化，没有别的出路。必须还西方文化的唯一普遍性为民族特殊性。罗蒂的反讽对于黑格尔式的形而上学确实是一个强有力的反击，各个文化不再需要按照符合"真理"的那一套语言说话，能够使用其自身语汇进行自己的叙事。但是，罗蒂对于美国文化的种族中心主义坚持"最好"的取代了形而上学"唯一"的真理，而无法取代的是"力量"，除了文化自身的强大之外没有更好的出路。只有将异己文化作为异于自身的绝对他者，即"黑暗"作为对于希腊理性之光的绝对他者，"和而不同"才能够真正遵循独立互补的对话原则。

最后问一句，由于什么时候都再也无法遭遇到"黑暗"，希腊理性之光是否把人类引向了风险？